职业教育汽车类专业教材

汽车车载网络技术

第 2 版

组织编写　全国交通运输职业教育教学指导委员会

主　　编　黄　鹏

副 主 编　悦中原　景忠玉

人民交通出版社

北京

内 容 提 要

本书为职业教育汽车类专业教材。全书分为七个项目，主要内容包括：车载网络系统认知、高速 CAN 总线的检测与修复、低速 CAN 总线的检测与修复、LIN 总线系统的检测与修复、MOST 总线检测与修复、FlexRay 总线系统检测与修复、车载以太网的检测与修复。

本书可作为职业院校汽车类专业的教学用书，也可作为汽车检测与维修技术人员的培训教材。

本书配有课件和习题答案，教师可通过加入“汽车高职教学研讨群”（QQ：64428474）获取资源。

图书在版编目（CIP）数据

汽车车载网络技术 / 黄鹏主编. — 2 版. — 北京 ：人民交通出版社股份有限公司, 2025. 7. — ISBN 978-7-114-20278-0

Ⅰ. U463.67

中国国家版本馆 CIP 数据核字第 2025F1K240 号

职业教育汽车类专业教材
Qiche Chezai Wangluo Jishu

书　　名：**汽车车载网络技术**（第 2 版）
著 作 者：黄　鹏
责任编辑：李明阳
责任校对：赵媛媛
责任印制：张　凯
出版发行：人民交通出版社
地　　址：（100011）北京市朝阳区安定门外外馆斜街 3 号
网　　址：http://www.ccpcl.com.cn
销售电话：（010）85285911
总 经 销：人民交通出版社发行部
经　　销：各地新华书店
印　　刷：北京市密东印刷有限公司
开　　本：787 × 1092　1/16
印　　张：12
字　　数：284 千
版　　次：2019 年 10 月　第 1 版
　　　　　2025 年 7 月　第 2 版
印　　次：2025 年 7 月　第 2 版　第 1 次印刷　总第 5 次印刷
书　　号：ISBN 978-7-114-20278-0
定　　价：39.00 元

前言

为贯彻落实中共中央、国务院印发的《教育强国建设规划纲要（2024—2035年）》精神，深化教育教学改革，提高汽车技术人才培养质量，满足创新型、应用型人才培养目标的需要，全国交通运输职业教育教学指导委员会组织来自全国交通职业院校的专业教师，按照教育部发布的高等职业教育汽车检测与维修技术专业教学标准的要求，紧密结合高职高专人才培养需求，编写了全国交通运输职业教育高职汽车检测与维修技术专业规划教材。

在本系列教材启动之初，全国交通运输职业教育教学指导委员会组织召开了全国交通运输职业教育高职汽车检测与维修技术专业规划教材编写大纲审定会，邀请行业内知名专家对该专业的课程体系和教材编写大纲进行了审定。教材初稿完成后，每种教材由一名资深专业教师进行主审，编写团队根据主审意见修改后定稿，实现了对书稿编写全过程的严格把关。

本系列教材在编写过程中，认真总结了全国交通职业院校的专业建设经验，注意吸收发达国家先进的职业教育理念和方法，形成了以下特色：

1. 与专业教学标准紧密衔接，立足先进的职业教育理念，注重理论与实践相结合，突出实践应用能力的培养，体现“工学结合”的人才培养理念，注重学生技能的提升。

2. 打破了传统教材的章节体例，采用项目＋任务式编写体例，内容全面、条理清晰、通俗易懂，充分体现理实一体化教学理念。为了突出实用性和针对性，培养学生的实践技能，每个项目后附有技能训练；为了学习方便，每个项目后附有项目小结、思考与练习、考核工单。

3. 在确定教材编写大纲时，充分考虑了课时对教学内容的限制，对教学内容进行优化整合，避免教学冗余。

4. 所有教材配有电子课件，大部分教材的知识点，以二维码链接动画或视频资源，做到教学内容专业化，教材形式立体化，教学形式信息化。

《汽车车载网络技术》是本系列教材之一。本次第2版新增项目七车载以太网的检测与修复和附录—常见车型车载网络电路图；对项目一、项目二、项目三、项目四、项目五、项目六的内容进行修订，增加了新能源汽车车载网络技术相关内容。全书由湖南交通职业技术学院黄鹏担任主编。参加本教材编写工作的有：湖南交通职业技术学院黄鹏（编写项目一、项目二、项目三、学习工单），长沙航天学校郑子文（编写项目四），北京交通运输职业学院悦中原（编写项目五），北京交通运输职业学院景忠玉（编写项目六），湖南交通职业技术学院沈翔（编写项目七）。

由于编者水平和经验有限，书中难免存在不足或疏漏之处，恳请广大读者提出宝贵意见，以便进一步修改和完善。

编　者

2025年1月

本教材配套数字资源列表

资源使用方法：

1. 扫描封面上的二维码（注意此码只可激活一次）；
2. 关注“交通教育出版”微信公众号；
3. 公众号弹出“购买成功”通知，点击“查看详情”，进入后即可查看资源；
4. 也可进入“交通教育出版”微信公众号，点击下方菜单“用户服务-图书增值”，选择已绑定的教材进行观看和学习。

目录

项目一　车载网络系统认知

项目二　高速 CAN 总线的检测与修复

项目三　低速 CAN 总线的检测与修复

项 目 一

车载网络系统认知

学习目标

知识目标

- 掌握汽车电控单元功能操作方法；
- 理解汽车电脑控制系统的组成；
- 了解车载网络系统的发展分类；
- 了解车载网络系统常用术语及功能。

技能目标

- 能够在实车上找到电控单元的位置；
- 能够对电控单元进行识别、编码、匹配和基本设定；
- 能够描述车载网络系统的分类与通信标准。

素养目标

- 能够与团队成员沟通、交流、协作完成任务；
- 能够总结汇报任务成果；
- 能够细心、耐心地完成任务操作，培养工匠精神。

项目任务描述

客户反映：汽车怠速抖动，要求给予维修。

根据客户描述的怠速抖动的故障现象初步判断，可能是进排气系统、燃油供给系统和点火系统的故障。用诊断仪读取发动机电控系统有故障码，内容为怠速控制节气门位置性能，检查节气门体，较脏，清洗节气门体，并用仪器进行节气门体的基本设定后，起动发动机，怠速运转正常。

任务一 汽车电脑认知

一、汽车电控单元的认知

2011 年以后，奥迪公司推出了新一代诊断仪 VAS6150，它通过笔记本电脑的蓝牙诊断接口与车辆进行无线通信来进行诊断维修。可通过汽车诊断仪 VAS6150 查找汽车电控单元。

1. 汽车电控单元的查找

1）查找过程

（1）打开主界面，点击功能区“诊断”按钮后，点击工作区“启动诊断”，VAS6150 启动界面如图 1-1 所示。

图 1-1　VAS6150 启动界面

（2）最后点击“网络布局图”，查看控制单元网络布局，网络布局如图 1-2 所示。

2）控制单元代码

我们经常见到奥迪汽车维修资料上有些编号、代码，如 J104、J518 等，其实奥迪汽车的这些编号、代码代表着控制单元，另外还有 G202、R41 等，这些编号、代码代表着传感器、电器元件等，具体表示的控制单元及主要电器元件编码见表 1-1。

每个控制单元都有自己唯一的地址码，通过地址码可以进入控制单元，大众/奥迪车系主要地址码见表 1-2。

2. 汽车电控单元功能操作

1）控制单元识别

这一功能主要描述了控制单元的基本信息。控制单元的基本信息包括控制单元的硬件号、软件号以及版本号。在更换控制单元时，要检查新的控制单元的硬件号、软件号以及版本号与原来的是否相同。若不相同，要问清原因，是产品升级，还是有其他原因，不能盲目更换。

双击要读取信息的控制单元，选择控制单元自诊断，如图 1-3 所示。

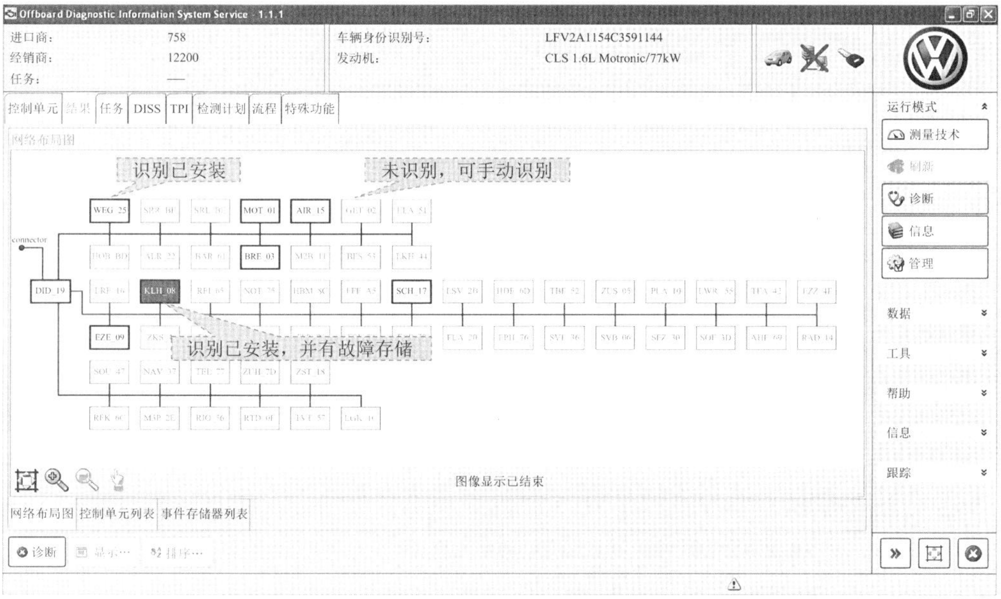

图 1-2　控制单元网络布局图

电控单元及主要电器元件编码　　表 1-1

编码	部件	编码	部件
J364	辅助加热控制单元	J388	左后门控制单元
J104	带 EBD 的 ABS 控制单元	J234	安全气囊控制单元
J428	车距调节控制单元	G202	车身转动速率传感器
J519	供电控制单元	J387	乘客侧车门控制单元
J386	驾驶人车门控制单元	J521	乘客侧带记忆功能座椅调节控制单元
J518	进入和启动授权控制单元	J389	右后门控制单元
J285	组合仪表内控制单元	G433	左后轮压力监控发射原件
J527	转向柱电器控制单元	R64	驻车加热无线电接收器
J526	电话及 TELEMATIK 控制单元	J401	带 CD 播放机的导航控制单元
R36	电话发送和接收	J507	语音输入控制单元
J623	发动机控制单元	J525	数字音响包控制单元
J255	全自动控制空调控制单元	R	收音机
J136	有记忆功能的座椅调节， 转向柱调节控制单元	R78TV	调谐器
J197	水平调节控制单元	R147	数字收音机
J481	前照灯照程控制单元	G434	右后轮胎压监控发射原件

续上表

编码	部件	编码	部件
J502	轮胎压力监控控制单元	J446	停车辅助系统控制单元
J520	供电控制单元	J345	挂车识别控制单元
J523	前部信息系统显示和操纵控制单元	J393	舒适系统控制单元
J533	数据总线诊断接口	J540	电动驻车、手动驻车控制单元
J723	无钥匙式起动授权读入单元	J544	电能管理控制单元
R41	CD 换碟机	G431	左前轮发射原件
R92CD	播放机		

大众/奥迪车系主要地址码 表 1-2

地址码	系统	控制单元代码	地址码	系统	控制单元代码
01	发动机控制单元	J220/J623	34	空气悬架控制单元	J197
02	自动变速器控制单元	J217	37	导航	J401
03	ABS/ESP 控制单元	J104	46	舒适系统控制单元	J393
07	MMI 显示操作控制单元	J523	53	电子驻车制动（EPB）系统	J540
08/18	空调系统/辅助加热	J255/J324	55	前照灯程调节	J431
15	安全气囊控制单元	J234	61	蓄电池管路控制单元	J644
16	转向柱电器控制单元	J527	65	胎压监控控制单元	J502
17	组合仪表	J285	76	停车辅助控制单元	J446
19	网关/诊断接口	J533	77	电话	R36

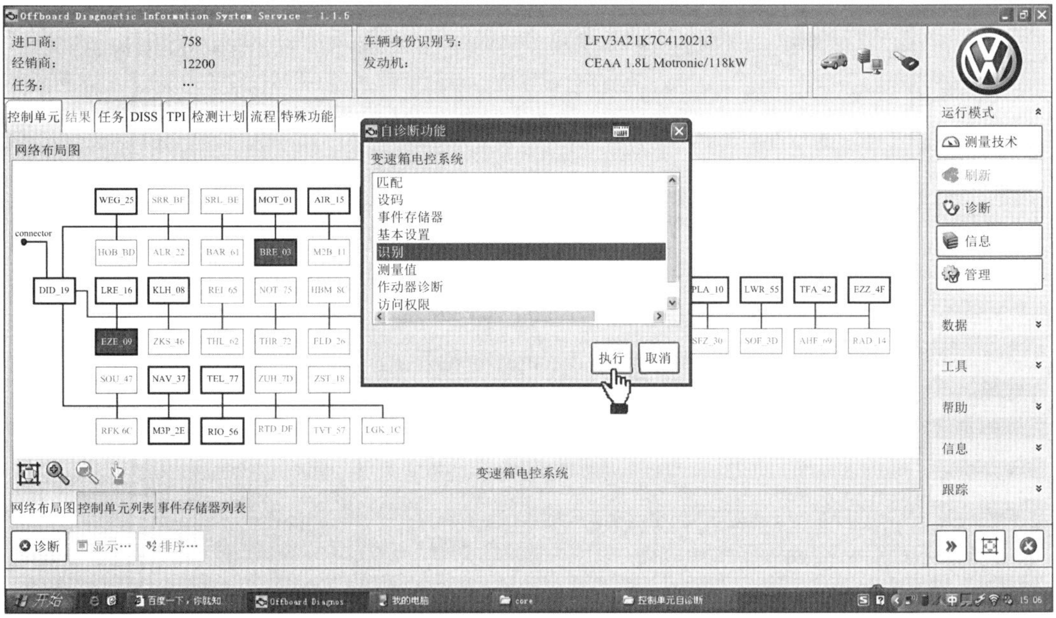

图 1-3 控制单元自诊断界面

选中“识别”，点击执行；在结果选项卡中显示出零件识别号、软件版本等信息，如图 1-4 所示。

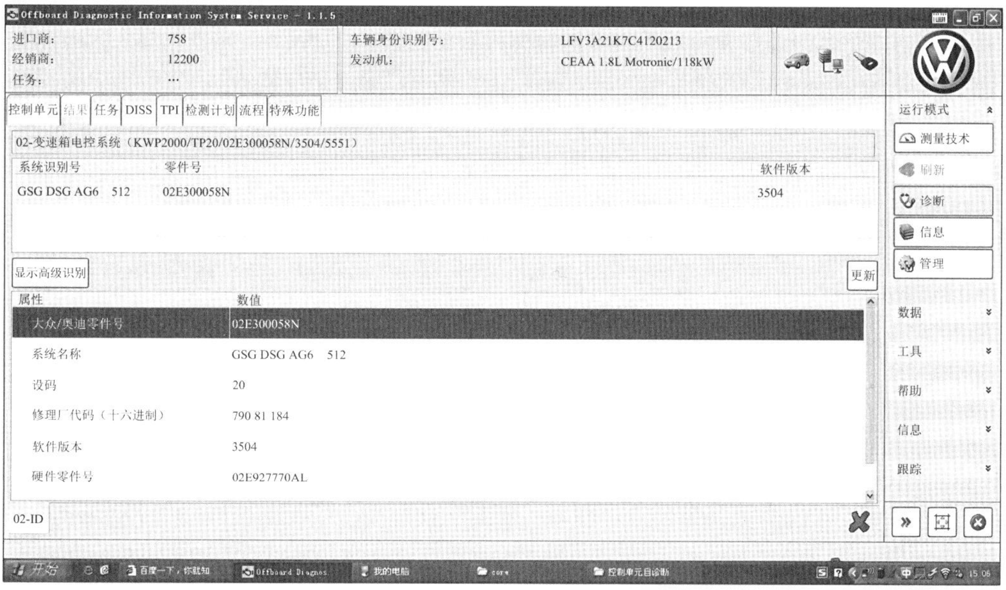

图 1-4　控制单元信息界面

2）控制单元编码

控制单元编码是大众/奥迪车系一个特殊的功能。在大众/奥迪车系中，不同的控制单元安装在不同配置的车上，可以实现不同的功能，不同车型、不同功能是通过控制单元编码来实现的。因此更换控制单元时要记下原来控制单元的编码，并将编码编入新控制单元里，否则原来控制单元的某些功能会丧失。编码分为长编码和短编码。例如，奥迪 2.8LFSI 发动机控制单元编码为长编码，编码为 01 05 00 0C 02，07 01 20；ABS 控制单元为短编码，编码为 00000 785 00200。

如果车辆的代码没有显示或者更换控制单元后，须进行控制单元编码，如果新的控制单元零件号和索引号完全与原来的控制单元一样，则需要读出原来的控制单元编码，然后编入新的控制单元。一般如果车辆配置不同，控制单元编码肯定不同，一些车型的控制单元可能只允许编码 1 次，错误的编码轻则会导致车辆的性能不良，重则给车辆带来严重故障，所以尽量不能误操作。编码和年款、车型的关系如下：

（1）年款不同，编码可能不同。

（2）车型不同，编码不同。

（3）车型相同，配置不同，编码不同。

编码有长编码和短编码之分，老车型多为短编码，而新车型多为长编码。短编码一般为四位或五位。长编码由多个字节组成。

发生以下情况时需要对控制单元进行编码。

（1）更换了控制单元。

（2）误操作，更改了控制单元编码。

（3）蓄电池不正常断电可能引起控制单元编码不正确的故障。

编码时注意事项如下。

（1）更换控制单元时要对原车编码、匹配通道的数值进行记录，更换后再把记录的编码和匹配数值写入，避免不知道原来的编码，而造成新的故障。

（2）编码后要对车辆的状态做全面检查，避免出现新的故障。

驾驶人侧车门控制单元编码过程：双击驾驶人侧车门电子设备，选择引导功能；选择“驾驶人车门编码”，点击“执行”，如图 1-5 所示。

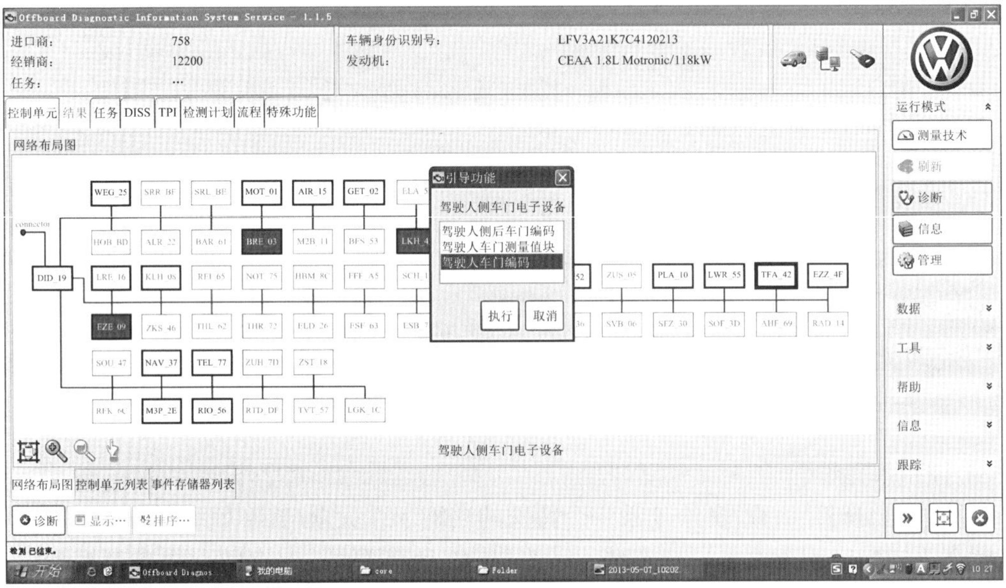

图 1-5　驾驶人侧车门控制单元编码界面

3）匹配

匹配功能与基本设定类似，不同的是基本设定是由故障诊断仪发出设定的指令，控制单元根据一个程序自行控制学习过程，找到一个目标值。而匹配则是由故障诊断仪发出匹配的指令，同时由人工通过故障诊断仪输入一个目标值，由控制单元进行学习存储。以迈腾车型为例，匹配包括下面内容。

（1）在发动机系统内，有发动机控制单元与节气门定位器、进气歧管翻板的匹配。更换发动机之后，也需要对发动机进行匹配，还要对钥匙进行匹配。

（2）在电子中央电气系统内，匹配回家和离家模式时间、脚步空间调光值、舒适转向灯闪烁周期。在更换控制单元后，对控制单元进行匹配。

（3）在舒适系统控制单元内，匹配单门开启、智能报警喇叭的国家选择、蓄电池监控（发声器）、车速为 15km/h 时的自动锁止功能；匹配通过进入及启动许可解锁的反馈信息；匹配通过进入及启动许可锁止的反馈信息；匹配通过遥控器解锁的反馈信息；匹配遥控钥匙。

（4）在停车辅助设备系统内，对停车辅助控制单元进行匹配，匹配前部和后部驻车辅助系统报警蜂鸣器音调、匹配前部和后部驻车辅助系统报警蜂鸣器音量、匹配屏幕显示、匹配音频系统音量降低。

（5）动力转向系统内，匹配控制单元 J500 的动力转向功能、动态转向力矩补偿功能、自动泊车辅助功能；匹配车道辅助功能和转向末端限位位置基本设置。

（6）仪表板系统内，匹配油耗显示、燃油表、语言版本。在更换仪表之后，需要对控制单元匹配，并且还需要对发动机控制单元和钥匙防盗进行匹配。

（7）在防盗锁止系统内，匹配发动机控制单元、电子转向锁、遥控器、钥匙、防盗锁止系统和电子转向柱锁。

以发动机节气门匹配为例，双击发动机控制单元，选择引导功能；然后选择“节气门控制单元，匹配”，点击“执行”，如图 1-6 所示。

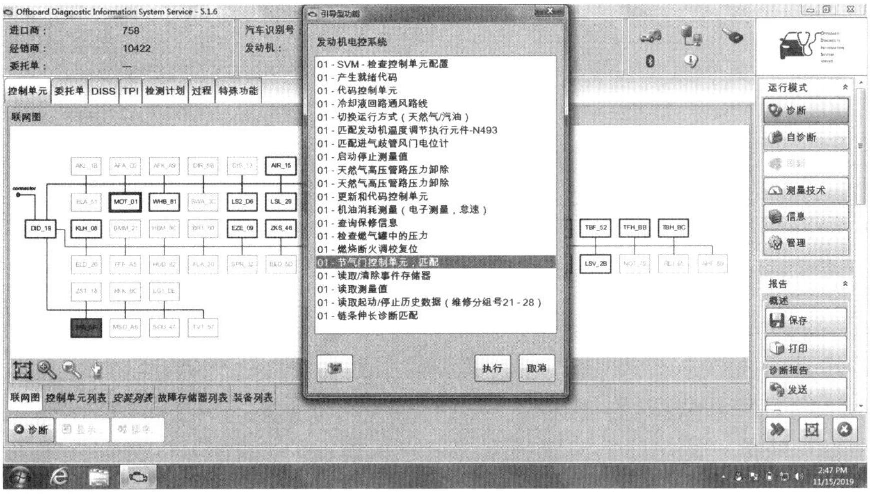

图 1-6　发动机节气门匹配界面

4）基本设定

基本设定是指原本出厂设定的一些参数，由于某些原因使参数发生了变化，通过基本设定使这些改变的参数调整或恢复到某一数值。例如，节气门受灰尘、积炭、结胶等的影响，在怠速时，节气门开度会增大。这是因为节气门体变脏后，在相同的开度下，进气量会减少，这样不足以维持发动机的额定怠速转速，发动机控制单元就会指令节气门的开度增大。清洗节气门体后，发动机控制单元指令增大的怠速状态下的节气门开度仍然记忆在发动机控制单元中，这样会使进气量增大，导致怠速过高的故障，这时就需要对节气门进行基本设定，通过发动机控制单元的学习功能适应这种变化，自行找到一个新的节气门开度以满足怠速的需要。

（1）节气门基本设定。

基本设定步骤是 01-04-060。01 为进入发动机控制单元，04 为选择基本设定，060 为通道号。当诊断仪显示屏显示匹配正常或 ADP.OK 时，基本设定结束。如果显示“匹配错误”或者查询故障码有“节气门基本设定未完成”的故障显示，应检查节气门的电源、插接器及节气门体自身是否有故障存在。

（2）强制降挡设定。

基本设定步骤是 01-04-063。01 为进入发动机控制单元，04 为选择基本设定，063 为通道号。此设定应打开点火开关。不起动发动机，然后将加速踏板踩到底，并保持，直至控制单元识别到加速踏板位置传感器在 0 和 100%位置分别对应的电压值，根据设定程序设计选定强制降挡点，当诊断仪显示屏显示匹配正常或 ADP.OK 时，基本设定结束。

二、汽车 ECU 的组成与工作过程

1. 汽车 ECU 控制系统的组成

ECU（Electronic Control Unit）为“电子控制单元”的缩写，俗称汽车电脑，其基本构成如图 1-7 所示。ECU 作为控制系统的核心，由输入信号处理电路、输出信号电路和微机系统构成。ECU 按照预定程序和数据自动地对各种传感器和开关的输入信号进行运算、分析、判断、处理，并根据信号处理的结果输出信号指令控制执行器工作。

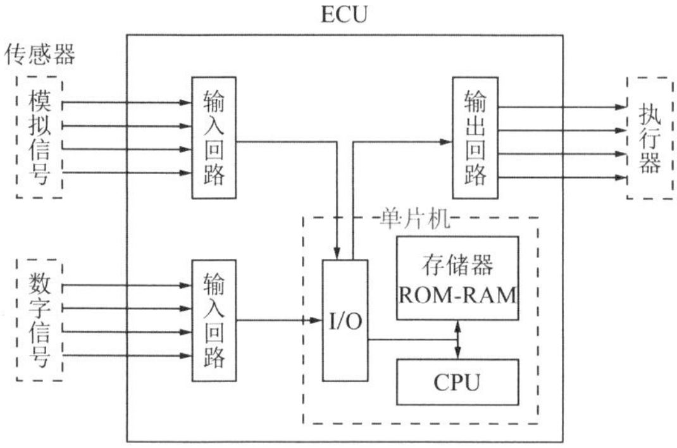

图 1-7　汽车电子控制单元（ECU）的基本构成

输入信号处理电路是把传感器输入的各种信号进行放大、滤波、整形、变换等一系列的处理，转换为计算机可以识别的标准信号。

输出信号处理电路把计算机发出的控制指令信号，经过放大、变换等处理转换成可以驱动各执行器工作的电信号。

微机系统其主要部分是单片机，单片机普遍都是将中央处理器（CPU）、随机存取数据存储（RAM）、只读程序存储器（ROM）、并行和串行通信接口，中断系统、定时电路、时钟电路集成在一块单一的芯片上，增强型的单片机集成了如 A/D 转换器、PWM（脉宽调制电路）、WDT（看门狗）、有些单片机将 LCD（液晶）驱动电路都集成在单一的芯片上，这样单片机包含的单元电路就更多，功能就越强大。

微处理器是单片机的核心部件，微处理器将输入模拟信号转化为数字信号，并根据存储的参考数据进行对比处理，计算出输出值，输出信号经过功率放大后控制执行器，例如喷油器和继电器等。随着单片机计算能力越来越强和内存容量越来越大，ECU 的功能也越来越多。汽车发动机电喷系统结构图如图 1-8 所示。

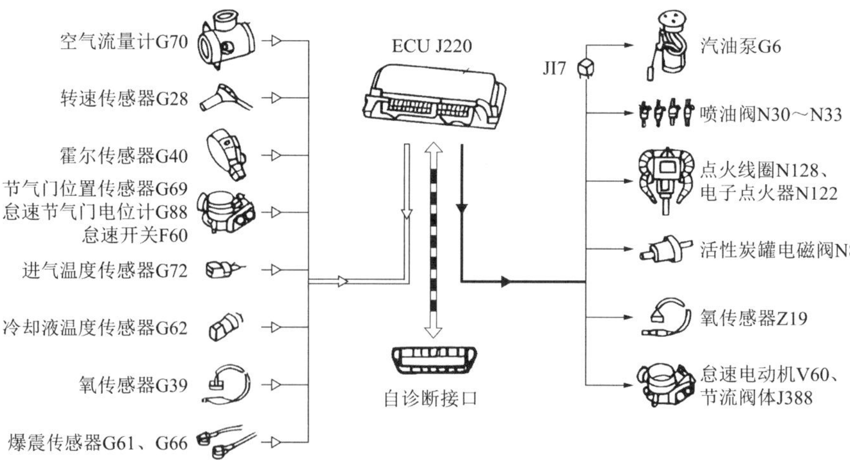

图 1-8　汽车发动机电喷系统结构图

2. 汽车 ECU 的工作过程

（1）输入接口。

输入电路接收传感器和其他装置的输入信号，并对信号进行过滤和放大。输入信号放大的目的是使信号增加到汽车电脑可以识别的程度，输入信号的处理如图 1-9 所示，信号进行预处理，一般是在去除杂波和把正弦波变为矩形波后，再转换成输入电平。

汽车电脑工作原理动画演示

一般输入信号都要经过输入回路进行处理。如磁电式曲轴位置传感器输入微机的信号，其幅值是随转速变化的，发动机转速升高时，输出的电压幅值增大，发动机转速降低时，输出的电压幅值减小。在发动机低速运转时，电压信号显得很弱，为了使信号能够送人微机并被采用，必须将输入回路的信号进行整形处理，将其信号放大并将波形变成整齐的矩形波。

另外，一般曲轴位置传感器的齿盘只有几十个齿，如果仅用这些齿数产生的几十个脉冲来代表曲轴每一转中的步数，就显得太粗糙，会引起较大的误差。为了保持一定的精度，转角的步长设定为 0.5°（或 1°），为此在输入回路设立一个转角脉冲发生器，把齿盘上产生的几十个脉冲转变成曲轴转一圈产生 720 个脉冲（或 360 个脉冲），这样一个脉冲就代表曲轴转角的 0.5°（或 1°）。

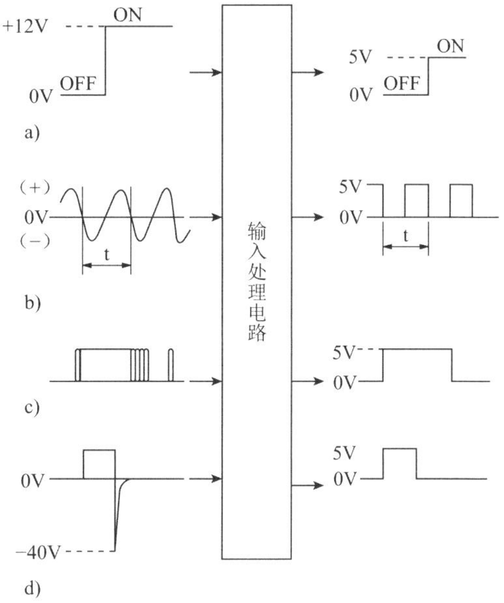

图 1-9　输入信号的处理

某些传感器，例如氧传感器，产生一个小于 1V 的低电压信号，只能产生极小的电流，这样的信号送入电脑内的微处理器之前必须放大，这个放大作用由电脑中输入芯片中的放大电路来完成。

（2）A/D 转换器。

从传感器送出的信号，有模拟信号和数字信号两种。其中相当一部分传感器输入的信号都是模拟信号，如空气流量计、冷却液温度传感器、节气门位置传感器等向微机输入的都是变化缓慢的连续信号，它们经过传感器及输入回路处理后，都已变成相应的电压信号。但这些信号微机不能直接处理，需经过相应的 A/D 转换器，将模拟信号转换成数字信号后才能输入微机，如从空气流量计输入的为 0～5V 的模拟电压信号，当输入电平与 A/D 转换器设定的量程相同时，则模拟信号经 A/D 转换器转换成数字量后，才能输入微机。

（3）输出接口。

输出接口为微机与执行器之间建立联系的一部分装置。它将微机发出的决策指令，转变成控制信号来驱动执行器工作。输出回路一般起着控制信号的生成和放大等功能。微机输出的是数字信号，而且输出的电流很小，用这种信号一般不能驱动执行器工作，需要输出电路将其转换成可以驱动执行器工作的控制信号，如喷油器驱动信号，点火控制信号，燃油泵控制信号等，控制输出回路中，通过功率管（实际电路不只是一个三极管）的导通和截止，为喷油器提供一定宽度的脉冲驱动信号，使喷油器喷油。喷油嘴输出信号的处理回路如图 1-10 所示。

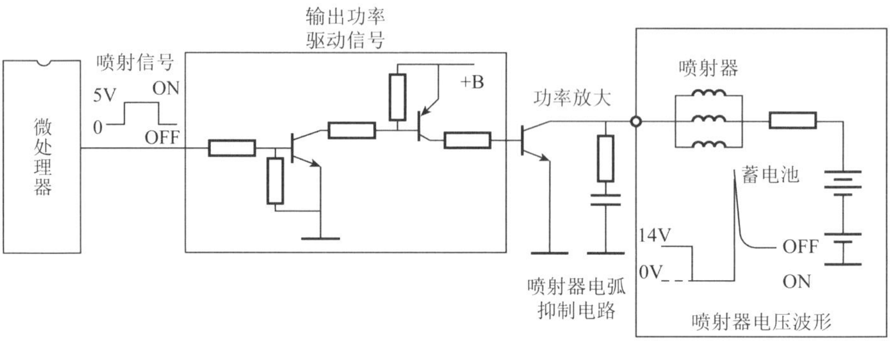

图 1-10　输出信号的处理回路

（4）发动机电子控制系统的工作过程。

发动机起动时，电子控制器进入工作状态，通过 CPU 的控制，一个个指令逐个地进行循环。执行程序过程中，所需的发动机信息来自各个传感器。从传感器来的信号首先进入输入回路，对其信号进行处理。如是数字信号，根据 CPU 的安排，经 I/O 接口直接进入微机；如是模拟信号，还要经过 A/D 转换，转换成数字信号后，才能经 A/D 接口进入微机。大多数信且暂时存储在 RAM 内，根据指令再从 RAM 送至 CPU。下一步是将存储在 ROM（或 PROM）中的参考数据引入 CPU，使输入传感器的信息与之进行比较。对来自有关传感器发出指令信号，经 I/O 接口，必要的信号还经 D/A 转换器转变成模拟信号，最后经输出回路去控制执行器动作。如是喷油器驱动信号，则控制喷油正时和喷油脉宽，完成控制喷油功能。发动机工作时，微机的运行速度是相当快的，如点火正时，每秒钟可以修正上百次，因此其控制精度是相当高的。

随着汽车电子化和自动化程度的提高，ECU 将越来越多，这样必将导致车身线束日益复杂。为了实现多个 ECU 之间的信息快速传递、简化电路以及降低成本，ECU 之间要采用通信网络技术连成一个网络系统。例如，变速器需要与发动机协调配合，根据车速、发动机转速以及动力负荷等因素自动进行换挡。因此，变速器电脑需要得到节气门位置传感器、车速传感器、冷却液温度传感器以及发动机转速传感器等信号，这就要实现变速器电脑与发动机电脑之间的信息传递。为了满足各子系统的实时性要求，有必要对汽车公共数据实行共享，CAN 总线正是为满足这些要求而设计的。

任务二　车载网络系统应用与分类认知

一、车载网络的发展简史

从 1980 年起，汽车内开始安装网络。1983 年，丰田公司在世纪牌汽车上最早采用了应用光缆的车门控制系统，车上的 ECU 可对各车门的门锁、电动玻璃车窗进行控制，这是早期在汽车上采用的光缆系统。此后，光缆网线并未在汽车上广泛应用。

1986—1989 年间，在车身系统上采用了铜线网络。那时日产公司的车门多路传输集中控制系统、通用公司的车灯多路传输集中控制系统等，都已处于批量生产的阶段。在此期间，一些车载网络标准也纷纷推出，如：德国的 Robert Bosch 公司提出了控制器局域网（Controller Area Network，CAN）。美国汽车工程师学会（Society of Automotive Engineers，SAE）提出了 J1850，通过了 CAN 的标准，明确地表示将转向 CAN 协议。

随着汽车技术的发展，欧洲又以与 CAN 协议不同的思路提出了控制系统的新协议 TTP（Time Triggered Protocol），并在 X-by-wire 系统上开始应用。

与这些网络采用不同思路开发的是信息系统。该系统在开关及显示功能控制用的信号系统信息设备之间建立网络，下一步是利用光纤将显示数据进行传递。

为了实现音响系统的数字化，建立了将音频数据与信号系统综合在一起的 AV 网络，这种网络需要将大容量的数据连续地输出，因此，在这种网络上需采用光缆。

当汽车引入智能交通系统（ITS）后，由于要与车外交换数据，所以在信息系统中将会采用更大容量的网络，例如 D2B（Digital Data Bus，数字数据总线）协议、MOST 及 IEEE 1394 等。

主要车载网络的名称、概要、通信速度与研制单位见表 1-3。主要车载网络的开发时间、采用厂家见表 1-4。主要车载网络的成本比例及通信速度如图 1-11 所示。

主要车载网络基本情况

表 1-3

车载网络的名称	概要	通信速度	研制单位
CAN（Controller Area Network）	车身/动力传动系统控制用 LAN 协议，最有可能成为世界标准的车用 LAN 协议	1Mb/s	博世公司（开发），ISO
VAN（Vehicle Area Network）	车身系统控制用 LAN 协议，以法国为中心	1Mb/s	ISO
J1850	车身系统控制用 LAN 协议，以美国为中心	10.4kb/s 41.6kb/s	福特公司
LIN（Local Interconnect Network）	车身系统控制用 LAN 协议，液压组件专用	20kb/s	LIN 协议会
IDB-C（ITS Data Bus On CAN）	以 CAN 为基础的控制用 LAN 协议	250kb/s	IDM 论坛
TTP/C（Time Triggered Protocol By CAN）	重视安全、按用途分类的控制用 LAN 协议，时分多路复用（TDMA）	2Mb/s 25Mb/s	TTI 计算机技术公司
TTCAN（Time Triggered CAN）	重视安全、按用途分类的控制用 LAN 协议，时间同步的 CAN	1Mb/s	博世公司 CiA
Byteflight	重视安全、按用途分类的控制用 LAN 协议，通用时分多路复用（FFDMA）	10Mb/s	宝马公司
FlexRay	重视安全、按用途分类的控制用 LAN 协议	10Mb/s	宝马公司 Daimler Chrysler 公司
DDB/Optical（Domestic Digital Bus/Optical）	音频系统通信协议，将 DDB 作为音频系统总线采用光通信	5.6Mb/s	C&C 公司
MOST（Media Oriented system Transport）	信息系统通信协议，以欧洲为中心，由克莱斯勒与 BMW 公司推动	22.5Mb/s 150Mb/s	MOST 合作组织
IEEE1394	信息系统通信协议，有转化成 IDB1394 的动向	100Mb/s	1394 工业协会

表 1-4 主要车载网络开发时间、采用厂家情况

时间	车载网络	厂家	备注
—	D2B 开发	飞利浦公司	1986 年 2 月北美车采用 LAN
—	CAN 开发	博世公司	1986 年 12 月欧洲车采用 LAN
1986 年以前	VNP 开发 CAD 开发	北美	1987 年 12 月日本车采用 LAN
1988 年	MOST 开发 CCD 开发 VAN 开发	美国车采用	—
1991 年	CAN 开发	欧洲车采用	—
1992 年	D2B D2B Optical 开发	日本车采用	—
1994 年	J1850 VAN	SAE 认可，ISO 批准	—
1995 年以后	D2B	欧洲车采用	以汽车厂为主，对新 LAN 进行研究
2000 年以后	发表 LIN 发表 YRTTP 发表 Byteflight 发表 TTCAN 发表 FlexRay	—	发表了许多新的 LAN

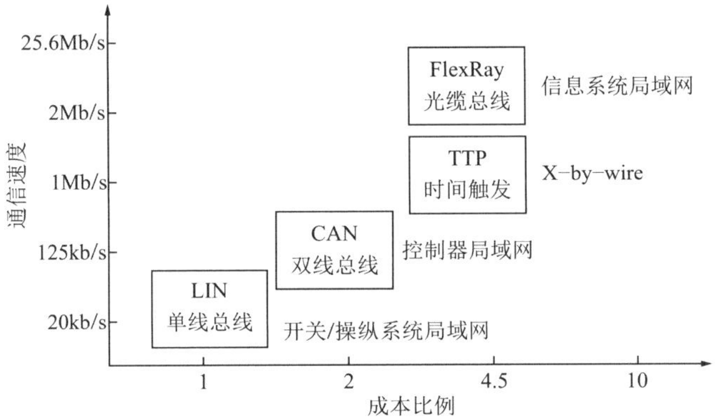

图 1-11 车载网络的成本比例及通信速度

二、车载网络技术的应用

1. 车载网络技术的产生背景

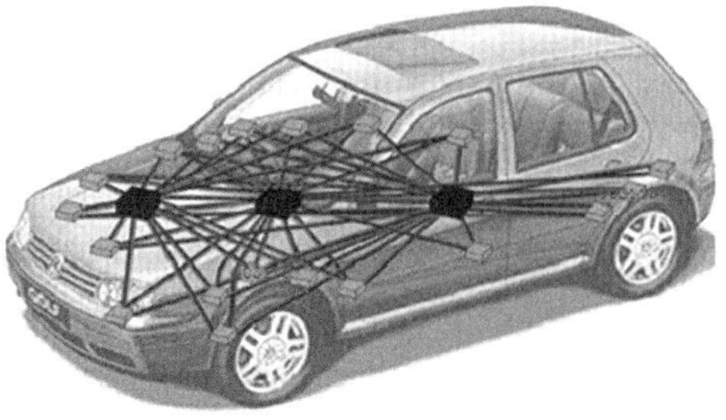

图 1-12 传统的点对点的通信（装备 3 个 ECU）

在汽车技术发展处于子系统层次的汽车单片机（汽车电脑）控制时代，特别是早期生产的汽车，车上只有一个 ECU，其信息传输量较少，电子控制系统的传感器、ECU 和执行器之间的连接线束的数量还不太多，尚可接受。随着汽车技术的进步和消费者需求的进一步提高，汽车上的电子控制系统越来越多，其内部的线束也变得越来越复杂，如图 1-12 所示。

进入 21 世纪以来，随着电子技术的迅猛发展和其在汽车上的广泛应用，汽车电子化程度越来越高。从发动机控制到传动系控制，从行驶、制动、转向系统控制到安全保障系统及仪表报警系统，从电源管理到为提高舒适性而作的各种努力，使汽车电子系统形成了一个复杂的大系统，如图 1-13 所示。

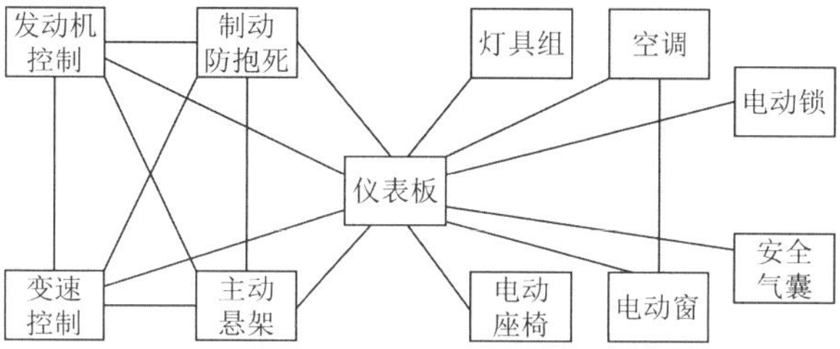

图 1-13　复杂的、多控制单元的汽车单片机控制系统

这些系统除了各自的电源、传感器和执行器外，还需要互相通信，且信息传输量急剧加大。如果在各个控制单元之间依然采用传统的布线方式，那么，对于图 1-13 所示的复杂控制系统，其连接线束的数量将急剧增加，甚至难以承受。

对于复杂的控制系统，若采用传统布线方式（一对一布线），即线束一端与开关相接，另一端与控制单元、用电设备相连，将导致车上线束数量急剧增加，其质量将会占到整车质量的 4%左右。而且，数量庞大的线束、插接器也会降低车辆电气系统的可靠性，使故障率升高。

为解决这一制约汽车电子技术进一步发展的信息传输瓶颈问题，一种新的信息传输技术——车载网络技术应运而生。

2. 采用车载网络技术进行信息传输

就像汽车电子技术在 20 世纪 70 年代引入集成电路、20 世纪 80 年代引入单片机（微处理器）一样，车载网络技术的引入也是汽车电子技术发展的一个里程碑。

在采用网络技术的现代汽车上，信息的传输是基于数据总线（Data Bus，DB）原理进行的。所谓数据总线，简单地说，就是指一种能在一条（或几条）数据线上，同时（或分时）传输大量的、按照一定规律进行编码的数据（信号）的技术，其所传输的数据（信号）可以被多个系统共享，从而最大限度地提高系统的信息传输效率，充分利用有限的资源。

将计算机领域的数据总线技术引入到汽车电气系统中，同样可以在大大简化汽车电路的同时，传递丰富的信息。采用数据总线技术在两个控制单元之间进行信息传输，可以有效减少数据传输线的数量，如图 1-14 所示。

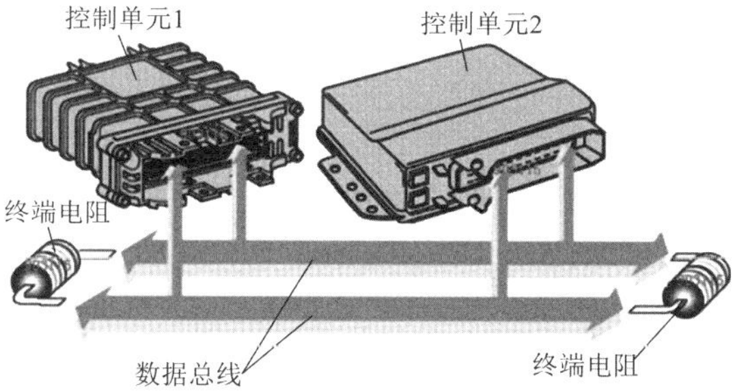

图 1-14　采用数据总线技术在两个控制单元之间进行信息传输

在具有3个控制单元的系统中采用CAN数据总线进行信息传输的示意图如图1-15所示，相应地，汽车内部的线束连接也变得简洁、清晰（图1-16），不再是一团乱麻。

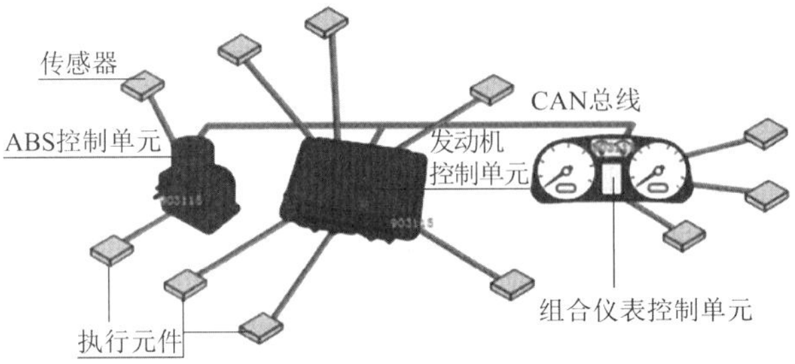

图1-15 在具有3个控制单元的系统中采用CAN数据总线进行信息传输

图1-16 总线系统通信（装备3个电子控制单元）

3. 采用车载网络技术的优点

（1）减轻整车自重。

减少线束用量，耗铜量下降，整车自重得以降低。同时，全车线束变细，也为安装其他新的部件预留了空间。

（2）降低生产成本。

除了线束用量减少、耗铜量下降带来的成本降低之外，网络技术所秉持的“信息共享、一线多能”的理念，也充分发挥了每一条导线的作用，实现了“物尽其用”。

（3）提高工作可靠性。

线束数量的减少，也使汽车电气系统的插接器数量大大减少，由线束和插接器引发的断路、短路、接触不良等故障的发生率也大大降低，整车电气系统的工作可靠性得以提高。

（4）便于后续开发。

采用开放式的车载网络技术，为后续技术的开发留有充分的余地。随着技术的不断进步，新的电子控制系统可以很方便地融入已有的系统之中，而不必对现有系统进行太大的改动。

4. 汽车网络的拓扑结构

汽车网络拓扑结构常见有星型、总线型和环型网络，如图1-17所示。

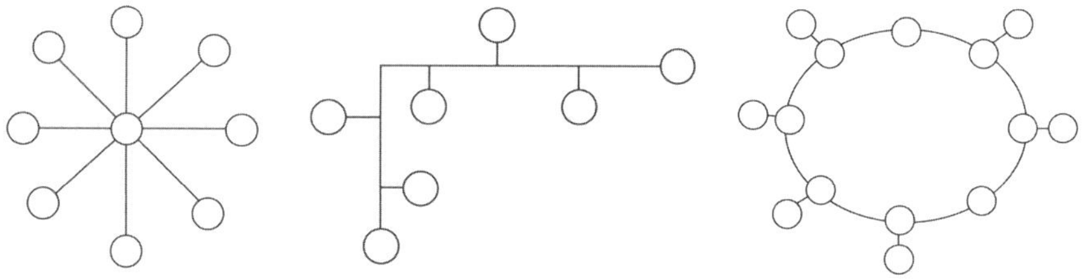

图 1-17　汽车网络常见拓扑结构

（1）星型拓扑。

星型拓扑中，每个站点通过点—点连接到中央节点，任何两站之间的通信都通过中央节点进行。星型拓扑采用电路交换，一个站点的故障只会影响本站，而不会影响到全网。但是在这种结构中，通信极大地依赖中央节点，对中央节点的可靠性和容量要求很高；另外，每个站点都要同中央节点连接，耗费大量电缆。

（2）总线型拓扑。

总线型拓扑采用单一信道作为传输介质，所有站点通过相应硬件接口接至这个公共信道（总线）上，任何一个站点发送的信息，所有其他站点都能接收。因此，总线型拓扑称为多点式或广播式。信息也是按组发送，达到各站点后，经过地址识别（滤波），符合的站点将信息复制下来。由于所有节点共享一条公共信道，当多点同时发送信号时，信号会相互碰撞而造成传输失败。这种现象称为冲突。为了避免冲突，每次只能由一个站点发送信号，因此，必须有一种仲裁机制来决定每次由哪个站点使用信道，这是属于数据链路层的任务。总线网中通常采用分布式的控制策略，如 CSMA/CD 协议就是常用的规范。

总线拓扑的优点是所需电缆长度短，布线容易。总线仅仅是一个传输信道，没有任何处理功能，从硬件的角度看，它属于无源器件，工作的可靠性较高，增加和减少站点都很方便。总线拓扑的缺点是系统范围受到限制（由于数据速率和传输距离的相互制约关系）。一个站点的故障可能影响整个网络，故障的检测需要在各站点上进行。

（3）环型拓扑。

在环型拓扑中，站点和连接站点的点—点链路组成一个闭合环路，每个站点从一条链路上接收数据，然后以同样的速率从另一条链路发送出去。链路大多数是单方向的，即数据沿一个方向在网上环行。

环型拓扑也同总线拓扑一样，存在冲突问题，必须采用某种控制机制来决定每个站点在什么时候可以将数据送到环上。环型网络通常也采用分布式控制策略，这里主要包含一种特殊信息帧——“令牌”。

环型拓扑的优点是所需介质长度较短；它的链路都是单方向性的，因而可以用光纤作为传输介质。环型拓扑的缺点是一个站点的故障会引起全网的故障。

汽车网络大多采用总线型拓扑结构。

5. 汽车网络的类型

汽车网络技术从 20 世纪 80 年代提出以来，至今存在许多侧重功能不同的汽车网络标准，为方便研究和设计应用，20 世纪 90 年代中期 SAE 把车用网络分为 A、B、C、D、E

等类型，其中，A 类网为面向执行器、传感器的低速网络，LIN、TTP/A、BEAN 为其主流协议；B 类网为面向数据共享的中速网络，其主流协议将是低速 CAN（ISO 11898-3）、SAE J1850、VAN 等协议。C 类网为面向实时控制的高速网络，其主流协议为高速 CAN（ISO11898-2）、TTP/C（Time-Triggered Protocol）、Flex Ray 等协议；D 类网主要面向多媒体、导航系统等。目前该类网络的主流协议为：D2B（Domestic Digital Bus）、MOST（Media Oriented Systems Transport）；E 类网是面向乘员安全系统的网络，主要应用于车辆被动安全性领域，该类网络的协议有 Byteflight 等。SAE 的汽车网络分类见表 1-5。

SAE 的汽车网络分类　　表 1-5

网络分类	位传输速率	应用场合
A	低速，< 20kb/s	应用于只需传输少量数据的场合，如控制行李舱开启和关闭
B	中速，20～125kb/s	应用于一般的信息传输场合，例如仪表
C	高速，125kb/s～1Mb/s	应用于实时控制的场合，例如动力系统
D	高速，> 1Mb/s	应用于更严格的实时控制场合及多媒体控制
E	高速，> 10Mb/s	应用于车辆被动安全性领域，例如乘员的安全系统

任务三 车载网络系统常用基础术语和传输方式认知

一、车载网络系统常用基础术语

1. 局域网

局域网络是在一个有限区域内连接的计算机的网络，简称局域网。一般这个区域具有特定的职能，通过这个网络实现这个系统内的资源共享和信息通信。连接到网络上的节点可以是计算机、基于微处理器的应用系统或智能装置。在汽车上的网络是局域网与现场总线（Field Bus）之间的一种结构。局域网数据传输速度一般在 10～103kb/s 范围，传输距离在几十米范围。

2. 现场总线

现场总线（Field Bus）是在工业过程控制和生产自动化领域发展起来的一种网络体系，是在过程现场安装在控制室先进自动化装置中的一种串行数字通信链路。该系统是用于过程自动化和制造自动化最底层的现场设备或现场仪表互连的通信网络，是现场通信网络与控制系统的集成。

3. 数据总线

数据总线是模块间运行数据的通道，即所谓的信息高速公路。数据总线可以实现在一条数据线上传递的信号能被多个系统（控制单元）共享，从而最大限度地提高系统整体效率，充分利用有限的资源。例如，常见的电脑键盘有 104 位键，可以发出上百个不同的指令，但键盘与主机之间的数据连接线却只有 7 根，键盘正是依靠这 7 根数据连接线上不同的电平组合（编码信号）来传递信号的。如果把这种方式应用在汽车电气系统上，就可以大大简化目前的汽车电路。可以通过不同的编码信号来表示不同的开关动作信号解码后，根据指令接通或断开对应的用电设备（前照灯、刮水器、电动座椅等）。这样，就能将过去一线一用的专线制改为一线多用制，大大减少了汽车上电线的数目，缩小了线束的直径。当然，数据总线还将使计算机技术融入整个汽车系统之中，加速汽车智能化的发展。

4. 比特率

比特率是指每秒传送的比特（bit）数，单位为 bps（bit per second），也可表示为 b/s，比特率越高，单位时间传送的数据量（位数）越大。计算机中的信息都用二进制的 0 和 1 来表示，其中每一个 0 或 1 被称作一个位，用小写 b 表示，即 bit（位）。大写 B 表示 Byte，即字节，1 个字节 = 8 个位，即 1B = 8b。一般都使用千字节（kB）来表示文件的大小。

kbps：首先要了解的是，ps 指的是/s，即每秒；kbps 指的是网络速度，也就是每秒传送多少个千位的信息（k 表示千位，kb 表示的是多少千个位），为了在直观上显得网络的传速度较快，一般公司都使用 kb（千位）来表示，如果是 kBps（或表示为 kB/s，则表示每秒传送多少千字节。

LIN 网络的网速是 1～20kb/s，高速 CAN 网络的网速是 500kb/s，低速 CAN 网络的网速为 100kb/s，FlexRay 网络的网速最高可达 10Mb/s，MOST 网络的网速分别是 2003 款奥迪 A8 为 21.2Mb/s、2010 款奥迪 A8（MOST25）为 22.5Mb/s，2013 款奥迪 A3（MOSTl50）为 150Mb/s。

5. 模块/节点

模块就是一种电子装置，简单一点的如温度和压力传感器，复杂的如计算机（微处理器）。传感器是一个模块装置，根据温度和压力的不同产生不同的电压信号，这些电压信号在计算机（一种数字装置）的输入接口被转变成数字信号。在计算机多路传输系统中一些简单的模块被称为节点。

6. 网络

为了实现信息共享而把多条数据总线连在一起，或者把数据总线和模块当作一个系统称为网络。从物理意义上讲，汽车上许多模块和数据总线距离很近，因此被称之为 LAN（局域网）。

7. 网关

因为车上用这么多总线和网络，所以必须用一种有特殊功能的计算机达到信息共享和不产生协议间的冲突，实现无差错数据传输，这种计算机就叫作网关，图 1-18 所示为上海大众途安汽车 CAN-BUS 数据总线，其中 J533 即为网关。

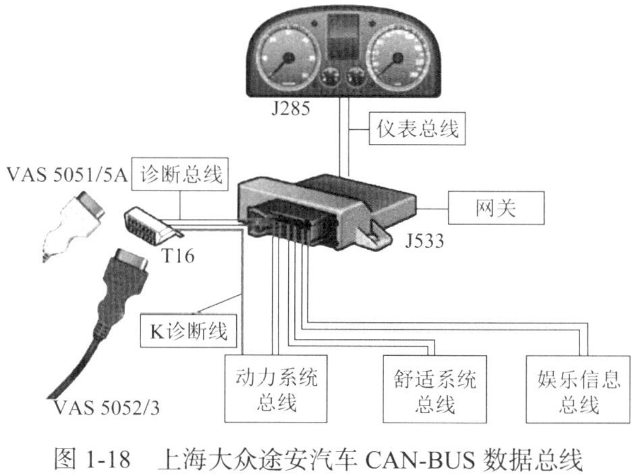

图 1-18　上海大众途安汽车 CAN-BUS 数据总线

8. 帧

为了可靠地传输数据，通常将原始数据分割成一定长度的数据单元，这就是数据传输的单元，称其为帧。一个数据帧由 7 个功能不同的基本区域：开始域、仲裁域、检验域、数据域、安全域、确认域和结束域构成（图 1-19）。CAN 以报文为单位进行信息传送，CAN 中一个报文称一帧。

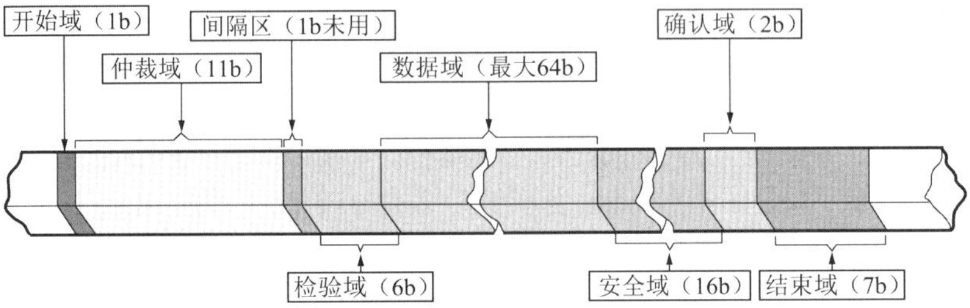

图 1-19　数据帧结构

（1）开始域。

开始域标记数据协议的开始。带有大约 5V 电压（由系统决定）的 1 位（bit），被送入高位 CAN 线；带有大约 0V 电压的 1 位被送入低位 CAN 线。CAN-L 上发出 1 位 0 电平，标志数据帧的开始。

（2）仲裁域。

仲裁域用于确定数据协议的优先权。如果两个控制单元都要同时发送各自的数据，那么，具有较高优先权的控制单元优先发送。

仲裁机制如下：

总线空闲时，任何单元都可以开始传送报文。如果两个以上的单元同时开始传送报文，就会出现总线访问冲突。通过使用标识符的逐位仲裁就可以解决这个冲突。仲裁的机制确保了报文和时间均不损失。仲裁期间，每个发送器都对发送位的电平与被监控的总线电平进行比较。如果电平相同，则这个单元继续发送。如果发送的是一“隐性”（1）电平，而监视到总线电平是一“显性”（0）电平，则这个单元就失去了仲裁，必须退出发送状态，改为接收状态，仲裁过程如图 1-20 所示。

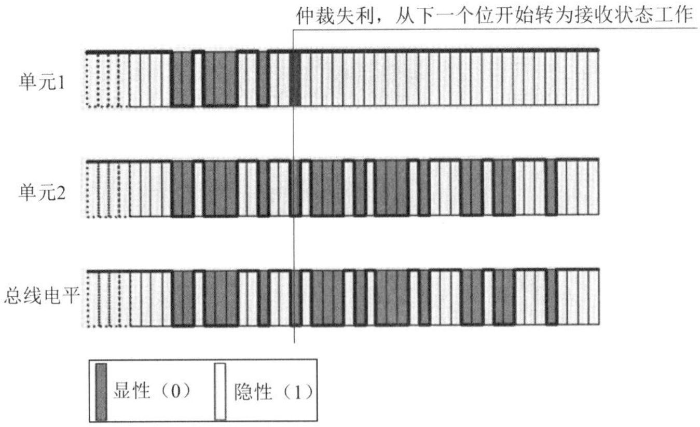

图 1-20　仲裁过程

（3）检验域。

检验域用于确定数据信息的数量，显示在数据域中所包含的信息项目数，它由保留位和数据长度码组成，如图 1-21 所示。两个保留位必须发送显性电平。数据长度码指示出数据场中的数据字节数，其数值大小为 0～8。

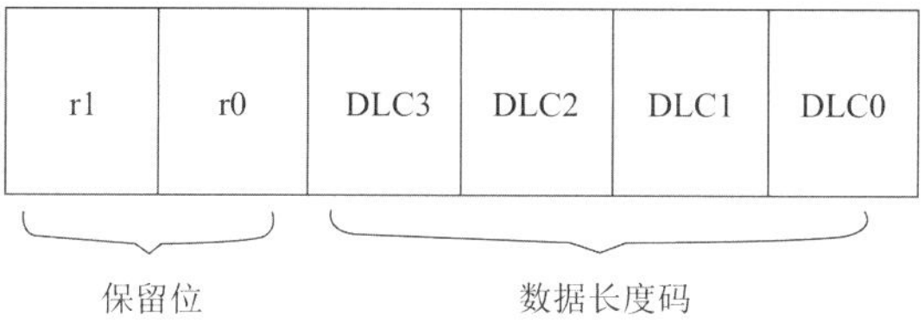

图 1-21　检验域结构图

（4）数据域。

数据域包括汽车技术信息，在数据域中，信息被传递到其他控制单元。

（5）安全域。

安全域检测数据传输中的错误，有助于识别传输的干扰。

（6）确认域。

在确认域中，接收器接收信号并通知发送器，其所发信号已被正确接收；如果检查到错误，接收器立刻通知发送器，发送器会再发送一次数据。

（7）结束域。

结束域用于标志数据帧的结束。由 7 位隐性位序列表示，通过这 7 位隐性位接收器可以判断一帧是否结束。

9. 通信协议的含义和内容

两个实体要想成功地通信，它们必须“说同样的语言”，并按既定控制法则来保证相互的配合。具体地说，在通信内容、怎样通信以及何时通信等方面，两个实体要遵从相互可以接受的一组约定和规则。这些约定和规则的集合称为协议。因此，协议可定义为在两实体间控制信息交换的规则之集合。

通信协议主要内容如下：

（1）在一个简单的通信协议中，模块不分主从，根据规定的优先规则，模块间相互传递信息，并且都知道该接收什么信息。

（2）一个模块是主模块，其他则为从属模块，根据优先规则，它决定哪个从属模块发信息以及何时发送信息。

（3）所有的模块都像旋转木马上的骑马人，一个上面有“免费卷”挂环的转圈绕着他们旋转。当一个模块有了有用的信息，它便抓住挂环挂上这条信息，任何一个需要这条信息的模块都可以从挂环上取下这条信息。

（4）通信协议中有个仲裁系统，通常这个系统按照每条信息的数字拼法为各数据传输设定优先规制。例如，以 0 结尾的数字信息要比以 1 结尾的有优先权。

10. 接口与实体

接口是为两个系统、设备或部件之间连接服务的数据流穿越的界面。计算机通信接口由设备（或部件）和说明组成，一般包括四个方面内容：物理、电气、逻辑和过程。在物理方面，要指出插接器有多少个插脚。在电气方面，要确定接口电路信号的电压、宽度及它们的时间关系。在逻辑方面，包括说明为了传送如何把数据位或字符变换成字段，以及说明传输控制字符的功能使用等。换句话说，计算机通信接口的逻辑说明提供了用于控制和实现穿越接口交换数据流的一种语言。在过程方面，它说明通信控制字符的法定顺序、各种字段的法定内容以及控制数据流穿越接口的命令和应答。如果把逻辑说明看成为确定数据流穿越接口的语法，那么过程说明就可作为语义。

在计算机网络内，不同系统中的实体需要通信。一般地说，实体是能够发送或接收信息的东西，而系统是包含一个或多个实体的物理物体。实体的例子如用户应用程序、文件传送程序包、进程、数据库管理系统、电子邮件设施及终端等；系统的例子是计算机、终端设备和遥感装置等。

11. 协议要素及其功能

1）协议的三要素

（1）语法。

确定通信双方之间“如何讲”，即由逻辑说明构成，要对信息或报文中各字段格式化，说明报头（或标题）字段、命令和应答的结构。

（2）语义。

确定通信双方之间“讲什么”，即由过程说明构成，要对发布请求、执行动作以及返回应答予以解释，并确定用于协调和差错处理的控制信息。

（3）定时规则。

指出事件的顺序以及速度匹配、排序。

2）协议的功能

协议的功能是控制并指导两个对话实体的对话过程，发现对话过程中出现的差错并确定处理策略。具体说来，每个协议都是具有针对性的，用于特定的目的，所以各协议的功能是不一样的，但是有一些公共的功能是大多数协议都具有的。这些功能包括四个方面。

（1）差错检测和纠正。

面向通信传输的协议常使用“应答—重发”，循环冗余检验 CRC、软件检查和等机制进行差错的检测和纠正作；而面向应用的协议常采用重新同步、恢复以及托付等更为高级的方法进行差错的检测和纠正工作。一般说来，协议中对异常情况的处理说明要占很大的比重。

（2）分块和重装。

用协议控制进行传送的数据长度是有一定限制的，参加交换的数据都要求有一定的格式。为满足这个要求，就需要将实际应用中的数据进行加工处理，使之符合协议交换时的格式要求，只有这样才能应用协议进行数据交换。分块与重装就是这种加工处理操作。分块操作将大的数据划分成若干小块，如将报文划分成几个报文分组；重装操作则是将划分的小块数据重新组合复原，例如将报文分组还原成报文。

（3）排序。

对发送出的数据进行编号以标识它们的顺序，通过排序，可达到按序传递、信息流控制和差错控制等目的。

（4）流量控制。

通过限制发送的数据量或速率，以防止在信道中出现堵塞现象。

二、车载网络系统数据传输方式认知

1. 并行传输

进行并行传输数据（图 1-22）时，发送装置向接收装置同时（并行）传输 8 位数据。以并行形式传输数据时，两个设备之间的电缆必须包括 8 根平行排列的导线（加接地导线）。由图 1-22 可以看出，采用并行传输方式时，其数据传输犹如在具有 8 条车道（车道相当于数据导线）的公路上行车（每辆车的载运量相当于 1bit 数据，8 辆车的载运量之和相当于 1B），在同一时间内，可以通过 8 辆车。通行效率高，但要构筑 8 条车道，建设成本高昂。

需要较高的传输速度时，通常使用这种传输方式。但是由于插接装置和电缆方面的费用较高，因此只能在传输路径较短时采用并行传输方式。

2. 串行传输

串行传输（图 1-23）主要用于在数据处理设备之间进行数据通信。在一根导线上以位为单位依次（连续形式）传输所需数据。

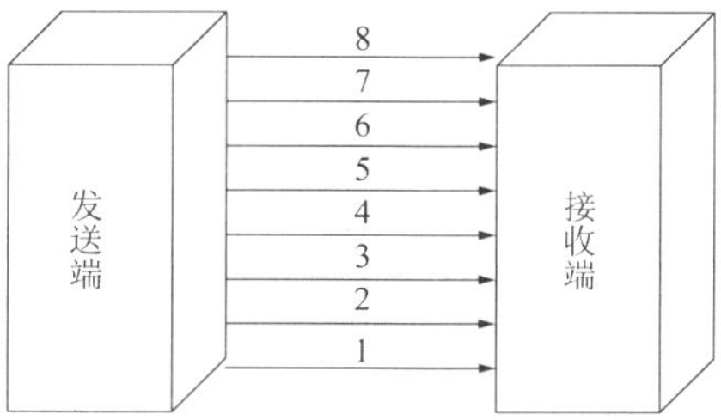

图 1-22　并行传输

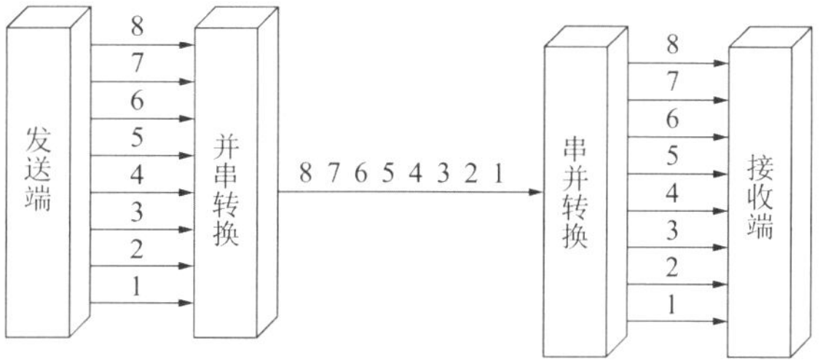

图 1-23　串行传输

由图 1-23 可以看出，采用串行传输方式时，其数据传输犹如在具有 1 条车道（车道相当于数据导线）的公路上行车（每辆车的载运量相当于 1bit 数据，8 辆车的载运量之和相当于 1B），在同一时间内，只能通过 1 辆车。通行效率低，但只需构筑 1 条车道，建设成本低廉。

串行传输方式的优点是降低了布线成本，缺点是延长了数据传输时间。一个 8 位并行接口可在一个时间单位内传输一个数据字节，而一个串行接口至少需要 8 个单位时间才能传输相同字节的数据。不过，传输距离越长就越能体现出串行传输的优势。

满足下列某个或多个条件时大多使用串行传输方式：

（1）传输距离较长（如在两个或多个距离较远的控制单元之间传输数据）。

（2）出于大量节约导线的考虑。

（3）对抗干扰能力（屏蔽导线）要求较高。

（4）系统需要传输的数据量较小。

数据的传输速率（速度）一般使用位传输速率（亦称比特率）表示，其定义为每秒传输的数据位数（bit），单位为 bit/s。

目前汽车上并行数据传输方式多在控制单元内部线路中使用，而在控制单元外部传输信息则大都以串行传输方式进行。

串行传输既可以采用同步传输方式，也可以采用异步传输方式。

3. 同步传输

使用一个共同的时钟脉冲发生器可保持发送装置和接收装置时间管理的同步性。这种方式称为同步传输方式（图 1-24）。采用同步传输数据时，只需使用发送装置的时钟脉冲发生器即可，但必须通过一根单独的导线将其节拍频率传送给接收装置。

进行同步传输时，通常以信息组形式发送数据，且必须使接收装置与信息组传输同步化。因此，在信息组起始处发送一个起始识别符号，在停止处发送一个停止识别符号。

4. 异步传输

发送和接收装置之间最常用的时间管理方式是异步传输方式。进行异步传输数据时，发送和接收装置之间没有共同的系统节拍。系统通过起始位和停止位识别数据组的开始和结束。只有当接收装置确认已接收到之前的数据后，发送装置才会传输后续的数据。异步传输方式的数据传输速率相对较慢，数据传输速率还取决于总线长度。

进行异步传输数据时，仅针对字符的持续时间建立并保持发送和接收装置之间的同步性，这种方式又称为起止方式。

进行异步传输时，每个字符起始处都有一个起始位。接收装置可通过该起始位与发送装置的节拍保持同步。随后发送 5～8 位数据位，并可能发送一个检查位（校验位）。

在导线上发送数据位时首先发送最低值数位，最后发送最高值数位。此后，还有一个或两个停止位。停止位用于在传输两个字符之间形成一个最小的时间间隔，以便为接收装置接收后续字符留出必要的准备时间。

这种由起始位、数据位和停止位构成的单位称为数据帧。进行异步传输数据时，数据帧的结构如图 1-25 所示。

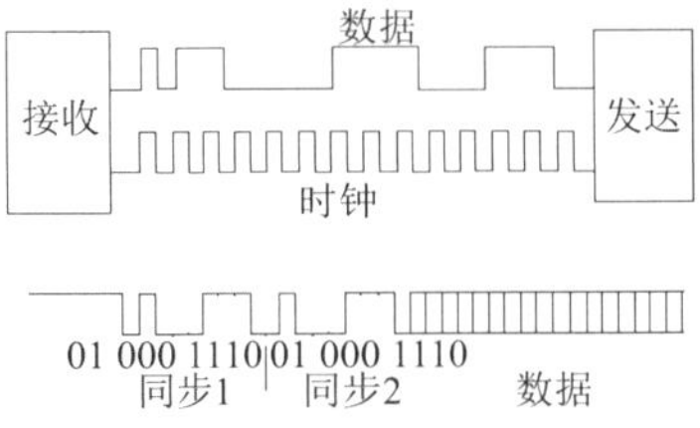

图 1-24　同步传输方式

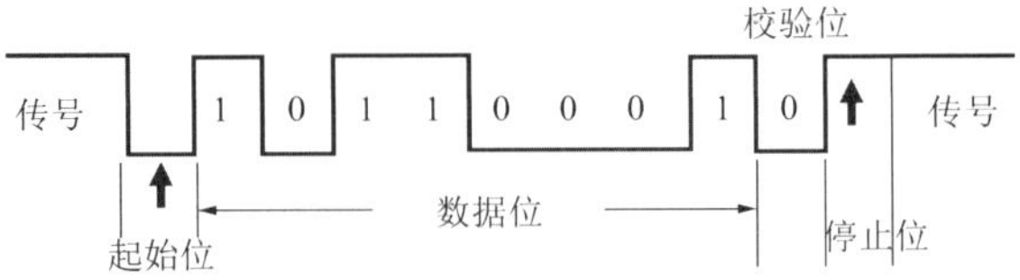

图 1-25　异步数据传输时数据帧的结构

发送和接收装置的传输形式必须一致。也就是说，两个设备内的下列参数需调节一致：

（1）传输速率。

（2）奇偶校验检查。

（3）数据位的数量。

（4）停止位的数量。

5. 数据总线上的信息流方向

（1）单工通信如图 1-26 所示，如果在数据总线上，信息流（数据流）只能由一个控制单元传向另一个控制单元，而不能反向传输，则称之为单工通信。

（2）双工通信如图 1-27 所示，如果在数据总线上，信息流（数据流）可以由一个控制单元传向另一个控制单元，而且可以进行反向传输，则称之为双工通信。

图 1-26　单工通信

图 1-27　双工通信

6. 多路传输

多路传输（Multiplex Control Systems）是指在同一条通信线路上，同时传输多种数据信号的通信技术，又称多路通信（Multiplex Communication）系统、多路复用（Multiplexing）技术或聪明线路系统（Smart Wiring System）。

多路传输技术又可以细分为时分多路复用、频分多路复用和波分多路复用三种类型。

（1）时分多路复用。时分多路复用（Time Division Multiplexing，TDM）是指多路数据信号按时间顺序，先后交替利用复用的传输介质进行数据信号传输的技术，即多路数据源的输入复合成一个数据流在同一条通信线路上进行数据传输。

采用时分多路复用技术传输数据信号时，将时间分成窄小的时间段，每一个窄小的时间段由复用的一路数据信号占用。各路数据信号在微观上进行串行传输，在宏观上进行并行传输。

（2）频分多路复用。频分多路复用（frequency Division Multiplexing，FDM）是指先将各路输入信号调制到不同的载波频率上，然后利用同一条通信线路进行数据传输的技术。

每路调制后的数据信号占用以载波频率为中心的一定的频带，只要各路信号的载波频率足够分离，信号频带彼此不交叉、重叠，各路数据信号之间就不会互相干扰。

（3）波分多路复用。波分多路复用（Wave•length Division Multiplexing，WDM）是指在光波频率范围内，将不同波长的光波按照一定的时间间隔在同一条光导纤维内进行数据传输的技术。

从数据总线上的信息流方向上看，多路传输属于多工通信技术。

任务四　车载网络系统网络拓扑结构认知

一、迈腾 B8L 网络拓扑图

如图 1-28 所示，迈腾 B8L 在电路中用到了八种网络，分别为驱动 CAN 总线、底盘 CAN 总线、舒适 CAN 总线、信息娱乐 CAN 总线、诊断 CAN 总线、扩展 CAN 总线、MOST 总线和 LIN 总线。

（1）驱动系统 CAN 数据总线。

驱动系统 CAN 数据总线连接 4 块电脑，如图 1-29 所示。

（2）底盘系统 CAN 数据总线。

底盘系统 CAN 数据总线连接 6 块电脑，如图 1-30 所示。

（3）舒适系统 CAN 数据总线。

舒适系统 CAN 数据总线连接 13 块电脑，如图 1-31 所示。

（4）信息娱乐系统 CAN 数据总线。

信息娱乐系统 CAN 数据总线连接 5 块电脑，如图 1-32 所示。

（5）扩展系统 CAN 数据总线。

扩展系统 CAN 数据总线连接 8 块电脑，如图 1-33 所示。

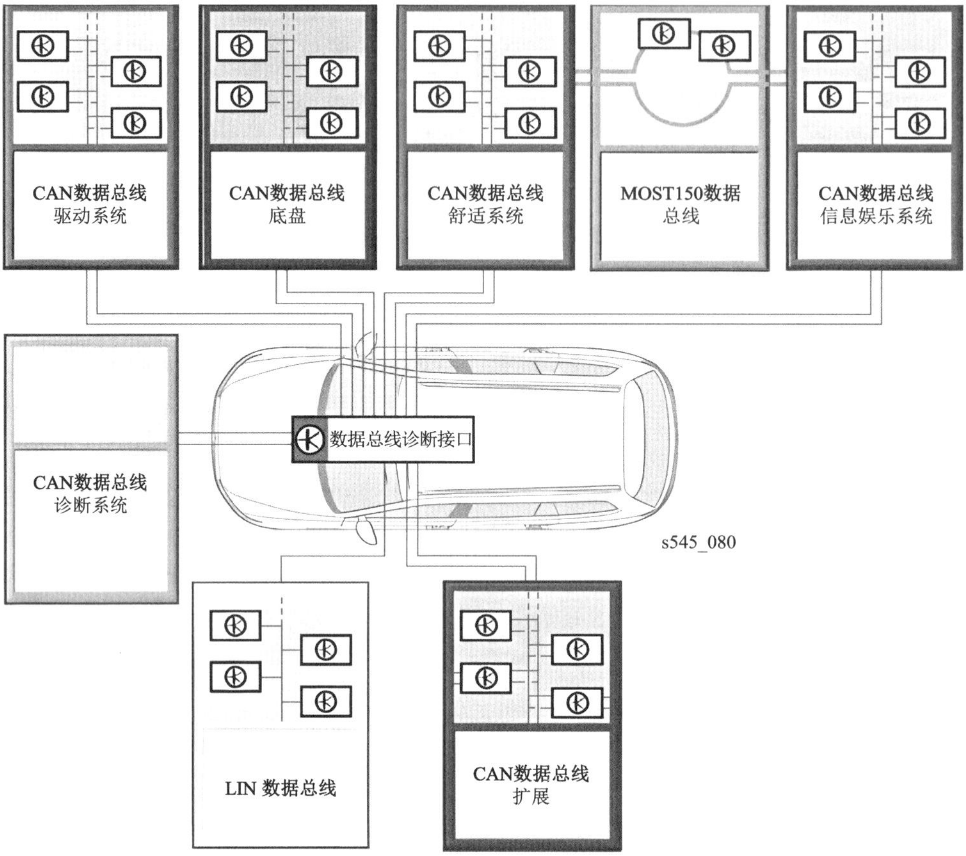

图 1-28　迈腾 B8L 网络拓扑结构图

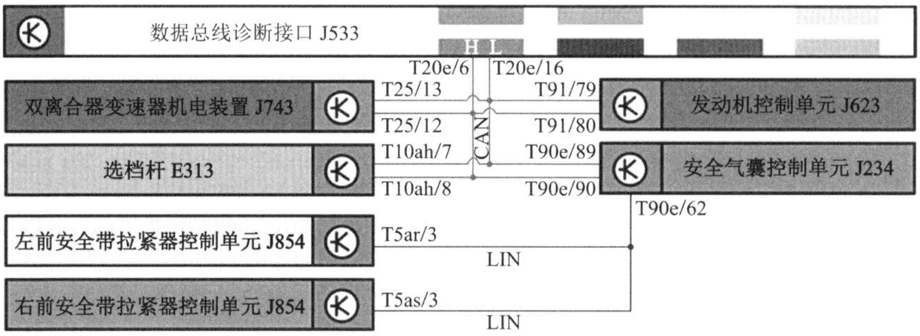

图 1-29　迈腾 B8L 驱动系统 CAN 数据总线

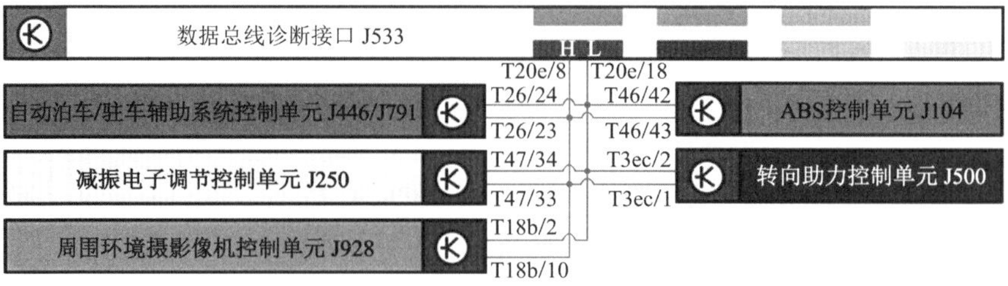

图 1-30　迈腾 B8L 底盘系统 CAN 数据总线

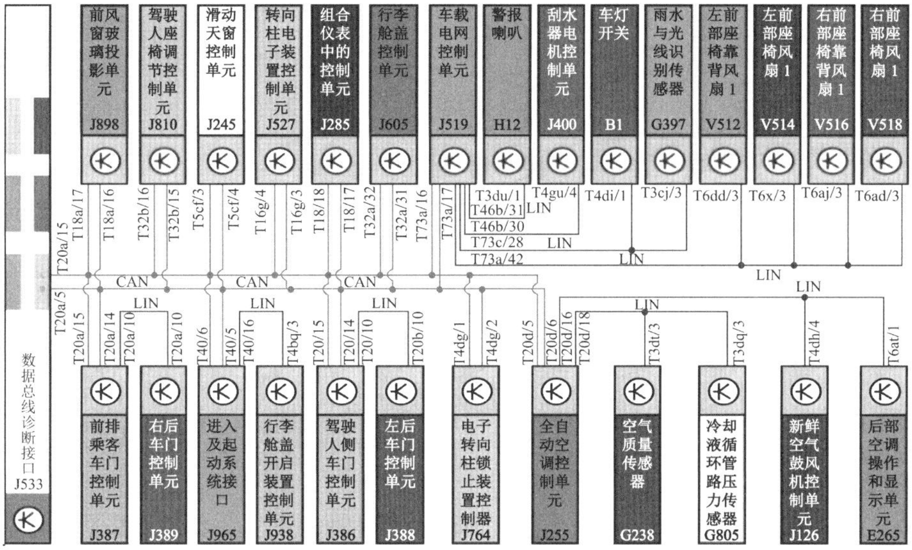

图 1-31　迈腾 B8L 舒适系统 CAN 数据总线

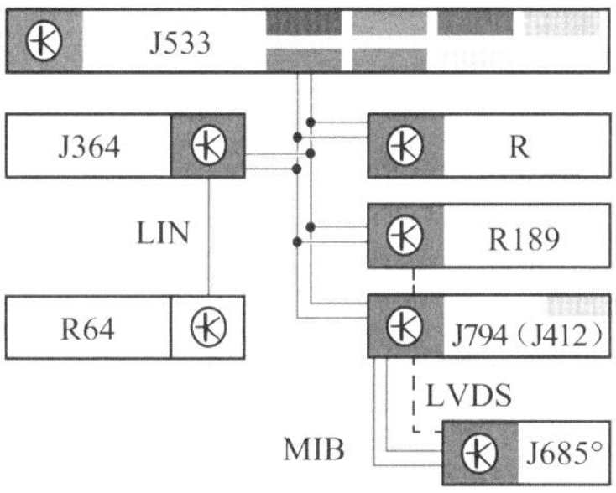

图例
J364　辅助加热系统控制单元
J412　手机电子操作系统控制单元
J525　数字式音响套件控制单元
J533　数据总线诊断接口
J685　前部信息显示和操作系统控制单元的显示单元（MIB CAN总线上取消R和J685）
J794　信息娱乐系统电子装置控制单元
R　收音机
R64　驻车加热装置无线电接收器
RX6　电视机调谐器
R189　倒车摄像头
MIB　模块化信息娱乐系统CAN数据总线

图 1-32　迈腾 B8L 信息娱乐系统 CAN 数据总线

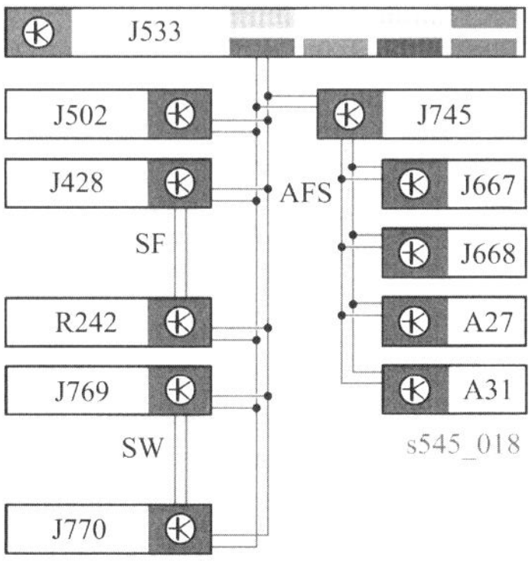

图例
A27　右侧LED前照灯电源模块1
A31　左侧LED前照灯电源模块1
J428　车距调节装置控制单元
J502　胎压监测控制单元
J533　数据总线诊断接口
J667　左前照灯电源模块
J668　右前照灯电源模块
J745　随动转向灯和前照灯照明距离调节控制单元
J769　换道辅助系统控制单元
J770　换道辅助系统控制单元2
R242　驾驶人辅助系统前部摄像头
AFS　转向灯CAN数据总线
SF　传感器融合CAN数据总线
SW　换道辅助CAN数据总线

图 1-33　迈腾 B8L 扩展系统 CAN 数据总线

（6）诊断系统 CAN 数据总线。

诊断系统 CAN 数据总线连接 8 块电脑，如图 1-34 所示。诊断系统 CAN 数据总线确保外部诊断测试仪与车辆电子系统之间通过数据总线诊断接口 J533 进行快速通信。根据使用的诊断测试仪，可以通过常用的电缆或无线方式，建立数据总线诊断接口和车辆诊断接口之间的连接。车辆内的诊断接口位于左侧脚部空间的继电器和熔断丝支架下方。

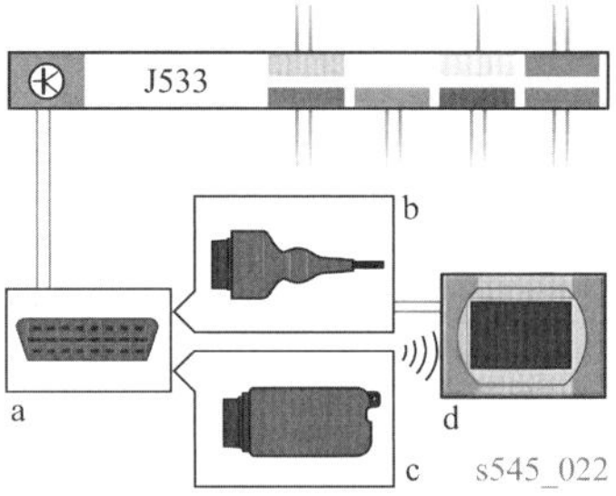

图 1-34 迈腾 B8L 诊断系统 CAN 数据总线

（7）MOST 总线。

采用光纤技术的 MOST 连接用于快速传输多媒体数据，主要包括图像、视频和音频数据。借助光波的数据传输，其速率可达 150Mbit/s。光学 MOST 数据总线可实现下述组件之间的数据交换（图 1-35）：组合仪表控制单元 J285（只使用组合仪表 Active Info Display）、数字式音响套件控制单元 J525、数字式电视机调谐器 R171 和信息娱乐系统电子装置控制单元 J794。信息娱乐系统电子装置控制单元 J794 是 MOST 总线环的主控制单元。

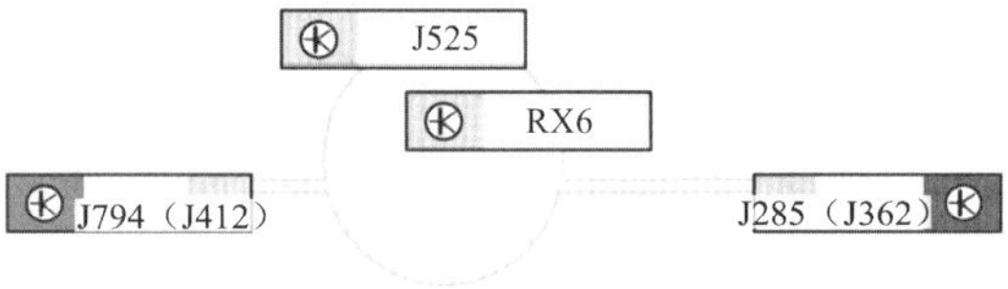

图 1-35 MOST 数据总线

（8）LIN 总线。

在数据总线诊断接口上连接有两条独立的 LIN 数据总线，如图 1-36 所示。数据总线 J533 诊断接口是这两个 LIN 数据总线的主控制器。

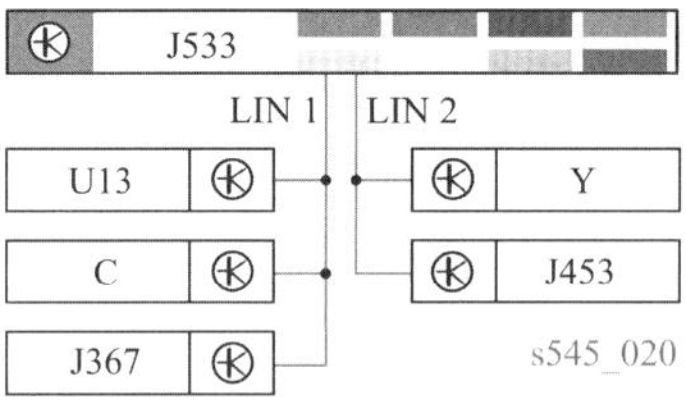

图 1-36 LIN 数据总线

二、比亚迪秦 EV 网络拓扑图

如图 1-37 所示，比亚迪秦 EV CAN 网络在电路中用到了四种 CAN 总线，分别为动力网、舒适网 1、舒适网 2 和 ESC 网。还包含 3 个小网络，蓄电池子网、BIC 子网和启动子网，其中 BIC 子网在蓄电池包内部。

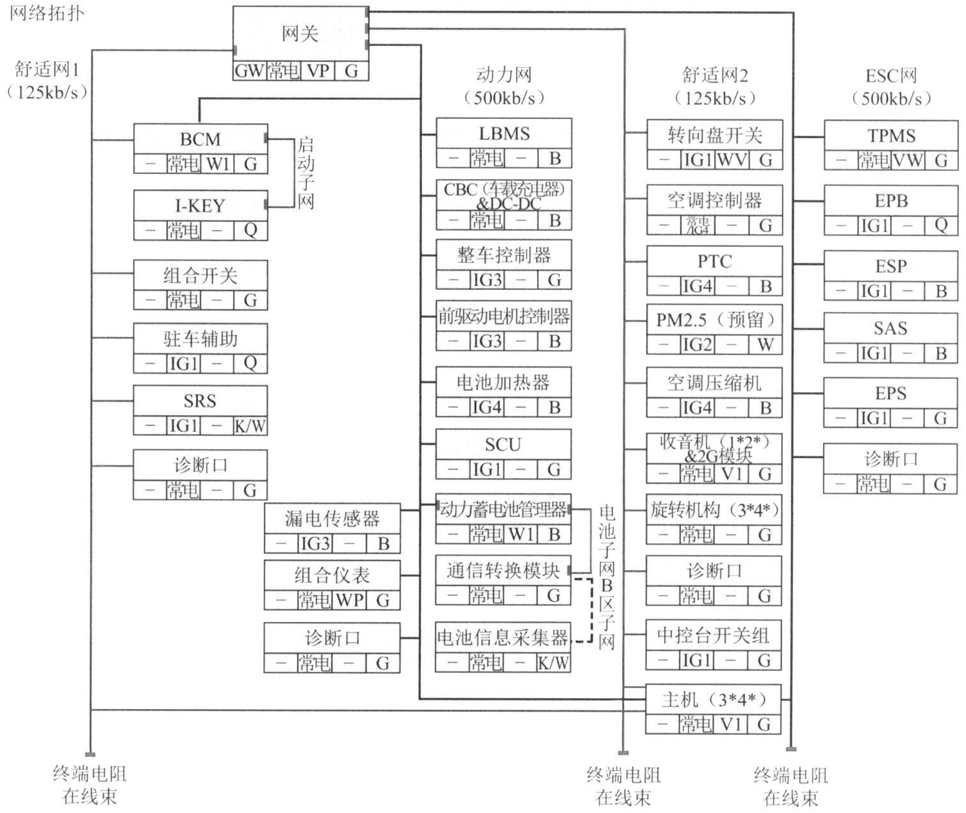

图 1-37 比亚迪秦 EV 车型网络拓扑结构图

（1）动力网。

动力 CAN 网络数据传输速度为 500kb/s，采用总线型方式连接，入网的主要模块包含诊断口、挡位传感器、整车控制器、电机控制器、电池管理器、充配电总成等。该网络中并联有 2 个 120Ω 的终端电阻，分别在网关和电池管理器中。该网络主要传输动力系统相关数据，在上电过程中参与动力系统防盗认证。该网络下的电池子网和 BIC 子网用于向电池管理器传输采集到的电池包的温度、电压等数据信息，同时可以将均衡命令发送到电池包的执行器对电芯电量进行均衡。电池子网的终端电阻分别在动力电池管理器和通信转换模块中。

（2）舒适 CAN 网络 1。

舒适 CAN 网络 1 数据传输速度为 125kb/s，主要包含组合开关、左前车门组合开关、BCM、SRS ECU 等模块。该网络中的 2 个终端电阻分别在网关和 CAN 总线中。该网络下的启动子网主要用于传输遥控钥匙认证信息，从而进行车辆上锁或解锁，启动子网的终端电阻分别并联在 BCM 和 I-KEY（智能钥匙控制单元）中。

（3）舒适 CAN 网络 2。

舒适 CAN 网络 2 数据传输速度为 125kb/s，主要包含空调控制器、8 寸 PAD、收放机、PTC 加热器、电动压缩机等模块，该网络的 2 个终端电阻分别并联在网关和线束中。该网络是娱乐、舒适网络，主要传输车载娱乐设备及驾驶舱热管理相关信息。

（4）ESC 网。

ESC 网络数据传输速度为 500kb/s，主要包含 ESP、CEPS、EPB、胎压监测等模块，该网络的 2 个终端电阻分别并联在网关和线束中，主要传输转向系统、制动系统相关信息。

技能实训

一、丰田卡罗拉车型网络拓扑图识别

1. 项目目标

了解丰田卡罗拉车型的网络数据总线结构、各数据总线的传输速率和总线上连接的控制单元名称（图 1-38）。

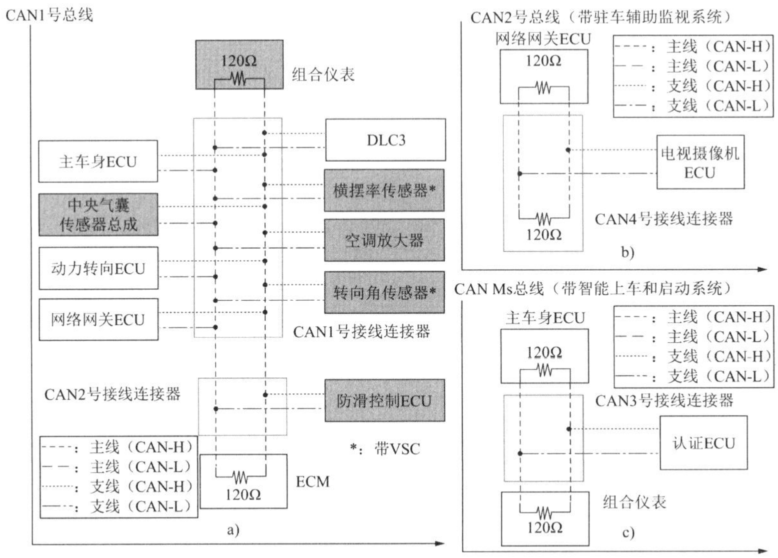

图 1-38　丰田卡罗拉网络拓扑结构图

2. 项目内容

找出拓扑图上数据总线的种类和各数据总线的传输速率。

二、迈腾 B7L 车型网络拓扑图识别

1. 项目目标

了解迈腾 B7L 车型的网络数据总线结构、各数据总线的传输速率和总线上连接的控制单元名称（图 1-39）。

2. 项目内容

找出拓扑图上数据总线的种类和各数据总线的传输速率。

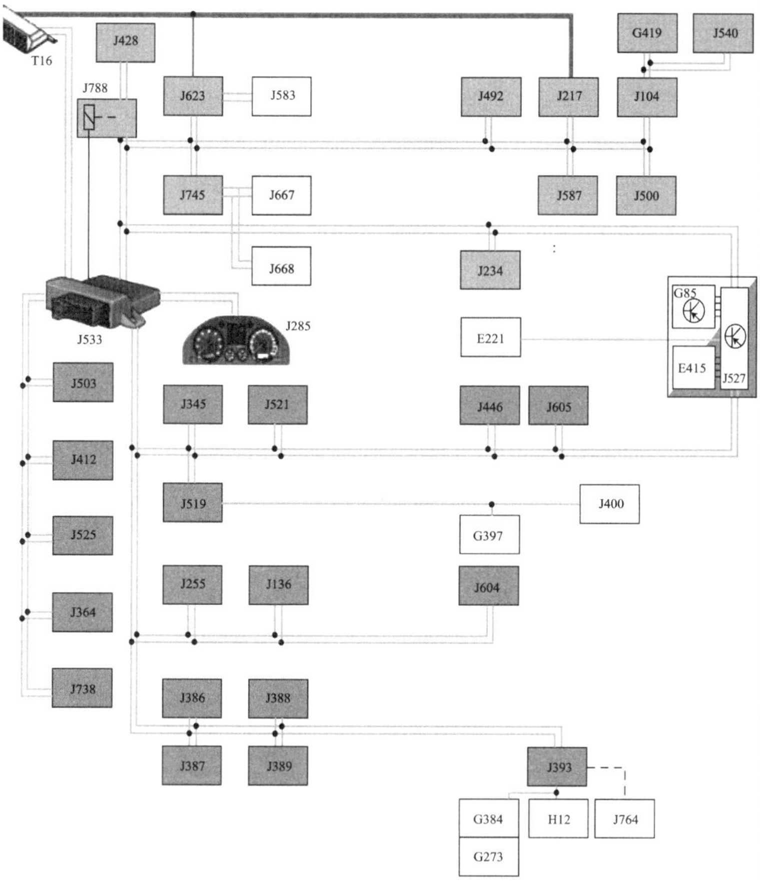

图例
E221：转向盘操作单元
E415：进入及起动许可开关
G85：转向角传感器
G273：车内监控传感器
G384：车辆侧倾传感器
G397：晴雨与光线识别传感器
G419：ESP传感器单元
H12：报警喇叭
J104：ABS控制单元
J136：座位调节和带记忆功能的转向柱调节的控制单元
J217：自动变速器控制单元
J234：安全气囊控制单元
J255：Climatronic全自动空调控制单元
J285：组合仪表中的控制单元
J345：拖车识别装置控制单元
J364：辅助加热装置的控制单元
J386：驾驶员侧车门控制单元
J387：前排乘客侧车门控制单元
J388：左后车门控制单元
J389：右后车门控制单元
J393：舒适系统中央控制单元
J400：刮水器电动机控制单元
J412：移动电话电子操作装置控制单元
J428：车距调节装置控制单元
J446：驻车辅助控制单元
J492：全轮驱动控制单元
J500：转向辅助控制单元
J503：收音机和导航系统显示单元控制单元
J519：车载电网控制单元
J521：带记忆功能的前排乘客侧座椅调节控制单元
J525：数字式音响套件控制单元
J527：转向柱电子装置控制单元
J533：数据总线诊断接口
J540：电动机驻车制动器控制单元
J583：NO_x传感器的控制单元
J587：换挡杆传感装置控制单元
J604：空气辅助加热装置的控制单元
J605：汽车行李舱盖控制单元
J623：发动机控制单元
J667：左侧前照灯功率模块
J668：右侧前照灯功率模块
J738：电话操作单元控制单元
J743：直接换挡变速器的机械电子单元
J745：转弯灯和前照灯照明距离调节控制单元
J764：ELV控制单元
J788：驱动CAN总线断路继电器
R：收音机
T16：插头连接，16芯，诊断接口

图 1-39　迈腾 B7L 车型网络拓扑结构图

三、奥迪 A4L 车型网络拓扑图识别

1. 项目目标

了解奥迪 A4L 车型的网络数据总线结构、各数据总线的传输速率和总线上连接的控制单元名称（图 1-40）。

2. 项目内容

找出拓扑图上数据总线的种类和各数据总线的传输速率。

四、奥迪 A6L 车型网络拓扑图识别

1. 项目目标

了解奥迪 A6L 车型的网络数据总线结构、各数据总线的传输速率和总线上连接的控制单元名称（图 1-41）。

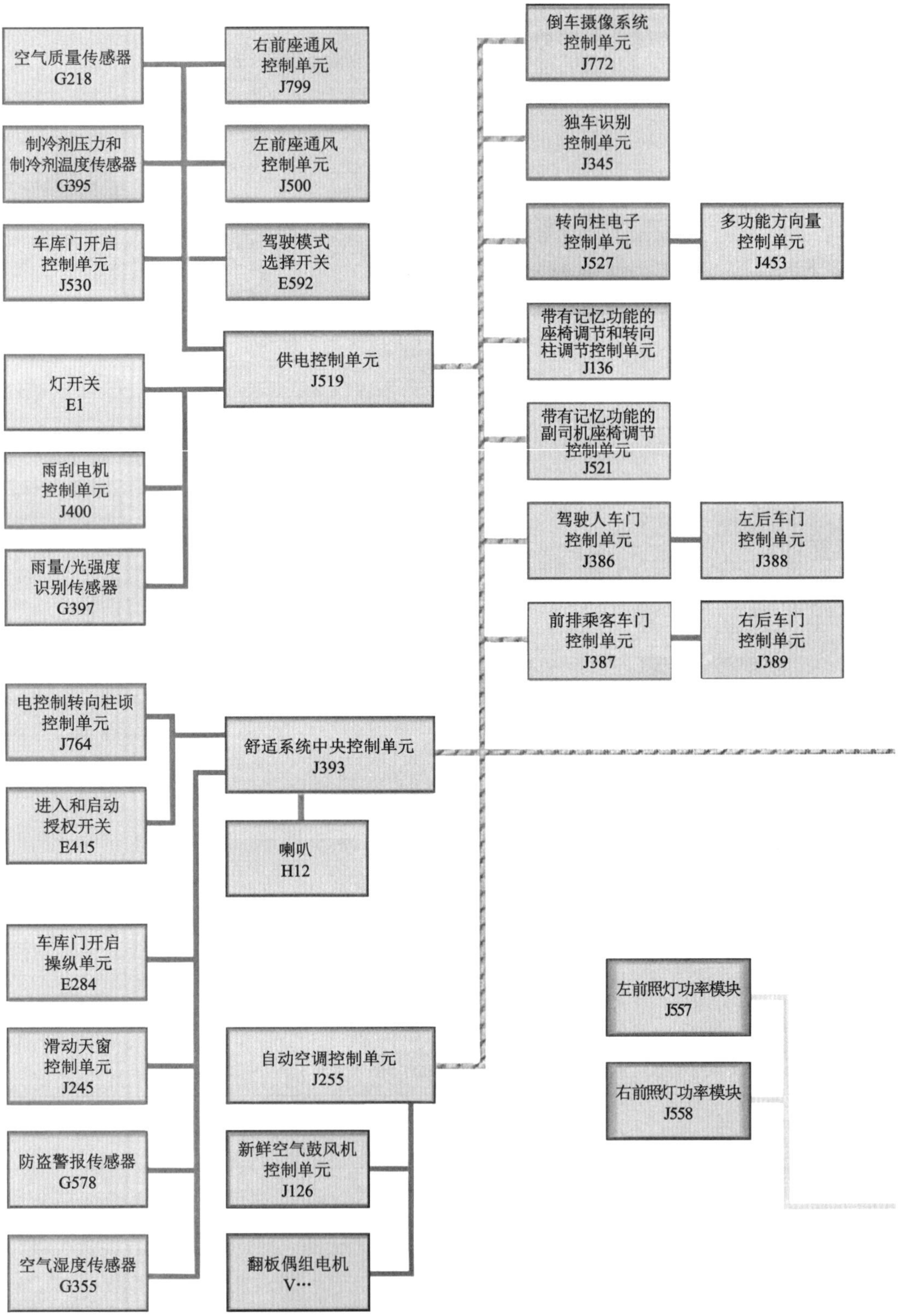

图 1-40 奥迪 A4L 车型

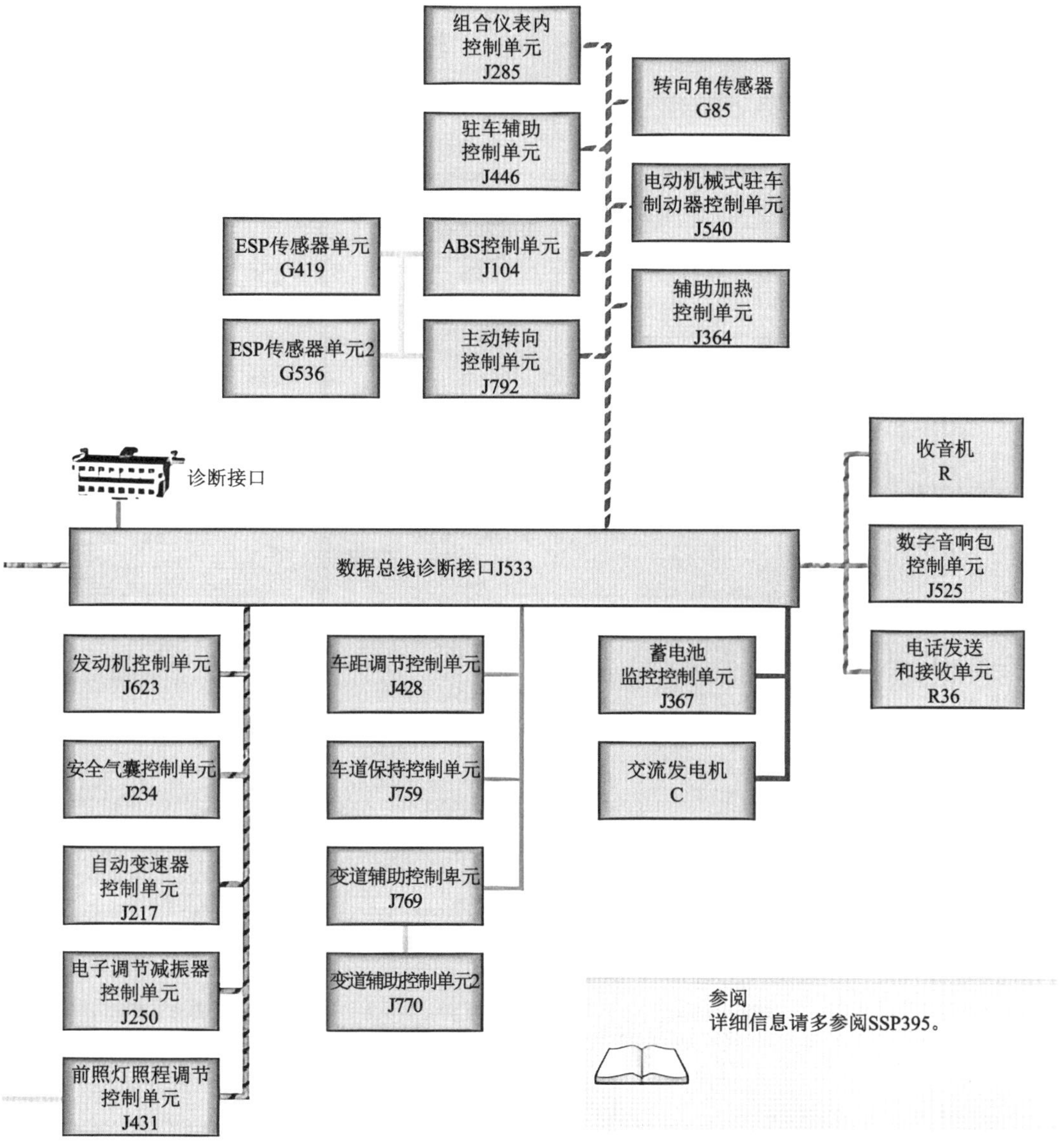

参阅

详细信息请多参阅SSP395。

网络拓扑结构图

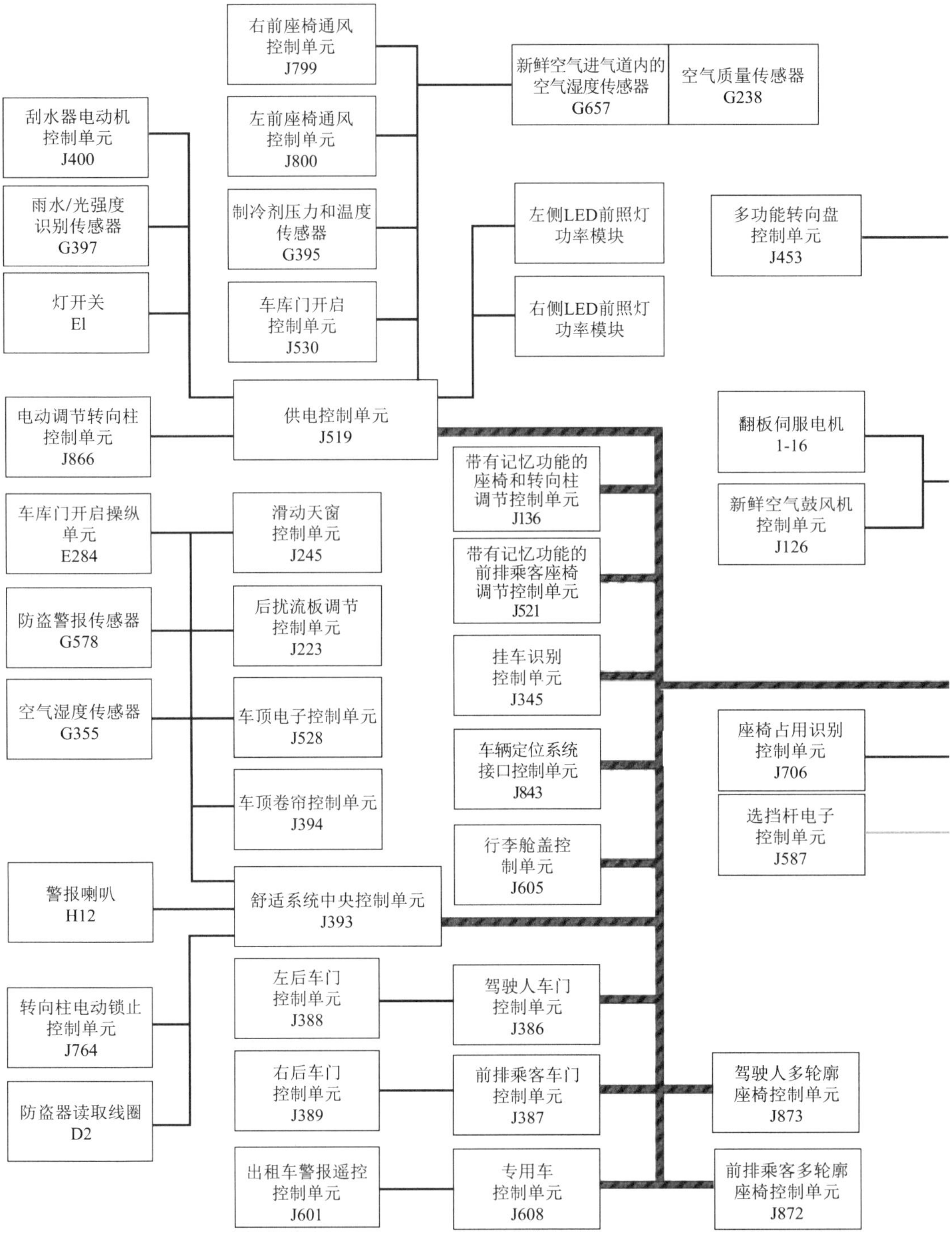

图 1-41 奥迪 A6L 车型

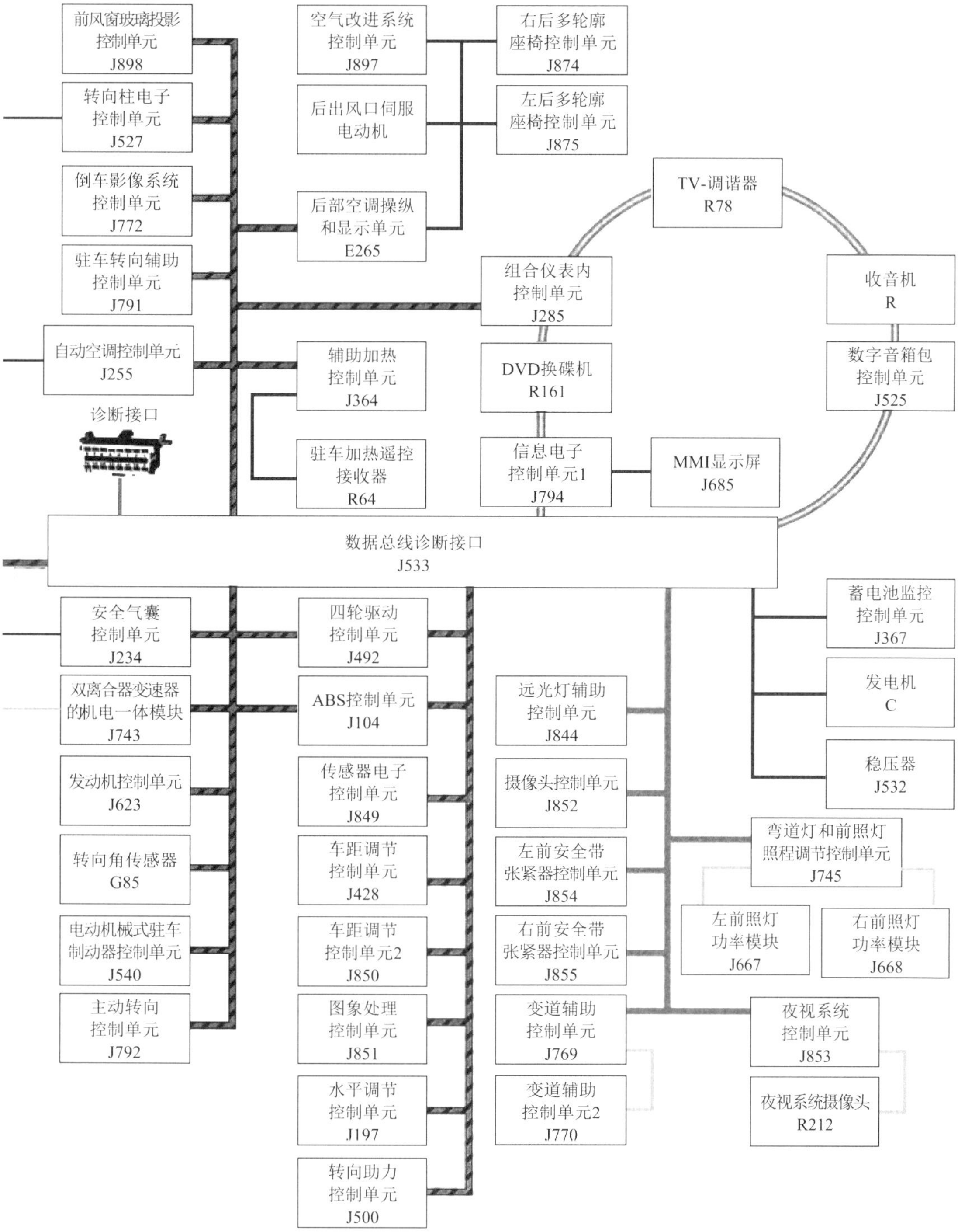

网络拓扑结构图项目内容

2. 项目内容

找出拓扑图上数据总线的种类和各数据总线的传输速率。

五、比亚迪秦 EV 车型网络拓扑图识别

1. 项目目标

了解比亚迪秦 EV 车型的网络数据总线结构、各数据总线的传输速率和总线上连接的控制单元名称（图 1-42）。

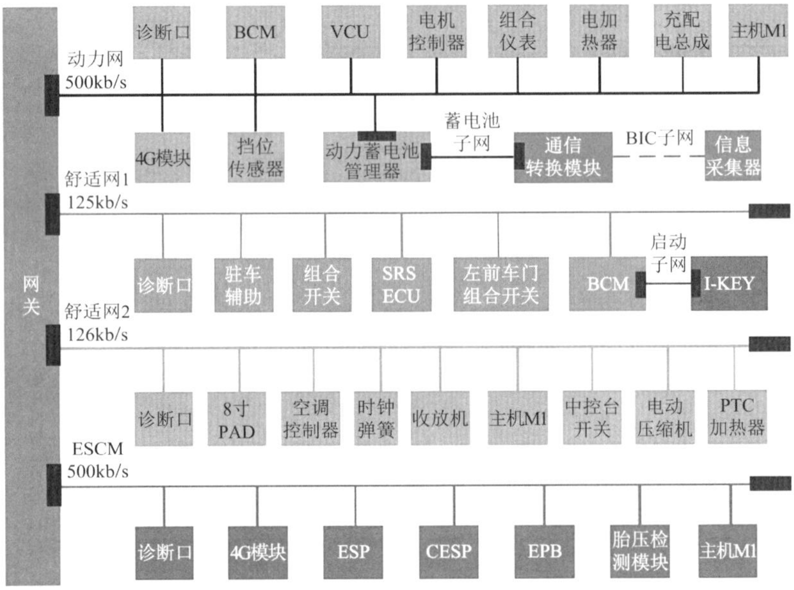

图 1-42　比亚迪秦 EV 车型网络拓扑结构图

2. 项目内容

找出拓扑图上数据总线的种类和各数据总线的传输速率。

六、吉利 EV450 EV 车型网络拓扑图识别

1. 项目目标

了解吉利 EV450 EV 车型的网络数据总线结构、各数据总线的传输速率和总线上连接的控制单元名称（图 1-43）。

2. 项目内容

找出拓扑图上数据总线的种类和各数据总线的传输速率。

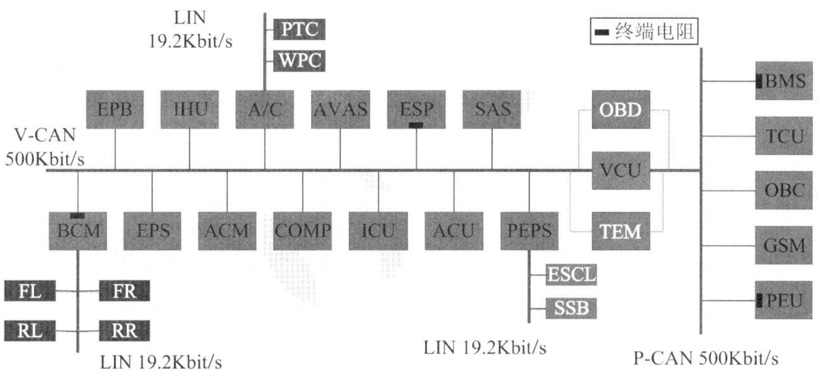

图 1-43　吉利 EV450 EV 车型网络拓扑结构图

七、汽车电控单元功能操作（表 1-6）

汽车电控单元功能操作表　　表 1-6

评分项目	作业记录内容
前期准备	工量具的选择及正确使用
安全检查	机油、变速器油、冷却液、转向液、玻璃清洗液、制动液、蓄电池电压，挡块，行车驻动器等
仪器连接	正确选择连接线、接头、仪器，准确找到 DLC3 位置，正确连接仪器等
诊断登录步骤	记录诊断登录步骤（引导型故障查询）
查找汽车电控单元	记录车辆中安装的控制单元
执行检测计划	（1）记录控制单元识别步骤和数据； （2）记录控制单元编码过程； （3）记录节气门匹配过程
退出诊断模式	退出诊断模式（记录步骤）
现场恢复	车辆、工具、仪器、设备、工位等恢复整理

项目小结

（1）控制单元编码是大众/奥迪车系一个特殊的功能。在大众/奥迪车系中，不同的控制单元安装在不同配置的车上，可以实现不同的功能，不同车型、不同功能是通过控制单元编码来实现的。

（2）基本设定是指原本出厂设定的一些参数，由于某些原因使参数发生了变化，通过基本设定使这些改变的参数调整或恢复到某一数值。

（3）汽车 ECU 作为控制系统的核心，按照预定程序和数据自动地对各种传感器和开关的输入信号进行运算、分析、判断、处理，并根据信号处理的结果输出信号指令控制执行器工作。

（4）采用车载网络技术的优点：减轻整车自重，降低生产成本，提高工作可靠性，便于后续开发。

（5）汽车网络拓扑结构常见有星型、总线型和环型网络。SAE 把车用网络分为 A、B、

C、D、E 等类型。

（6）根据发送装置向接收装置传输信息时各字节的传输方式不同，数据传输方式分为并行传输和串行传输形式。

素质延伸

在汽车网络技术领域，团队协作是推动创新的重要因素。为了保障汽车的正常行驶，在车内有多种不同的网络，不同网络间依靠网关实现信息的交换，体现了网络间的“团队精神”，各“成员”通过相互配合、协同合作，最终使整体达到最优状态。团队不仅强调工作成果，更强调团队的整体状态。强调团队协作的伦理规范，培养学生团队精神，使其在团队中发挥积极作用并对社会负责。

思考与练习

一、填空题

1. 每个控制单元都有编码，编码分为________和________。
2. 控制单元的基本信息包括控制单元的________、________和________。
3. 汽车电脑由________、________和________构成。
4. 从传感器送出的信号有两种，它们是________和________。
5. ________是指在同一通道或线路上同时传输多条信息。
6. ________是指每秒传送的比特（bit）数，单位为 bit/s。
7. 局域网的常用拓扑结构有三种：星形、环形、________。

二、判断题

1. 输入信号处理电路只处理模拟信号。（ ）
2. 在更换控制单元时，要检查新的控制单元的硬件号、软件号以及版本号与原来的是否相同。（ ）
3. 更换了控制单元不需要对控制单元进行编码。（ ）
4. 模拟信号经 A/D 转换器转换成数字量后，才能输入微机。（ ）
5. 比特率越高，单位时间传送的数据量（位数）越小。（ ）

三、简答题

1. 简述汽车电脑控制系统的组成。

2. 简述汽车电脑的工作过程。

3. 简述驾驶人侧车门控制单元编码过程。

4. 以发动机节气门匹配为例，简述匹配的工作过程。

5. 简述车载网络技术的发展历程。

6. 目前已经广泛应用的车载网络技术有哪些？

7. 简述车载网络的分类。

考核工单（表1-7）

汽车电控单元功能操作考核工单　　表1-7

序号	考核项目	得分（分）	评分标准（每项累计扣分不超过配分）
1	安全文明否决		造成人身、设备重大事故，或恶意顶撞考官、严重扰乱考场秩序，立即终止考试，此题计0分
2	工量具的选择及正确使用（15分）		（1）不能正确选择工量具，每次扣3分； （2）不能正确使用工量具，每次扣5分
3	工具仪器准备（5分）		（1）工具仪器每少准备1件扣1分； （2）工具仪器选择不当，每次扣2分
4	连接汽车诊断仪（15分）		（1）测试线选择不正确扣2分； （2）测试卡未插好扣2分； （3）连接仪器时点火开关未关闭扣3分； （4）诊断座选择错误扣3分； （5）未连接好扣5分
5	查找汽车电控单元（10分）		（1）不能正确进入控制单元界面扣5分； （2）实际配置显示错误每个扣2分
6	查看控制单元的信息（15分）		（1）不能正确进入控制单元识别界面扣5分； （2）控制单元的信息读取错误每个扣3分
7	发动机节气门匹配（15分）		（1）不能正确进入发动机节气门匹配界面扣5分； （2）匹配步骤错误每个扣3分
8	退出仪器（5分）		（1）未能正常退出扣2分； （2）拆卸仪器时，点火开关未关闭扣3分
9	安全文明生产（20分）		（1）不穿工作服扣1分、不穿工作鞋扣1分、不戴工作帽扣1分； （2）不安装车漆表面防护布（罩）扣1分、不安装车内座椅防护套、转向盘套、换挡杆套、地板衬垫每项扣0.5分； （3）工量具与零件混放、或摆放凌乱，每次每处扣1分； （4）发动车辆不接尾气排放管，每次扣1分； （5）不放置三角木，扣1分； （6）工量具或零件随意摆放在地上，每次扣1分； （7）垃圾未分类回收，每次扣1分； （8）竣工后未清理工量具，每件扣1分； （9）竣工后未清理操作过程中手接触过的车漆表面，每处扣1分； （10）竣工后未清理考核场地，扣2分；

续上表

序号	考核项目	得分（分）	评分标准（每项累计扣分不超过配分）
9	安全文明生产 （20 分）		（11）不服从考官、出言不逊，每次扣 3 分
合计			—

教师签名：________　　________年____月____日

项目二

高速 CAN 总线的检测与修复

学习目标

知识目标

- 了解高速 CAN 数据总线的主要特点；
- 掌握 CAN 总线数据传输方式与传输过程；
- 理解 CAN 总线系统的组成结构及工作原理；
- 掌握高速 CAN 总线系统的故障诊断方法。

技能目标

- 能够用万用表对高速 CAN 数据总线进行测量并进行分析；
- 能够用示波器测量高速 CAN 总线数据波形并进行分析；
- 能够排除高速 CAN 总线系统的故障。

素养目标

- 能够与团队成员沟通、交流、协作完成任务；
- 能够总结汇报任务成果；
- 能够细心、耐心地完成任务操作，培养工匠精神。

项目任务描述

有一客户开来一辆比亚迪秦 EV 汽车，踩制动踏板，按启动开关，仪表点亮，OK 灯不亮。主警告灯点亮，仪表提示："请检查动力系统"，要求给予维修。要完成这个工作任务，首先我们得掌握汽车高速 CAN 总线的结构与原理和检修高速 CAN 总线的各种方法。

任务一 高速 CAN 总线的认知

一、认知 CAN 总线

CAN 总线系统组成——控制单元

高速 CAN 总线系统的认知

1. CAN 总线的特点

（1）CAN 总线（Controller Area Network）又称为控制单元局域网。其最大数据传递速率为 1000kb/s。

（2）CAN 总线基本系统由多个控制单元组成，每个控制单元通过收发器并联在总线导线上。

（3）事件触发，网络中所有活动都是由事件的发生所引起的。

（4）CAN 总线上的控制单元都是独立的控制单元，在诊断仪中有独立的诊断地址，每个控制单元均可接收发送信息。

2. CAN 总线数据传输方式

控制单元中，信息以数字信号（二进制）形式进行处理和存储；控制单元间，总线上的信息以数字信号形式进行传递，在电气总线系统中采用电压值来定义数字信号（例如高电压值代表“1”，低电压值代表“0”）。如图 2-1 所示，在发送过程中，二进制值先被转换成连续的比特流，如发动机转速 1800r/min 被转化成二进制值 00010101。该比特流通过 TX 线（发送线）到达收发器（放大器），收发器将比特流转化成相应的电压值，最后这些电压值按时间顺序依次被传送到数据传输总线的导线上。在接收过程中，这些电压值经收发器又转换成比特流，再经 RX 线（接收线）传输至控制单元，控制单元将这些二进制连续值转换成信息。例如，0001010l 这个值又被转换成 1800r/min。

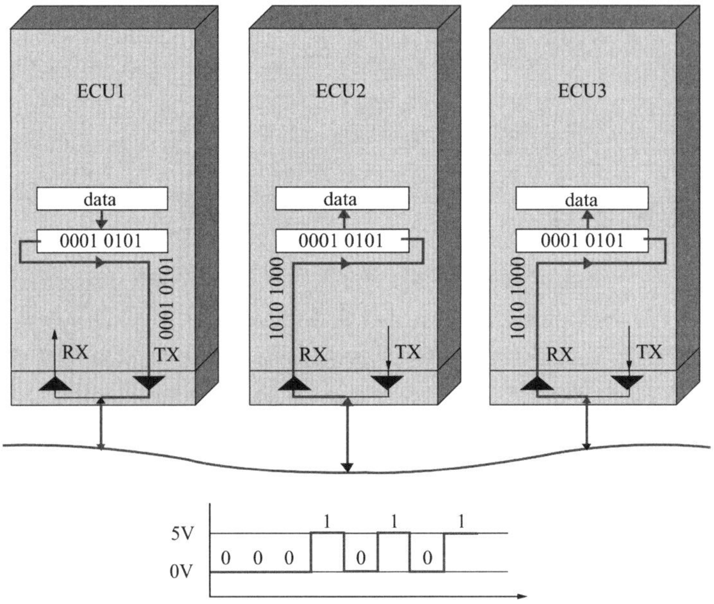

图 2-1 CAN 系统的数据传输

CAN 数据总线在发送信息时，每个控制单元均可接收其他控制单元发送出的信息。在通信技术领域，也把该原理称为广播（图 2-2），就像一个广播电台发送广播节目一样，每个广播网范围内的用户（收音机）均可接收。这种广播方式可以使得连接的所有控制单元总是处于相同的信息状态。

如图 2-3 所示，CAN 数据总线的数据传输又类似于“电话会议”，一个电话用户（控制单元）将数据“讲”入网络中，其他用户通过网络“接听”这个数据。对这个数据感兴趣的用户就会记录并使用该数据，而其他用户则选择忽略，可以对该数据不予理睬。

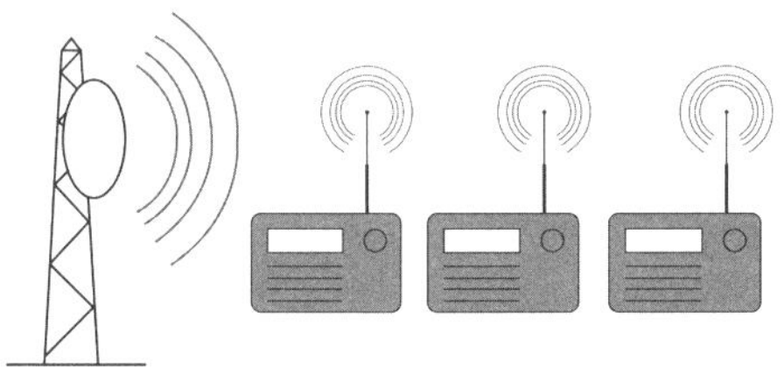

图 2-2　广播原理

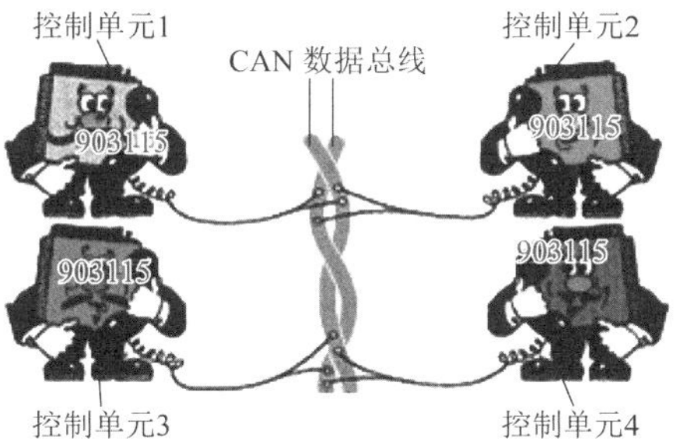

图 2-3　CAN 数据总线的数据传输类似于“电话会议”

信息通过 bit 位进行传送，不同位表示的温度信号情况见表 2-1。每增加一位都可使携带的信息将增加一倍。越多位进行组合，可以传递越多的信息。

不同位表示的温度信号情况　　表 2-1

1 位的变化	可能的信息	2 位的变化	可能的信息	3 位的变化	可能的信息
0V	10℃	0V，0V	10℃	0V，0V，0V	10℃
5V	20℃	0V，5V	20℃	0V，0V，5V	20℃
—	—	5V，0V	30℃	0V，5V，0V	30℃
—	—	5V，5V	40℃	0V，5V，5V	40℃
—	—	—	—	5V，0V，0V	50℃
—	—	—	—	5V，0V，5V	60℃
—	—	—	—	5V，5V，0V	70℃
—	—	—	—	5V，5V，5V	80℃

3. CAN 总线数据传输过程

下面以发动机转速信息的传输过程为例，介绍 CAN 总线上的数据传输过程。从发动机转速信号获取、接收、传输，直到在发动机转速表上显示出来，从这一完整的数据传输过程中，可以清楚地看出数据传输的时间顺序以及 CAN 构件与控制单元之间的配合关系。

高速 CAN 总线的数据传输过程

1）发送过程

信息发送过程如图 2-4 所示。

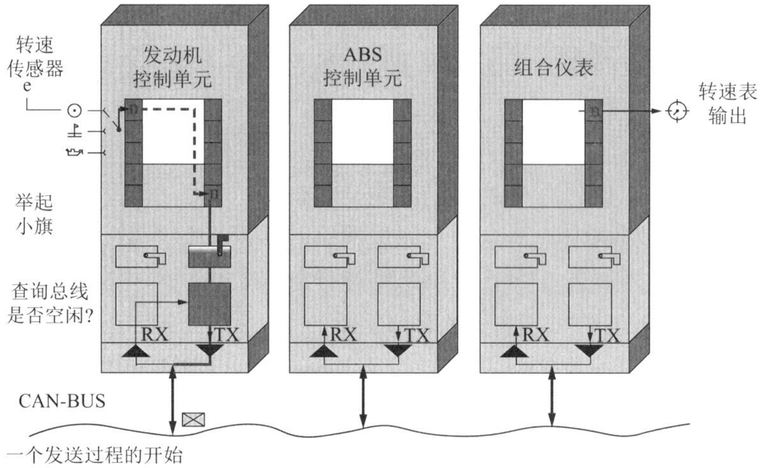

图 2-4　信息发送过程

（1）发动机控制单元的传感器接收到转速值。该值以固定的周期到达微控制器的输入存储器内。由于该转速值还用于其他控制单元，如组合仪表，所以该值应通过数据传输总线来传递。

（2）该转速值被复制到发动机控制单元的发送存储器内。

（3）该信息从发送存储器进入数据传输总线构件的发送邮箱内。如果发送邮箱内有一个实时值，那么该值会由发送特征位（举起的小旗示意有传输任务）显示出来。将发送任务委托给数据传输总线构件，发动机控制单元就完成了此过程中的任务。

（4）发动机转速值按协议被转换成数据传输总线的特殊格式，如图 2-5 所示。

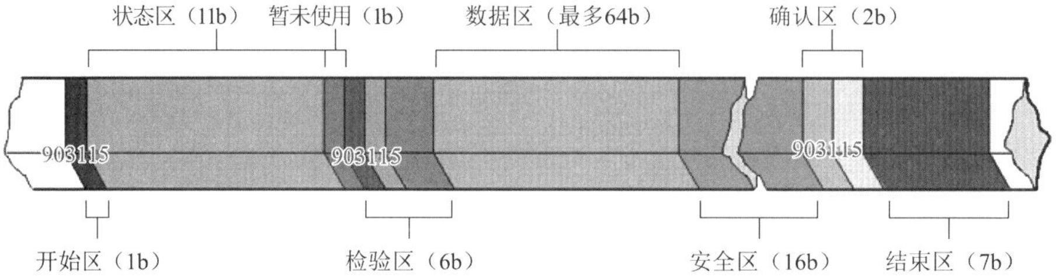

图 2-5　数据总线传输信息格式

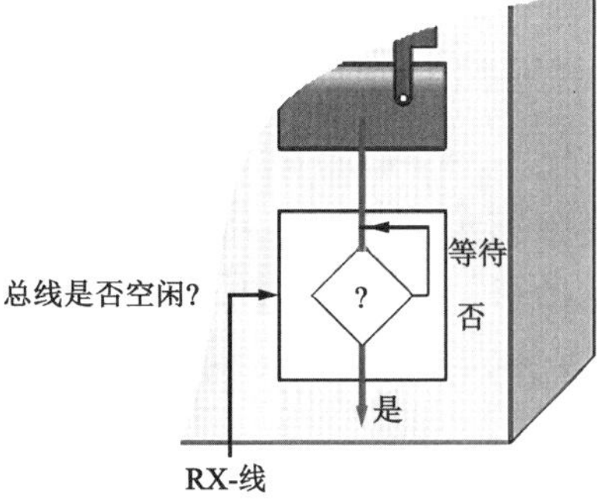

图 2-6　总线空闲查询

（5）数据传输总线构件通过 RX 线来检查总线是否有源（是否正在交换其他信息），如图 2-6 所示，必要时会等待，直至总线空闲下来为止。如果总线空闲下来，发动机信息就会被发送出去。

2）接收过程

信息接收过程分为两步，首先检查信息是否正确（在监控层），然后检查信息是否可用（在接收层），如图 2-7 所示。

连接在 CAN 总线上的所有控制单元都接收发动机

控制单元发送的信息，该信息通过 RX 线到达 CAN 构件各自的接收区。

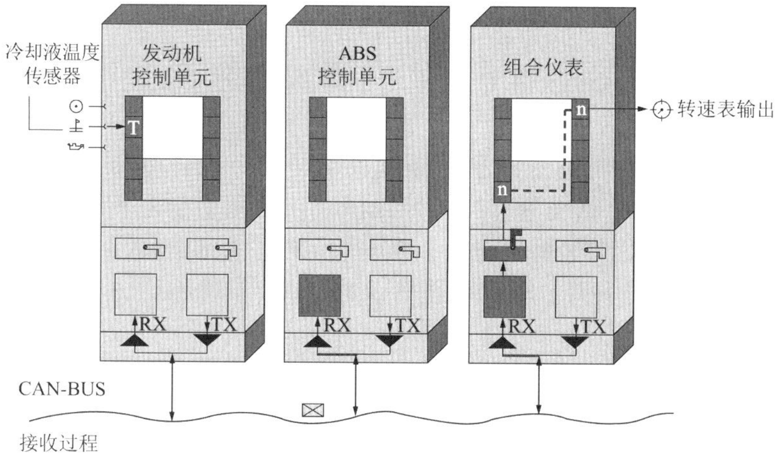

图 2-7　信息接收过程

（1）检查信息是否正确。

接收器接收发动机的所有信息，并且在相应的监控层检查这些信息是否正确。这样就可以识别出在某种情况下某一控制单元上出现的局部故障。所有连接的装置都接收发动机控制单元发送的信息，可以通过监控层内的 CRC 校验和数来确定是否有传递错误。CRC 校验为循环冗余码校验（Cycling Redundancy Check，CRC）。在发送每个信息时，所有数据位会产生并传递一个 16bit 的校验和数。接收器按同样的规则从所有已经接收到的数据位中计算出校验和数。随后接收到的校验和数与计算出的校验和数进行比较。如果两个校验和数相等，确认无数据传输错误，那么连接在 CAN 总线上的所有控制单元都会给发送器一个确认回答，这个回答就是所谓的“信息收到符号”（Acknowledge，Ack），它位于校验和数之后。

（2）检查信息是否可用。

经监控层监控、确认无误后，已接收到的正确信息会到达相关 CAN 构件的接收区。在那里将决定该信息是否用于完成各控制单元的功能。如果不是，该信息就被拒收：如果是，该信息就会进入相应的接收邮箱。控制单元根据接收信号（升起的“接收小旗”）就会知道：现在有一个信息（如转速）在排队等待处理，如图 2-8 所示。

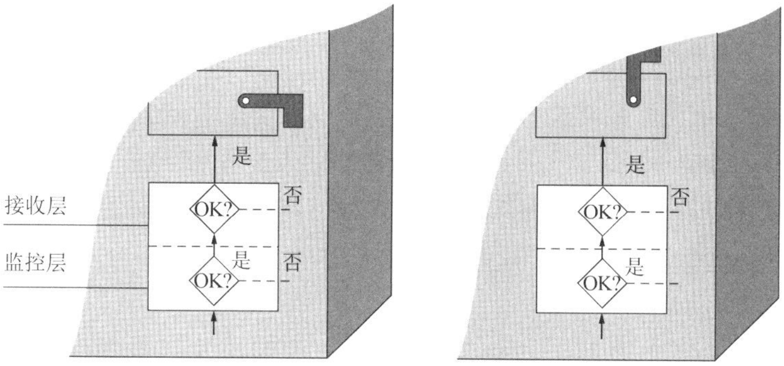

图 2-8　信息监控与接收

组合仪表调出该信息并将相应的值复制到它的输入存储器内。至此通过数据传输总线构件发送和接收信息的过程结束。在组合仪表内部，发动机转速信息经微处理器处理后到达执行元件并最后到达发动机转速表，显示出发动机转速的具体数值。上述数据传输过程按设定好的循环时间（如 10ms）在 CAN 总线上周而复始地重复进行。

3）冲突仲裁

如果多个控制单元同时发送信息，那么数据总线上就必然会发生数据冲突。为了避免发生这种情况，CAN 总线具有冲突仲裁机制。按照信息的重要程度分配优先权，十万火急的信息（如事关汽车被动安全、汽车稳定性控制的信息）优先权高，不是特别紧急的信息（如车窗玻璃升降、车门锁止等）优先权低。确保优先权高的信息能够优先发送。

（1）每个控制单元在发送信息时通过发送标识符来标识信息类别，信息优先权包含在标识符中。

（2）所有控制单元都通过各自的 RX 线来跟踪总线上的一举一动并获知总线状态。

（3）每个控制单元的发送器都将 TX 线和 RX 线的状态一位一位地进行比较，它们可以不一致。

CAN 总线是这样来进行仲裁的：用标识符中位于前部的“0”的个数调整信息的重要程度，从而保证按重要程度的顺序来发送信息。标识符中的数字越小，表示该信息越重要，需要予以优先发送。

如图 2-9 所示，当发动机控制单元、变速器控制单元、组合仪表控制单元三者在同一时刻都想向 CAN 总线发送数据时，则按照优先权的高低来进行仲裁。如果多个控制单元同时向 CAN 总线发送其数据包，为了避免数据碰撞，必须决定谁最先发送。显性电位“0”越多，说明其优先权级别越高。发送隐性电位“1”的控制单元若检测到一个显性电位“0”，那么该控制单元停止发送，转为接收。依照此原理，在图 2-9 中，ABS/EDL 控制单元优先权级别最高，在数据总线上优先传输，而自动变速器的发送信号第二位“1”遇到 ABS 的第二位“0”，立即改发送为接收，信息发送失败。同理，发动机控制单元发送信息的第三位“1”遇到 ABS 的第三位“0”，同样改发送为接收，信息发送也失败。

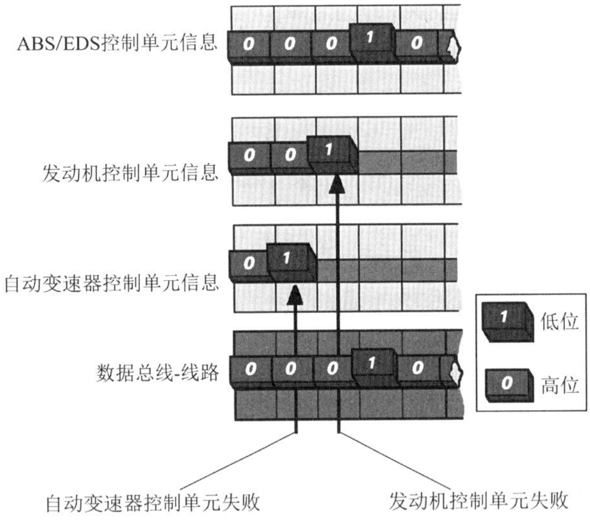

图 2-9 避免数据冲突的仲裁过程

4. CAN 总线的连接

（1）有分离插头。

2003 款 Audi A8 车上有两个 CAN-分离插头，仪表板左、右侧各一个。2010 款 Audi A8 只有一个分离插头，如图 2-10 所示，安装在行李舱内右侧的电器模块上（熔断丝和继电器支架之间）。

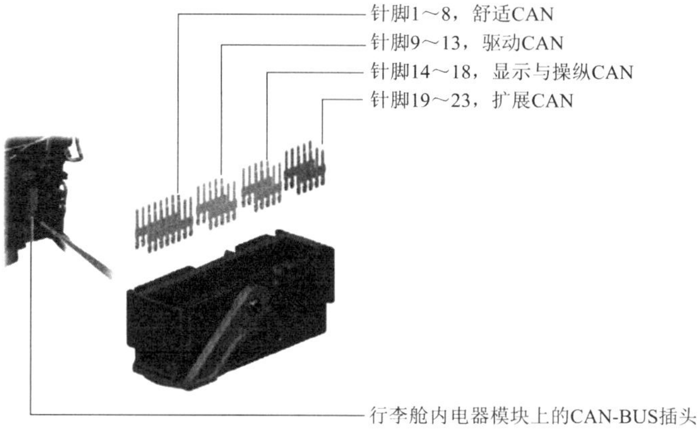

图 2-10　2010 款 Audi A8 分离插头

在这个插头上，CAN 线接头用于四个总线系统：

① 针脚 1-8 这个节点用于舒适 CAN 总线控制单元。

② 针脚 9-13 这个节点用于驱动 CAN 总线控制单元。

③ 针脚 14-18 这个节点用于操纵和显示 CAN 总线。

④ 针脚 19-23 这个节点用于扩展 CAN 总线。

CAN 总线适配器使用方法

CAN 分离插头可以连接 CAN 总线适配器 V.A.G 1598/38。拔下这个适配器上的跨接片，就可以将 CAN-总线上的某个分支线断开。这样在工作状态下，就既可以对某个分支线进行测量，也可以对整个 CAN 总线进行测量。通过这种方式，我们可以系统地来分析 CAN 总线的故障，并找到故障原因。

（2）无分离插头。

无分离插头导线采用节点进行连接，即所有相同系统的 CAN-H 线集中铰接为一个中心接点，所有相同系统的 CAN-L 线集中铰接为一个中心接点，如图 2-11 所示。

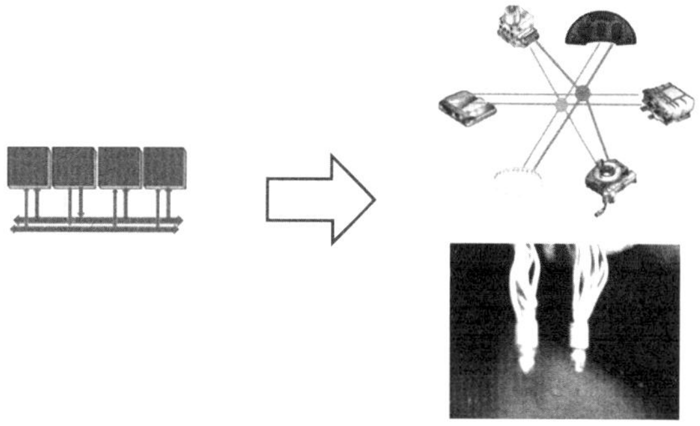

图 2-11　2010 款奥迪 A8 车辆 CAN 驱动系统

二、认知高速 CAN 总线

1. 2011 款奥迪 A6L 车辆高速 CAN 总线

CAN 总线系统组成

随着车辆在动力传输系统、主动和被动安全系统、车辆舒适系统、信息和娱乐系统等方面进行了极大的提升，为了使这些系统发挥出最佳的作用和效果，在车辆上配置了大量的控制单元，并使用多种车载网络进行信息共享。这些车载网络主要包括：CAN 高速网络、CAN 低速网络、LIN 网络、MOST 网络和 FlexRay 网络。下列总线一般为高速 CAN 总线：驱动 CAN、仪表 CAN、扩展 CAN、诊断 CAN（诊断接口）。如图 2-12 所示为 2011 款奥迪 A6L 车辆应用的 CAN 驱动系统。这里先介绍 CAN 驱动系统。

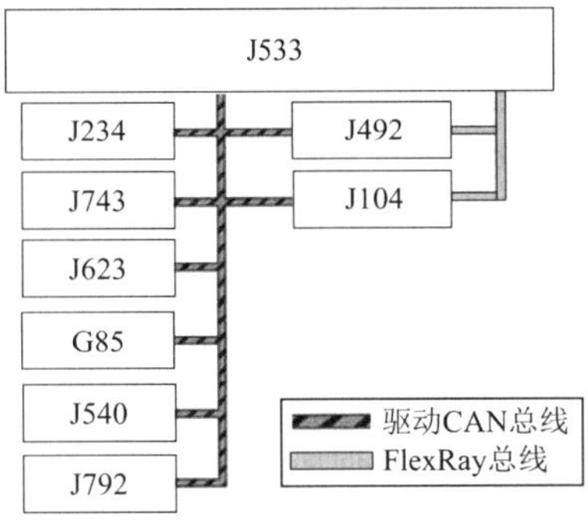

图 2-12　2011 款奥迪 A6L 车辆 CAN 驱动系统

驱动 CAN 数据总线连接 6 块电脑，它们是安全气囊控制单元 J234、主动转向控制单元 J792、发动机控制单元 J623、转向角传感器 G85 及电动机械式驻车制动控制单元 J540。另外，全轮驱动电子控制单元 J492 和 ABS 控制单元 J104 既连接驱动 CAN 总线也连接 FlexRay 总线。

2. 比亚迪秦 EV 车辆高速 CAN 总线

如图 2-13 所示，比亚迪秦 EV 的 CAN 总线包含动力 CAN 总线、舒适网 CAN 总线、ESC 网 CAN 总线、启动子网 CAN 总线、蓄电池子网 CAN 总线、BIC 子网 CAN 总线等，均采用总线型拓扑结构。动力 CAN 网络数据传输速度为 500kb/s，入网的主要模块包含网关、挡位传感器、BCM、LBMS、诊断口、整车控制器、组合仪表、前驱动电机控制器、动力蓄电池管理器、CBC（车载充电机）和电池加热器等。该网络中并联有 2 个 120Ω 的终端电阻，分别在网关和动力蓄电池管理器中。该网络主要传输动力系统相关数据，在上电过程中参与动力系统防盗认证。

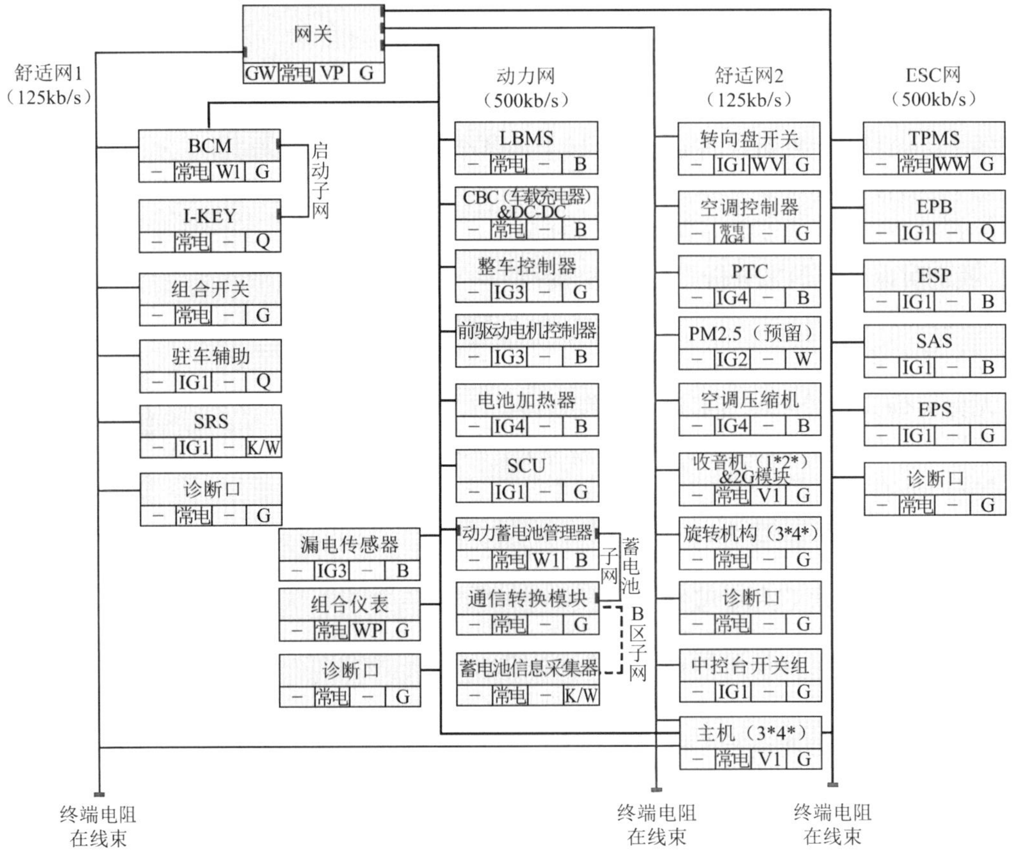

图 2-13　比亚迪秦 EV 车辆 CAN 总线系统

3. 吉利 EV450 车辆高速 CAN 总线

如图 2-14 所示，吉利 EV450 在电路中用到了两种 CAN 总线，分别为车身舒适 CAN 数据总线（V CAN）和动力驱动 CAN 数据总线（P CAN）。V CAN 总线主要负责整车软件和硬件的工作数据交互；P CAN 总线主要负责汽车的动力、动力传输等软硬件的数据交互。这里主要介绍动力驱动 CAN 系统。

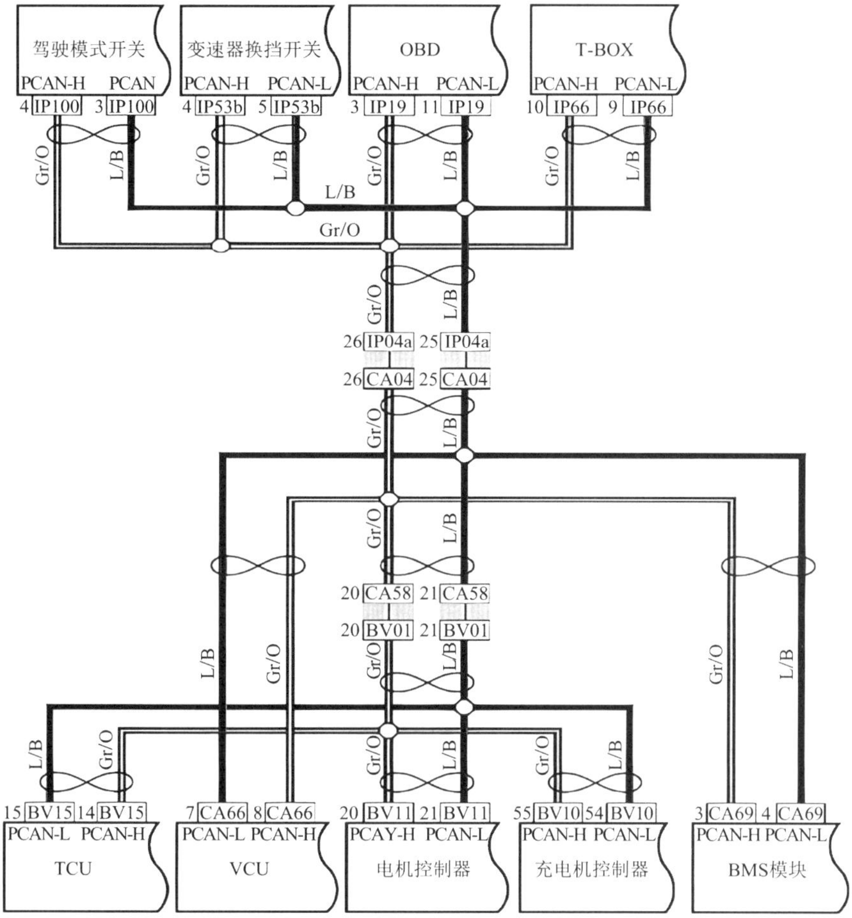

图 2-14　吉利 EV450 车辆 P CAN 动力驱动系统

动力驱动 CAN 数据总线（P CAN）连接 9 块电脑，分别是驾驶模拟开关、变速器换挡开关、OBD、T-BOX、自动变速器控制单元（Transmission Control Unit，TCU）、VCU、蓄电池管理系统（Battery Management System，BMS）、PEU 总成（Power Electronic Unit，PEU）和 PTC 加热器（Positive Temperature Coefficient，PTC）等。其中，PEU 是将电机控制器（Motor Control Unit，MCU）、车载充电机（On-Board Charger，OBC）、DC-DC 转换器（Direct Current-Direct Current Converter，DC-DC）和电源分配单元（Power Distribution Unit，PDU）进行系统集成的总成，俗称“四合一”。

4. CAN 系统组成

CAN 系统组成如图 2-15 所示。

CAN 数据传输系统中每块电脑的内部增加了一个 CAN 控制器，一个 CAN 收发器，每个电脑内部还装有一个数据传递终端，如图 2-16 所示。

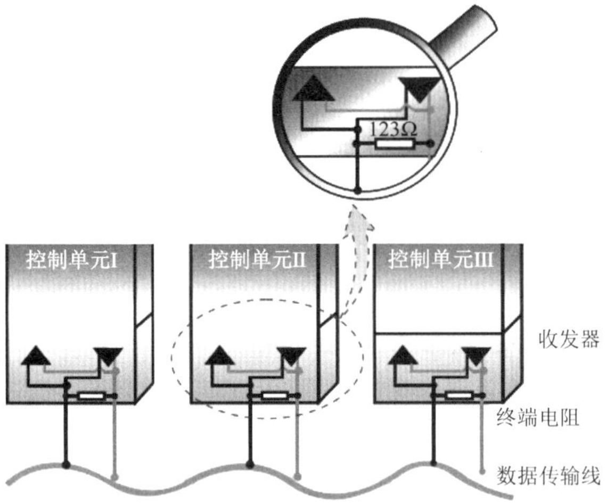

图 2-15　CAN 系统组成图

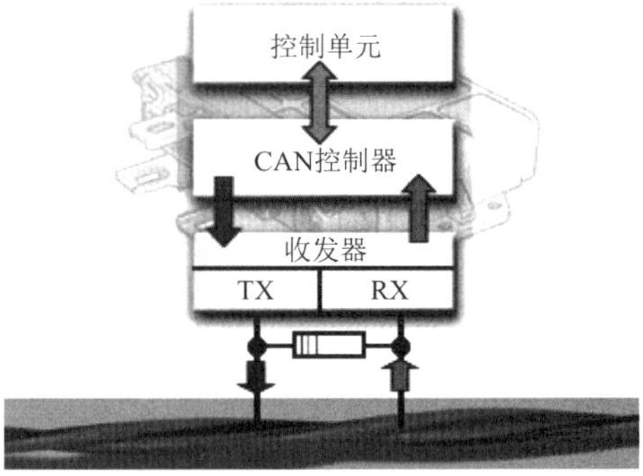

图 2-16　控制单元内部原理图

各部件功能：

1）CAN 控制器

CAN 控制器的作用是接收控制单元中微处理器发出的数据，处理数据并传送给 CAN 收发器。同时 CAN 控制器也接收收发器收到的数据，处理数据并传给微处理器（电脑内部数据的接收、处理及传送）。

2）CAN 收发器

CAN 收发器是一个发送器和接收器的组合，它将 CAN 控制器提供的数据转化成电信号并通过数据总线发送出去，同时，它也接收总线数据，并将数据传到 CAN 控制器。在收发器内部的接收器一侧设有差动信号放大器（图 2-17）。差动信号放大器用于处理来自 CAN-H 导线和 CAN-L 导线的信号。

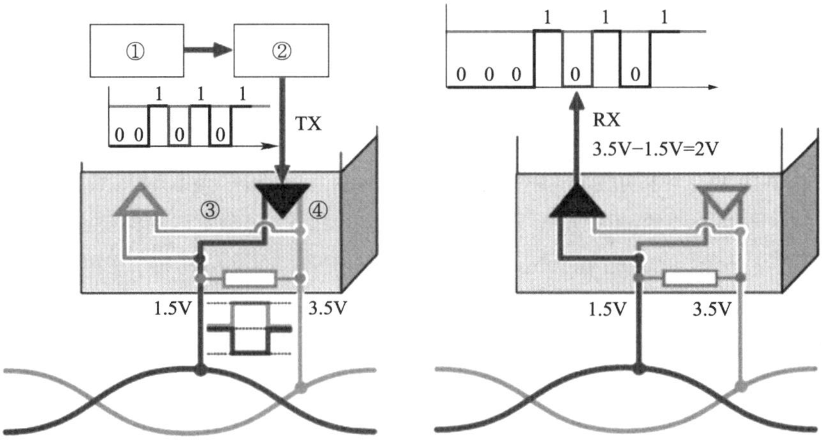

图 2-17　高速 CAN 数据总线的差动信号放大器

收发器的差动信号放大器在处理信号时，会用 CAN-High 导线上作用的电压减去 CAN-Low 导线上作用的电压，具体的处理过程如图 2-18 所示。

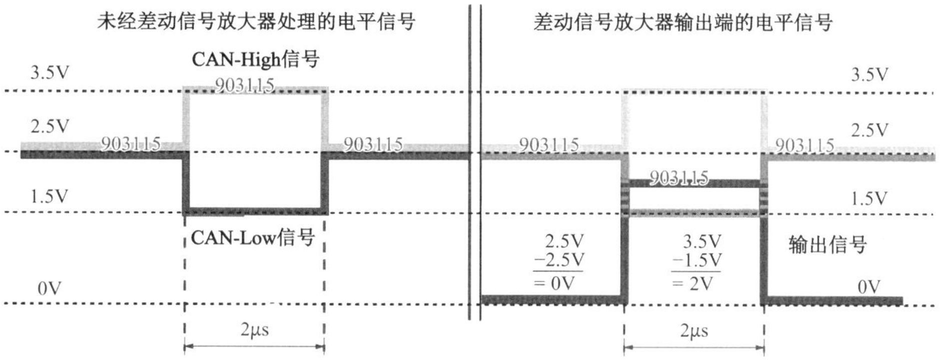

图 2-18　差动信号放大器内的信号处理

3）数据传递终端

数据传递终端实际是一个电阻器（图 2-19），其作用是避免数据传输终了反射回来产生反射波而使数据遭到破坏。

4）CAN 数据总线

CAN 数据总线是用以传输数据的双向数据线，如图 2-20 所示。

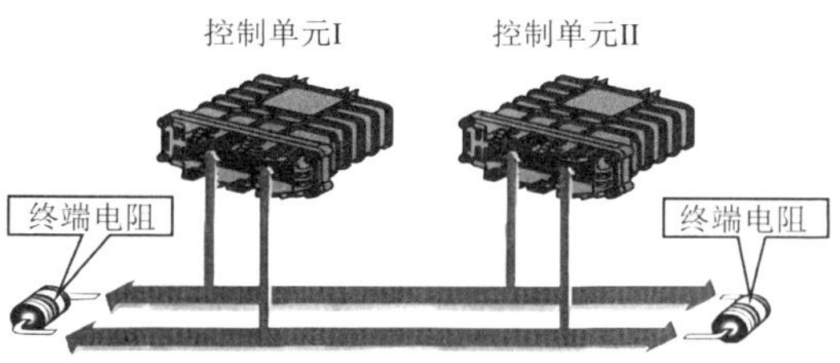

图 2-19　终端电阻布置图

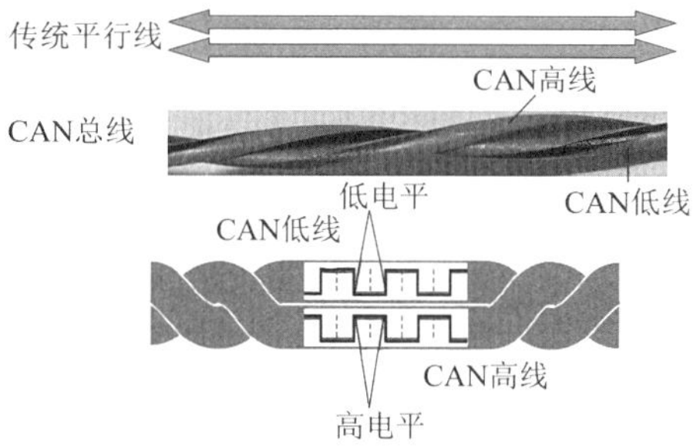

图 2-20　CAN 数据传输总线的形式

（1）CAN 总线电平。

CAN 总线分为 CAN 高位（CAN-H）和低位（CAN-L）数据线，对地电压分别用$U_{CAN\text{-}H}$和$U_{CAN\text{-}L}$表示，它们间的差值称为差分电压U_{diff}，即$U_{diff}=U_{CAN\text{-}H}-U_{CAN\text{-}L}$。

满足条件 $0.9V<U_{diff}<5.0V$ 时，代表逻辑数字“0”，当前传送的数据位被称为“显性”位；当 $-0.1V<U_{diff}<0.5V$ 时，代表逻辑数字“1”，当前传送的数据位被称为“隐性”位，电压波形与逻辑电平定义如图 2-21 所示。

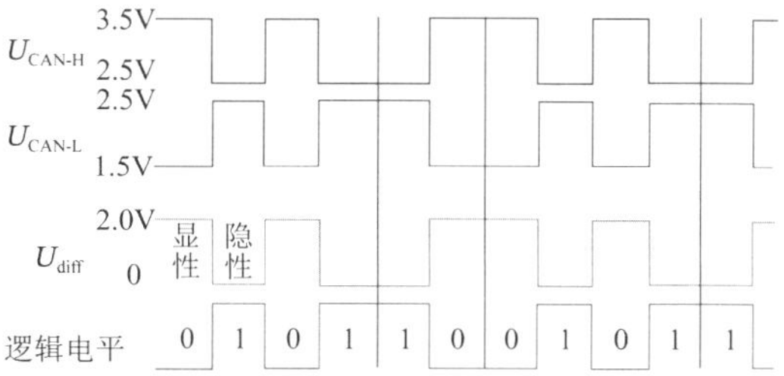

图 2-21　电压波形与逻辑电平定义

控制单元在某一时间段只能进行发送或

接收一项功能：

逻辑“1”：所有控制器的开关断开；总线电平为 5V 或是 3.5V；CAN 总线未通信。

逻辑“0”：某一控制器闭合；总线电平为 0V；CAN 总线进行通信。

（2）CAN 数据传输系统差分原理。

如图 2-22 所示，CAN 总线采用两条线缠绕在一起，两线条上的电位是相反的，CAN-H 信号和 CAN-L 信号经过差动信号放大器处理后（就是所谓的差动传输技术），可最大限度地消除干扰的影响。这就大大提高了数据传输的可靠性。通过这种办法，CAN 总线得到保护而免受外界电磁场干扰，同时 CAN 总线向外辐射了保持中性，即无辐射。

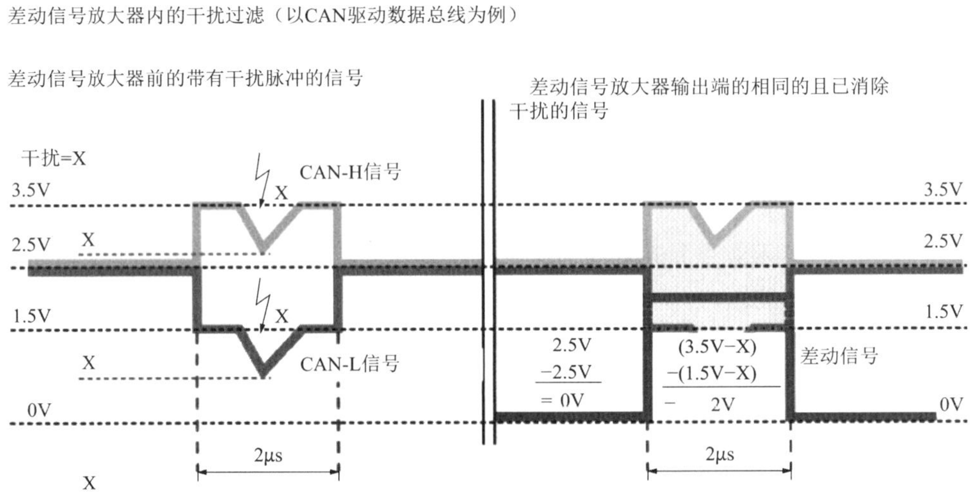

图 2-22　CAN 总线对外界干扰信号的消除过程

（3）高速 CAN 数据总线的主要特点。

数据传输速率 500kb/s，传递 lb 所需时间是 0.002ms。

没有数据传输时的基础电压值约为 2.5V，即$U_{CAN\text{-}H}=2.5V$，$U_{CAN\text{-}L}=2.5V$。

线色：CAN-H 是橙黑色的，CAN-L 是橙棕色的。

线径是 $0.35mm^2$。

驱动总线永远是双绞线工作模式，没有单线工作模式。

任务二　高速 CAN 数据总线的检测

一、高速 CAN 数据总线电阻的检测

丰田卡罗拉 HS-CAN 总线是一种高速通信总线，用于传动系、底盘及某些车身电气通信。HS-CAN 总线被称作“CAN 1 号总线”和“CAN 2 号总线”。它以大约 500kb/s 的速度工作。CAN 1 号总线的终端电阻器位于组合仪表和 ECM 中，如图 2-23 所示。

高速 CAN 数据总线的终端电阻与电压测量方法

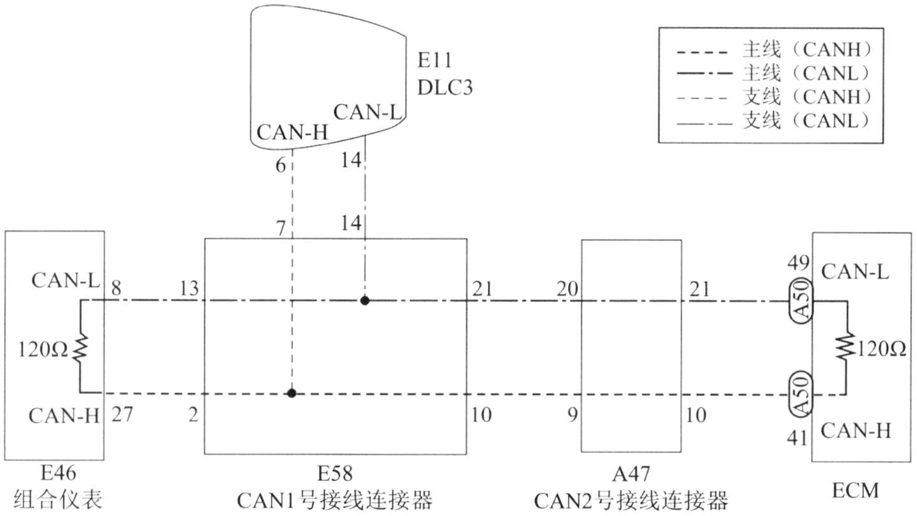

图 2-23　卡罗拉 CAN 总线系统结构

1. 检查 CAN 总线（主线是否断路，CAN 总线是否短路）

在高速 CAN 总线不工作、系统断电的情况下，如图 2-24 所示，采用数字万用表测量 DLC3 CAN-H 与 CAN-L 线之间的电阻值。相关电阻测量值见表 2-2。

测量标准电阻　　表 2-2

检测仪连接	条件	结果	分析
E11-6（CAN-H）—E11-14（CAN-L）	点火开关置于 OFF 位置	54～69Ω	正常
E11-6（CAN-H）—E11-14（CAN-L）	点火开关置于 OFF 位置	69Ω 或更大	检查 CAN 主总线是否断路
E11-6（CAN-H）—E11-14（CAN-L）	点火开关置于 OFF 位置	小于 54Ω	检查 CAN 总线是否短路

2. 检查 CAN 总线是否对 BAT 短路

在高速 CAN 总线不工作、系统断电的情况下，如图 2-25 所示，采用数字万用表分别测量 DLC3 CAN-H、CAN-L 线与 BAT 之间的电阻值。相关电阻测量值见表 2-3。

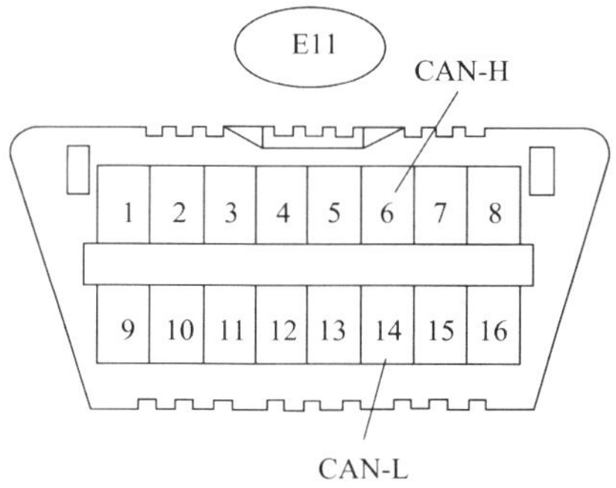

图 2-24　DLC3 端子

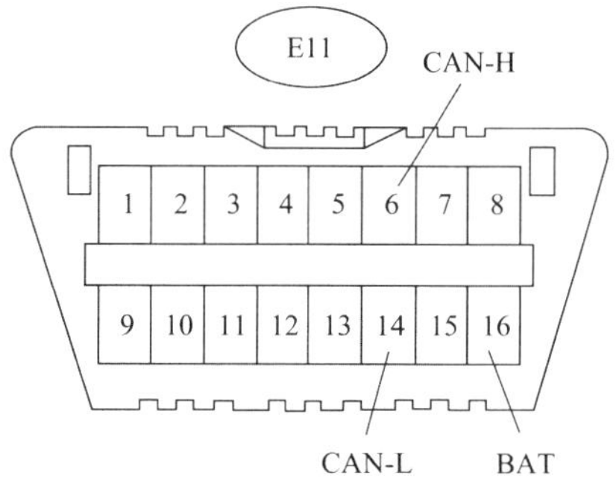

图 2-25　DLC3 端子

测量标准电阻 表 2-3

检测仪连接	条件	规定状态
E11-6（CAN-H）—E11-16（BAT）	断开蓄电池负极端子	6kΩ 或更高
E11-14（CAN-L）—E11-16（BAT）	断开蓄电池负极端子	6kΩ 或更高

3. 检查 CAN 总线是否对搭铁短路

在高速 CAN 总线不工作、系统断电的情况下，如图 2-26 所示，采用数字万用表分别测量 DLC3 CAN-H、CAN-L 线与 CG 之间的电阻值。相关电阻测量值见表 2-4。

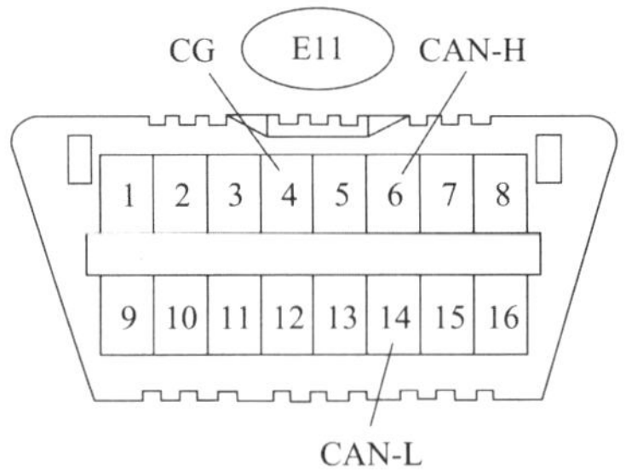

图 2-26　DLC3 端子

测量标准电阻 表 2-4

检测仪连接	条件	规定状态
E11-6（CAN-H）—E11-4（CG）	点火开关置于 OFF 位置	200Ω 或更高
E11-14（CAN-L）—E11-4（CG）	点火开关置于 OFF 位置	200Ω 或更高

二、高速 CAN 数据总线电压的检测

高速 CAN 总线可以采用数字万用表进行电压信号测试，大致判断数据总线的信号传输是否存在故障。用数字万用表在测量频率信号时，万用表具有分段采集和有效值运算的工作特性。因此，数字万用表的显示值只能反映被测信号的主体信号电压值，不能显示被测信号的每个细节。

CAN 高线信号在总线空闲时的电压约为 2.5V，总线上有信号传输时总线上的电压值在 2.5V 和 3.5V 之间高频波动，因此 CAN 高线的主体电压应是 2.5V，所以万用表的测量值为 2.5～3.5V，大于 2.5V 但靠近 2.5V。

同理，CAN 低线信号在总线空闲时的电压约为 2.5V，总线上有信号传输时总线上的电压值在 1.5V 和 2.5V 之间高频波动。因此，CAN 低线的主体电压应是 2.5V，所以万用表的测量值为 1.5～2.5V，小于 2.5V 但靠近 2.5V。

高速 CAN 总线波形检测

三、高速 CAN 数据总线正常波形的检测

双通道工作模式下用示波器实测电压波形进行分析，可以很容易地发现故障。测量时，将通道 A 的红色测量导线连接 CAN-H 导线，黑色测量导线接地（搭铁）；通道 B 的红色测量导线连接 CAN-L 导线，黑色测量导线接地（搭铁），如图 2-27 所示。

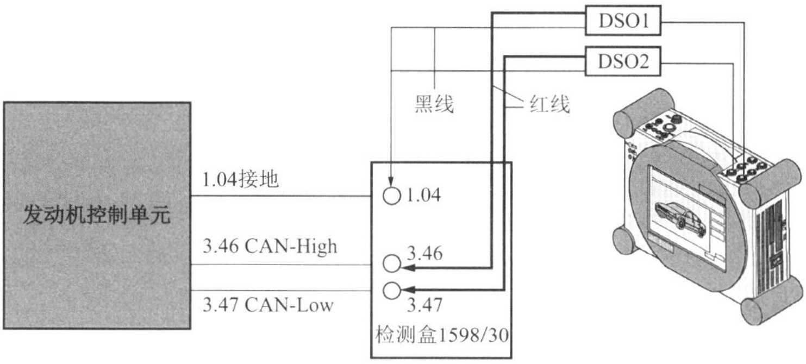

图 2-27　示波器连接图

双通道检测 CAN 总线电压波形时，示波器界面如图 2-28 所示。

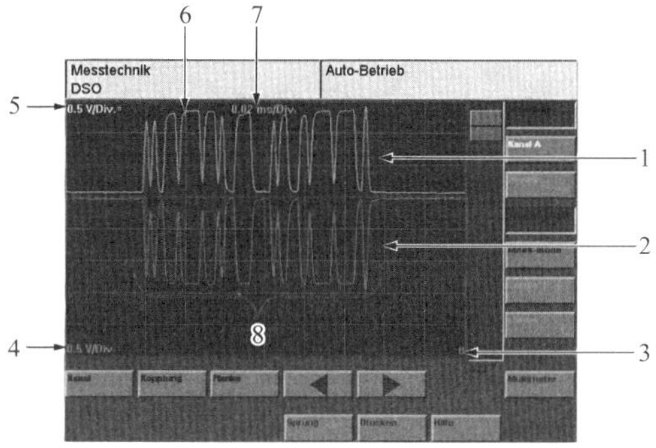

图 2-28　高速 CAN 总线正常波形

1-CAN-H 波形；2-CAN-L 波形；3-Kanal A 和 Kanal B 的零线坐标置于等高，在同一零坐标线下对电压值进行分析更为简便；4-Kanal B 通道的电压/单位的设定 0.5V/单位；5-Kanal A 的电压/单位的设定 0.5V/单位；6-触发点的设定，它位于被测定信号的范围内。在 CAN-H 信号为 2.5 至 3.5V 之间，在 CAN-L 信号为 1.5 至 2.5V 之间；7-时间单位值应尽可能选择得小一些，最小的时间单位值为 0.02ms/单位；8-获取一条信息

（1）黄色波是 CAN-H 信号。

（2）绿色波是 CAN-L 信号。

（3）将通道 A 和通道 B 的零线坐标置于等高。

图 2-28 黄色的 CAN-H 信号零标记已被绿色的 CAN-L 信号零标记遮盖，即 CAN-H 信号和 CAN-L 信号的零点已经重合。经验证明，在同一零坐标线下对电压值进行分析更为简洁方便。

（4）通道 B 的电压轴精度的设定。通道 B 的电压轴精度设定为每个单格 0.5V，即 0.5V/Div，此时，分析 CAN 总线的电压波形比较清晰、直观。

（5）通道 A 的电压轴精度的设定。通道 A 的电压轴精度设定为每个单格 0.5V，即 0.5V/Div，此时，分析 CAN 总线的电压波形比较清晰、直观。

（6）触发点的设定。触发点应位于被测信号的幅值范围内。CAN-H 信号的触发点宜设定在 2.5～3.5V 之间，CAN-L 信号的触发点宜设定在 1.5～2.5V 之间。

（7）时间轴精度的设定。时间轴精度应尽可能选择得高一些，以利于发现电压波形短暂、细微的变化，一般将时间轴精度设定为每个单格 0.02ms，即 0.02ms/Div。

（8）具体的电压波形。图 2-28 中的曲线 8 即为一条 CAN 总线信息的具体的电压波形。

信号分析：

（1）信号是在触发器模式的正向沿被触发。

（2）CAN-H 和 CAN-L 的显示应成倒镜像关系。

（3）由于驱动系统总线的所有控制单元都确认此报文，因此，确认字节的显性电平总是比较高。

（4）CAN-H 和 CAN-L 的初始电压应为 2.5V。

（5）隐性状态下 CAN-H 和 CAN-L 的信号摆幅分别为 1V。

（6）由于控制单元只读取电平差，不读取对地电压，因此，显性电平差应为 2V。

四、高速 CAN 网络的容错特点

1. CAN 节点故障

如图 2-29 所示，当网络上的任一节点出现故障，包括节点自身故障、节点电源或接地损坏等，此节点将无法与 CAN 总线上的其他节点进行通信。其他节点可以继续通信，且会存储关于节点通信丢失的 DTC。

2. CAN 支路断路（不带终端电阻）

如图 2-30 所示，当不带终端电阻的节点的支路断路（CAN-H 或 CAN-L），则此节点无法与其他节点通信。其他节点的通信不受影响。

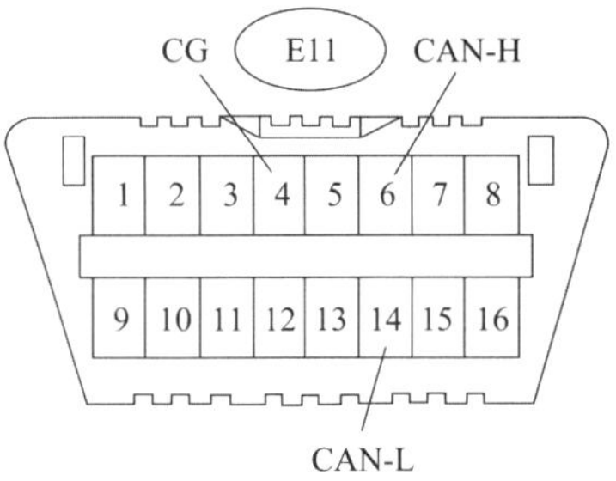

图 2-29　CAN 节点故障

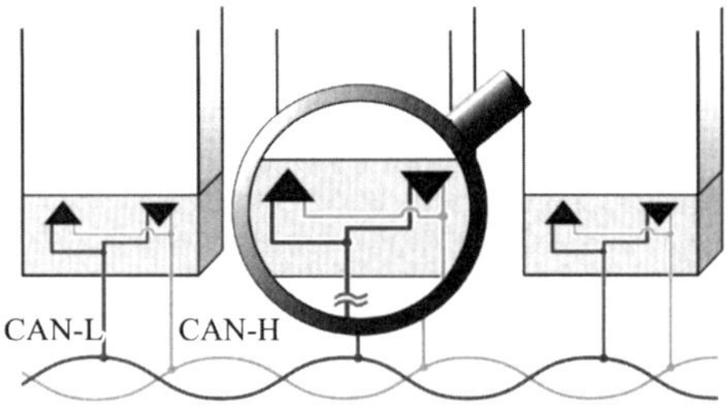

图 2-30　CAN 支路断路（不带终端电阻）

3. CAN 支路断路（带终端电阻）

如图 2-31 所示，当带终端电阻的节点的支路断路，则此节点无法进行通信。

终端电阻失效，所有节点可以继续通信，但是信噪比降低，通信时的错误帧明显增加。受到影响的模块不能通信，其他节点以信噪比降低后的值继续工作，CAN 使通信继续进行。

4. CAN 驱动总线断路

如图 2-32 所示，总线上的 CAN-H 或 CAN-断路，则断路对侧的节点之间无法进行通信。

断路同侧的节点之间可以进行通信，但是由于终端电阻的作用下，此时的通信降低了抗扰度。

5. CAN-H 驱动总线对地短路

如图 2-33 所示，当 CAN-H 对地短路时，总线整体失效，所有节点之间不能通信。

6. CAN-H 对电源短路

如图 2-34 所示，当 CAN-H 对电源短路时，CAN 总线一般具有继续工作能力。

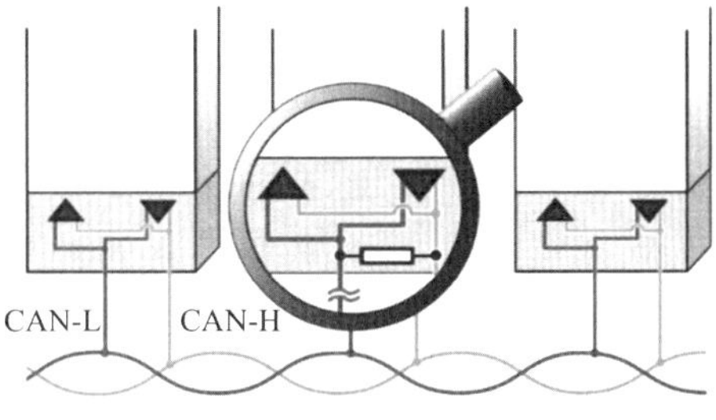

图 2-31　CAN 支路断路（带终端电阻）

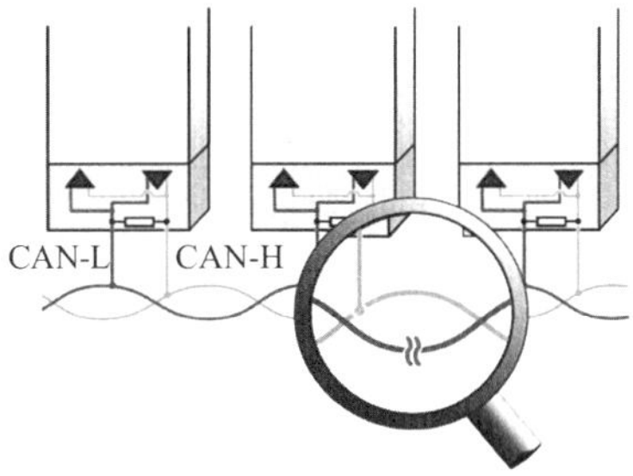

图 2-32　CAN 驱动总线断路

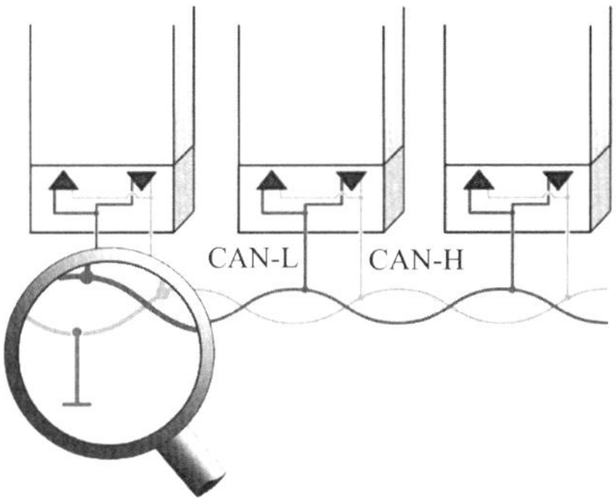

图 2-33　CAN-High 驱动总线对地短路

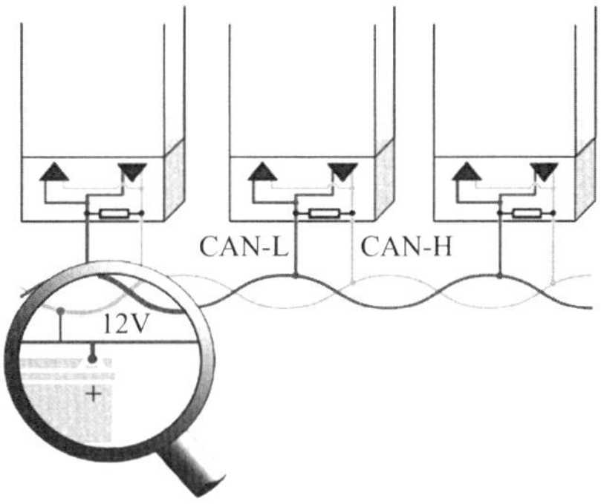

图 2-34　CAN-High 对电源短路

7. CAN-L 驱动总线对电源短路

如图 2-35 所示，当 CAN-Low 对电源短路时，总线整体失效，CAN 网络不能工作。

8. CAN-L 驱动总线对地短路

如图 2-36 所示，当 CAN-Low 对地短路时，可以实现网络通信，因为 CAN 总线电压在共模电压范围内。但是总线的抗扰度降低，电磁辐射增加。

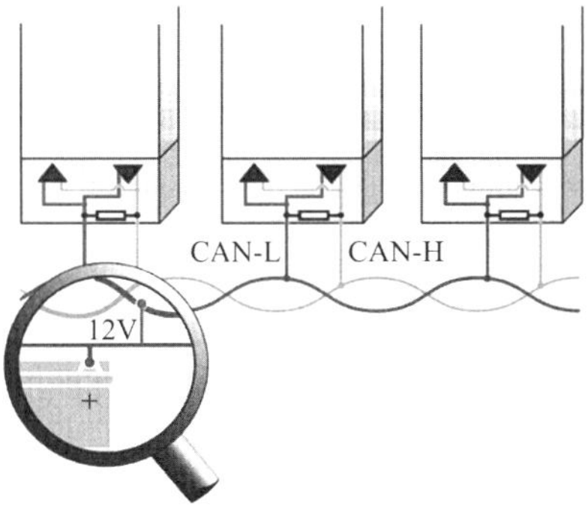

图 2-35　CAN-Low 驱动总线对电源短路

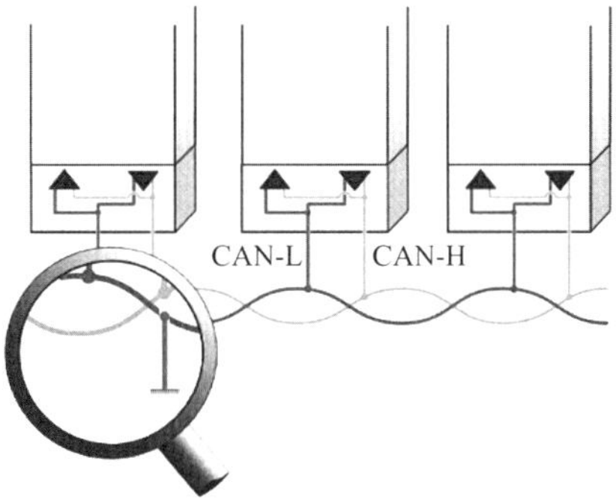

图 2-36　CAN-Low 驱动总线对地短路

9. CAN-H 与 CAN-L 短路

如图 2-37 所示，当 CAN-H 与 CAN-L 短路时，总线整体失效，所有节点之间不能通信。

10. CAN-H 与 CAN-L 互接

如图 2-38 所示，当节点的支路 CAN-H 与 CAN-L 互接时，此节点无法与其他节点通信。其他节点的通信不受影响。

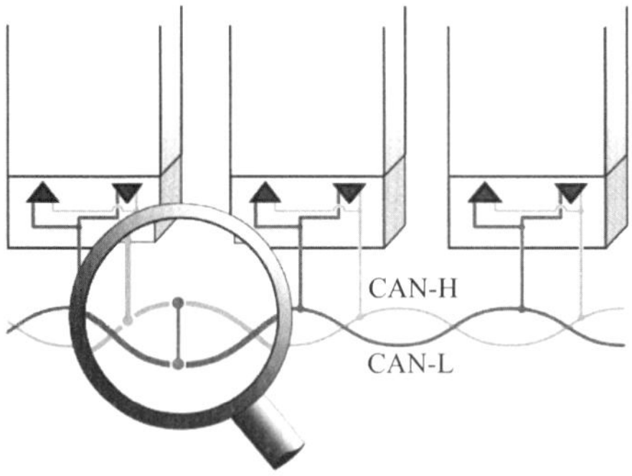

图 2-37　CAN-H 与 CAN-L 短路

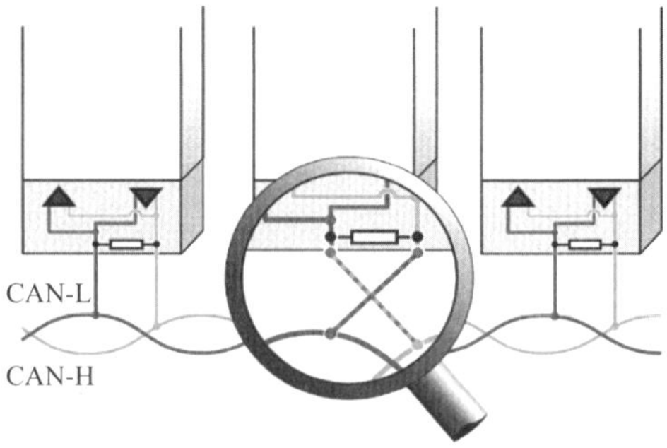

图 2-38　CAN-H 与 CAN-L 互接

五、高速 CAN 网络的故障波形

（1）故障 1：CAN 高线与 CAN 低线间短路（图 2-39）。

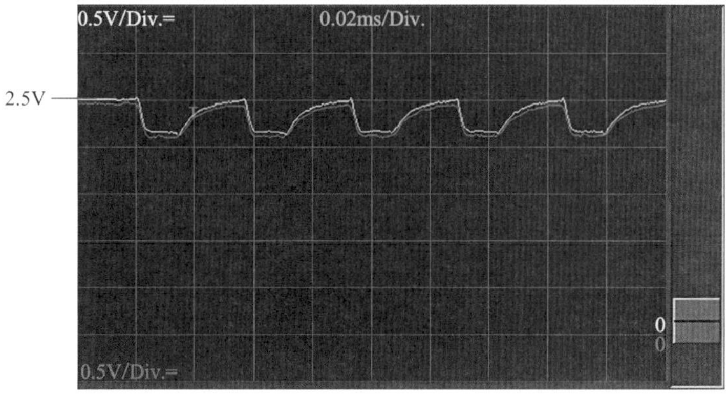

图 2-39　CAN 高线与 CAN 低线间短路

波形说明：电压电位置于隐性电压值（大约 2.5V）。

故障原因及判断方法：通过插拔驱动系统 CAN 总线上的控制单元进行判断：是由于控制单元引起的短路还是由于 CAN 高线和 CAN 低线线路连接引起的短路。若为线路引起的短路，需要将 CAN 线组（CAN 高线和 CAN 低线）从线节点处依次拔取，同时注意 DSO 的波形变化。当故障线组被取下后，DSO 的图形恢复正常。

（2）故障 2：CAN 高线对搭铁短路（图 2-40）。

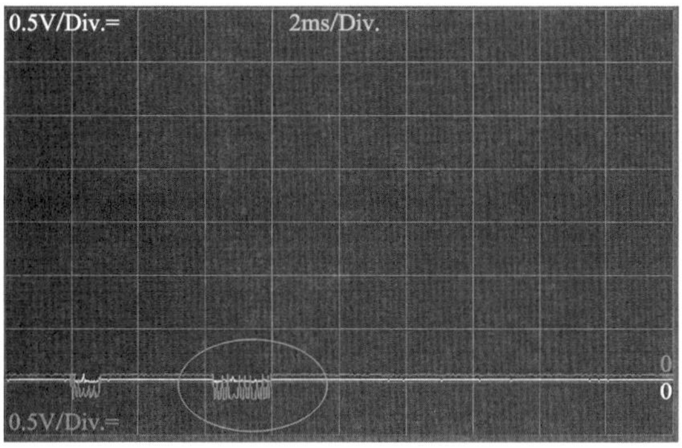

图 2-40　CAN 高线对搭铁短路

波形说明：CAN 高线的电压为 0V，CAN 低线的电压也为 0V，但在 CAN 低线上还能够看到一小部分的电压变化。该故障的判断方法与故障 1 相同。

（3）故障 3：CAN 高线对正极短路（图 2-41）。

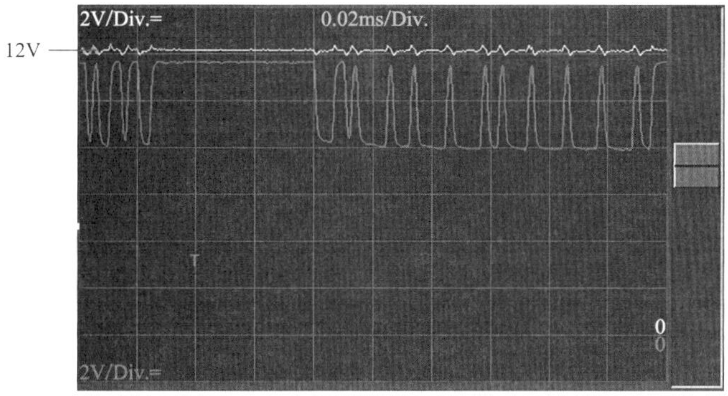

图 2-41　CAN 高线对正极短路

波形说明：CAN 高线的电压电位被置于 12V，CAN 低线的隐性电压被置于大约为 12V，显性电压在 8V 左右。

故障原因及判断方法：这是由于 CAN-H 线对正极短路引起的故障。该故障的判断方法与故障 1 相同。

（4）故障 4：CAN 低线对搭铁短路（图 2-42）。

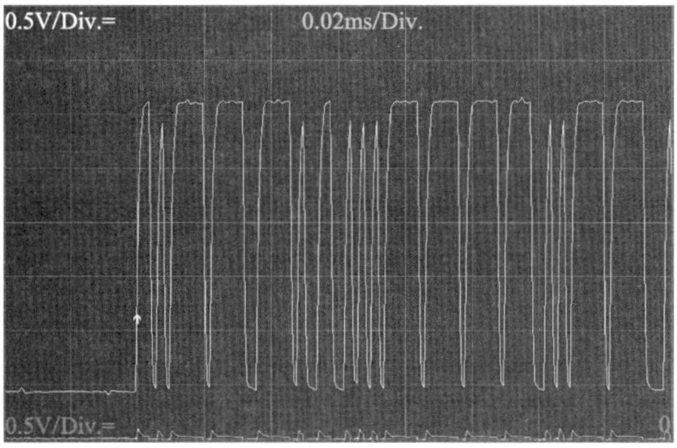

图 2-42　CAN 低线对搭铁短路

波形说明：CAN 低线的电压大约为 0V，CAN 高线的隐性电压也被降到 0V，显性电压为 3V 左右。该故障的判断方法与故障 1 相同。

（5）故障 5：CAN 低线对正极短路（图 2-43）。

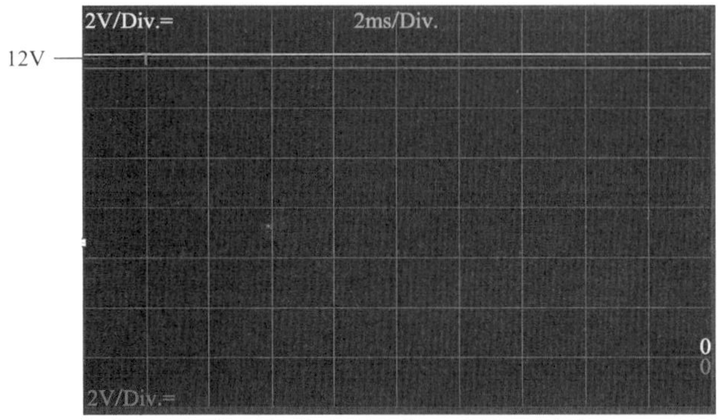

图 2-43　CAN 低线对正极短路

波形说明：两条总线电压大约都为 12V。该故障的判断方法与故障 1 相同。

（6）故障 6：CAN 低线断路（图 2-44）。

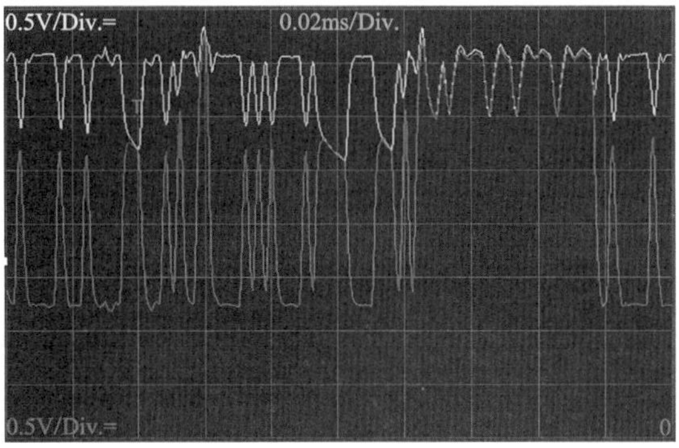

图 2-44　CAN 低线断路

当 CAN 低线断路时，CAN 系统无法正常工作。

（7）故障 7：CAN 高线断路（图 2-45）。

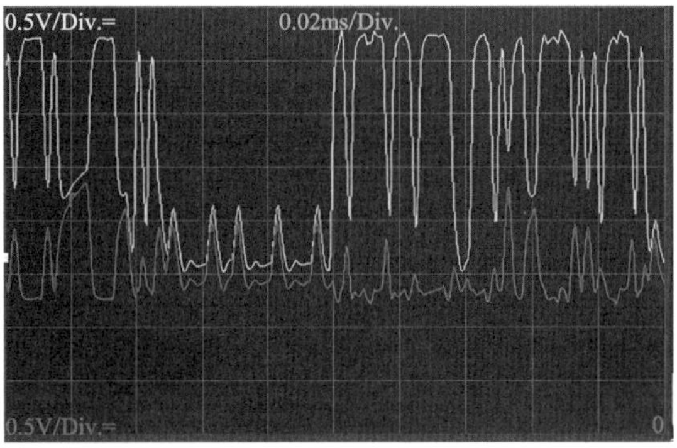

图 2-45　CAN 高线断路

当 CAN 高线断路时，CAN 系统无法正常工作。

任务三　高速 CAN 总线的故障诊断

一、高速 CAN 网络的诊断流程

CAN 网络的故障包括网络部分失效和整体失效。即 CAN 网络的故障，可能表现为部分控制单元无法与其他模块进行通信，或者任一模块之间均失去通信。如果已经判断故障属于 CAN 网络系统，则可以使用 CAN 网络的常用诊断方法执行故障诊断，以便快速、准确地找到故障原因。

高速 CAN 总线综合故障检测

对 CAN 网络系统进行诊断时，可以按照以下诊断程序进行：

验证故障→收集信息→分析故障→形成方案→排查故障→验证排除。

1. 验证故障

确认客户所提出的故障现象，包括故障表现、发生条件、发生频率等。

CAN 网络部分失效或者整体失效，仪表上一般会出现异常的警告灯信息。

2. 收集信息

对车辆进行进一步的相关操作，以掌握更加全面的与网络通信相关的故障信息。收集信息从客户描述、车辆本身故障信息收集三方面进行。

3. 分析故障

结合收集到的信息，通过专业知识或者查询相关技术资料（系统工作原理、相应的 SSP、技术培训资料），利用功能图法（部件、系统原理、控制策略、故障模式）推理可能的故障点。分析故障现象以及各种收集到的关联信息，包括自诊断及引导型故障查询的检测结果，并结合车型的网络拓扑图，全面分析网络故障的最可能原因，制定故障诊断流程和方法。

4. 制订维修计划

通过逻辑列举法，依据诊断步骤顺序逻辑原则，故障发生率、拆装便捷性、自己熟悉程度、二分之一原则等，形成故障排查的顺序维修方案。

5. 排查故障

根据此前的分析结果及形成的排查故障方案，借助各种诊断手段（汽车诊断仪使用、电阻测量、电压测量、示波器测量等）通过电气测量技术执行各项测量与诊断。

（1）通过诊断仪执行相应检测测试计划（测量数据流、编码、匹配、升级操作等）。

（2）通过万用表，进行相应的电压、电阻、通断测试。

（3）通过专用工具（比如 VAG 1598/38），配合示波器进行 CAN 网络波形的测量。

（4）在排查故障的过程中会收集到新的信息，通过分析故障信息、再制定方案、逐步找到导致车辆故障的故障点，直至排除并修复故障。

6. 验证排除

在排除故障后进一步分析诱发故障点背后的原因，从根本上排除故障，达到一次性修复的目的。

二、高速 CAN 网络的诊断方法

CAN 网络的故障诊断方法包括故障存储、电阻测量、电压测量、信号测量等几种方法。

1. 故障存储

一汽大众迈腾 B8LCAN 驱动总线可能的故障存储记录类型见表 2-5。

CAN 驱动总线故障存储记录　　表 2-5

驱动 CAN 总线	19-网关	01-发动机控制单元
CAN-H、CAN-L 双断	U010000 发动机控制单元无通信	无法进入
CAN-H 单断	U010000 发动机控制单元无通信	无法进入
CAN-L 单断	U010000 发动机控制单元无通信	无法进入
CAN-H、CAN-L 互短	U000100 驱动系数据总线•损坏—主动/静态	无法进入
CAN-H 对地短路	U000100 驱动系数据总线•损坏—主动/静态	无法进入
CAN-L 对地短路	U000900 驱动系数据总线•单线运行模式—主动/静态	P138800 控制单元损坏—主动/静态
CAN-H 对正短路	U000900 驱动系数据总线•单线运行模式—主动/静态	P138800 控制单元损坏—主动/静态
CAN-L 对正短路	U000100 驱动系数据总线•损坏—主动/静态	无法进入

2. 读取测量数据块

进入 19-网关，读取测量数据块中的数据总线损坏故障和数据总线单线故障（表 2-6）。

CAN 驱动总线测量数据块　　表 2-6

驱动 CAN 总线	数据总线损坏故障（驱动系数据总线）	数据总线单线故障（驱动系数据总线）
CAN-H、CAN-L 双断	正常	正常
CAN-H 单断	正常	正常
CAN-L 单断	正常	正常
CAN-H、CAN-L 互短	损坏	正常
CAN-H 对地短路	损坏	正常
CAN-L 对地短路	正常	控制单元单线模式

续上表

驱动 CAN 总线	数据总线损坏故障（驱动系数据总线）	数据总线单线故障（驱动系数据总线）
CAN-H 对正短路	正常	控制单元单线模式
CAN-L 对正短路	损坏	正常

3. 终端电阻测量

终端电阻装在系统（如 CAN 驱动总线）的 2 个控制单元内。终端电阻阻止 CAN 总线信号在 CAN 总线上产生变化电压的反射。当终端电阻出现故障，则因为线路的反射影响，控制单元的信号无效。当用 DSO 进行信号的 CAN 总线信号的测量，该信号与标准信号不相符，则可能为终端电阻损坏。终端电阻测试图如图 2-46 所示。

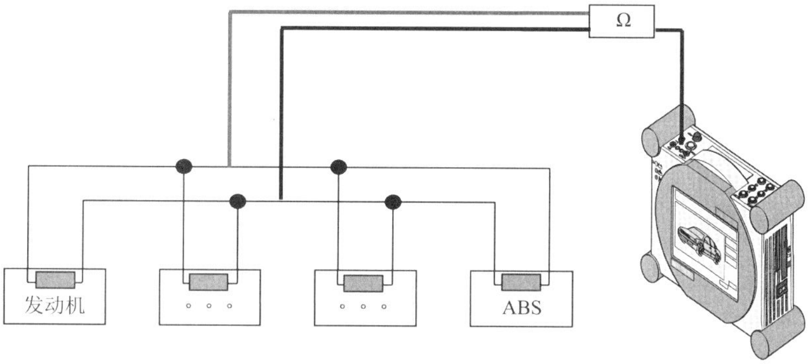

图 2-46　CAN 高线终端电阻测量

终端电阻的测量步骤：

（1）将蓄电池的电极线拔除。

（2）等待大约 5min，直到所有的电容器都充分放电。

（3）连接测量仪器并测量总阻值。

（4）将一个带高终端电阻控制单元的插头拨下来。

（5）检测总的阻值是否发生变化。

（6）第一个控制单元（带有终端电阻）的插头连接好后，再将第二个控制单元的插头拔下来。

（7）检测总的阻值是否发生变化。

（8）分析测量结果。

4. 电压测量

在进行 2025 款 Audi A6L’05 总线系统检测时，首先要把检测盒 VAS（VAG）1598/38 连接到仪表台侧面的总线检测插座上，如图 2-47 所示。然后根据电路图确定引脚布置，正确测量电压。

5. 信号测量

CAN 数据导线出现的典型故障见表 2-7，包括①CAN-H 或 CAN-L 断路、虚接；②CAN-H 或 CAN-L 对正极短路、虚接；③CAN-H 或 CAN-L 对地短路、虚接；④CAN-H

和 CAN-L 互短。

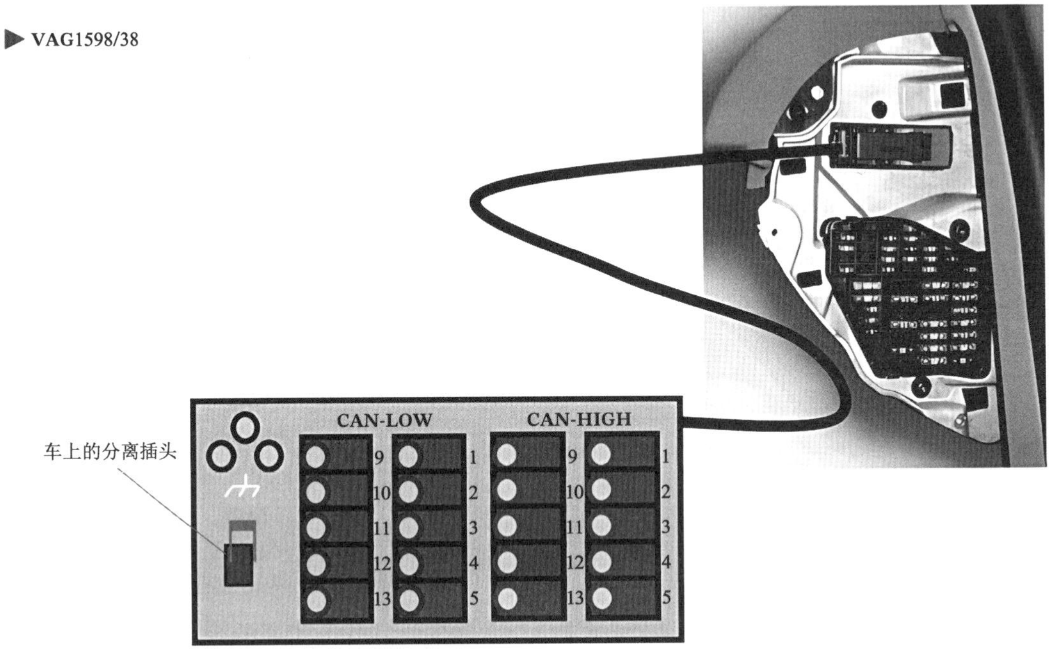

图 2-47　CAN 高线电压测量

CAN 数据导线出现的故障类型　　表 2-7

序号	故障类型	序号	故障类型
1	CAN-H 断路	8	CAN-L 对 +B 虚接
2	CAN-H 虚接	9	CAN-H 对接地短路
3	CAN-L 断路	10	CAN-H 对接地虚接
4	CAN-L 虚接	11	CAN-L 对接地短路
5	CAN-H 对 +B 短路	12	CAN-L 对接地虚接
6	CAN-H 对 +B 虚接	13	CAN-H 和 CAN-L 互短
7	CAN-L 对 +B 短路		

三、高速 CAN 网络故障诊断案例

1. 吉利 EV450 汽车动力驱动系统故障诊断案例

1）故障现象

一辆吉利 EV450，出现 Ready 灯不亮，高压无法上电，动力系统故障警告灯、动力蓄电池故障警告灯、蓄电池充电故障警告灯均点亮的故障现象。

2）故障分析

接车后试车，连接故障检测仪，全车自动扫描，只有 7 个控制模块可以通信，正常应该有 19 个控制模块可以通信。对比发现 VCU、BMS、OBC、PEU 等重要动力系统控制模块均无法通信。多个控制模块无法通信，初步怀疑网络故障。

查阅相关资料得知，该车的 PCAN 网络结构如图 2-48 所示。根据故障现象及 PCAN 网络结构分析，可能的故障原因有：PCAN 网络 CAN-H 对搭铁短路、CAN-H 对电源短路、CAN-H 断路、CAN-L 对搭铁短路、CAN-L 对电源短路、CAN-L 断路、CAN-H 与 CAN-L 短路、相关控制模块故障等。

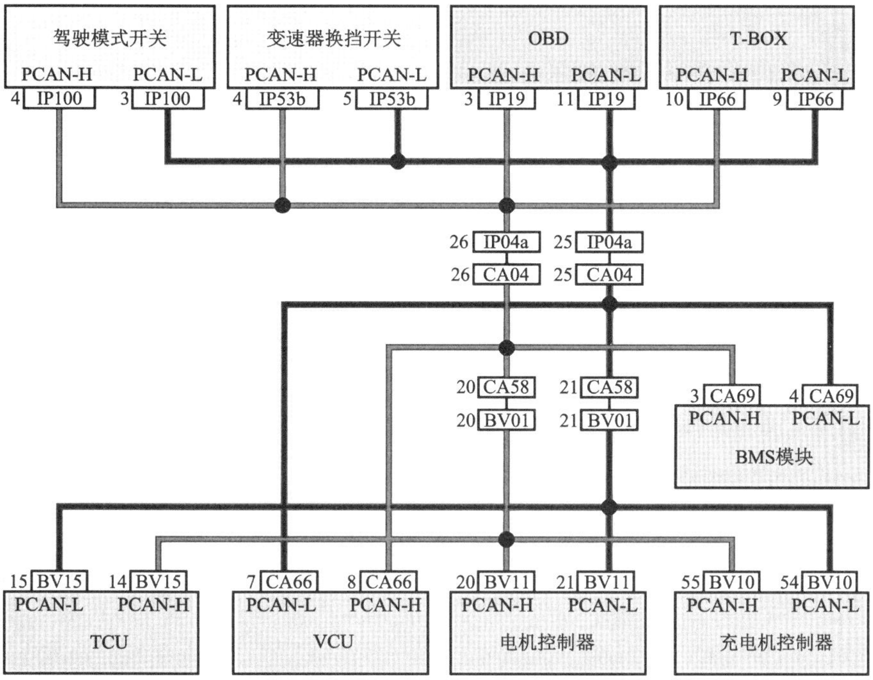

图 2-48　吉利 EV450 车的 PCAN 网络结构

3）故障测试

（1）关闭点火开关，断开蓄电池负极，测量 OBD 诊断接口上端子 6 与端子 14 间的电阻，测量结果为 0.2Ω，正常值为 60Ω，CAN 总线异常，根据测量结果判定 CAN 总线存在短路故障，进一步缩小故障范围。

（2）拔下连接器 CA58 和连接器 CA04，测量连接器 BV01 的端子 20 与端子 21 之间的电阻，测量结果为 124Ω，正常值为 120Ω 左右，测量结果正常，说明连接器 BV01 一侧线路和 TCU、电机控制器、充电机控制器 3 个控制模块正常。

（3）测量连接器 CA58 的端子 20 与端子 21 之间的电阻，测量结果为 0.2Ω，因为前面已经断开连接器 CA04，所以判定连接器 CA04 和连接器 CA58 之间的总线线路或控制模块存在短路故障。

（4）断开控制模块 VCU 的连接器 CA66，测量连接器 CA58 的端子 20 与端子 21 之间的电阻或者测量连接器 CA04 的端子 25 与端子 26 之间的电阻，测量结果为 123Ω，正常值为 120Ω 左右，测量结果正常，说明故障点在控制模块 VCU。

（5）测量控制模块 VCU 元件侧的端子 7 与端子 8 之间的电阻，测量结果为 0Ω，测量值异常。说明控制模块 VCU 端子 7 与端子 8 之间存在短路。

4）故障确认

更换控制模块 VCU 后试车，故障现象消失，整车正常上电，各控制模块通信正常，至此，故障排除。

2. 比亚迪秦 EV 汽车动力驱动系统故障诊断案例

1）故障现象描述

一辆 2020 年生产的比亚迪秦 EV，踩制动踏板，按启动开关，仪表点亮，OK 灯不亮。主警告灯点亮，仪表提示：“请检查动力系统”。

2）通过分析得出故障可能原因

使用解码仪读取数据流和故障码，ON 挡下解码仪无法进入 VCU 模块，其他模块可以进入，读取前驱动电机控制器故障码：U014187 与整车控制器通信故障，整车控制器模块无法进入。

由以上现象及故障码分析，故障可能原因为：

（1）VCU 供电。

（2）VCU 搭铁。

（3）VCU 通信故障。

（4）VCU 自身故障。

3）维修资料查阅

整车控制器 VCU 电路图如图 2-49 所示。

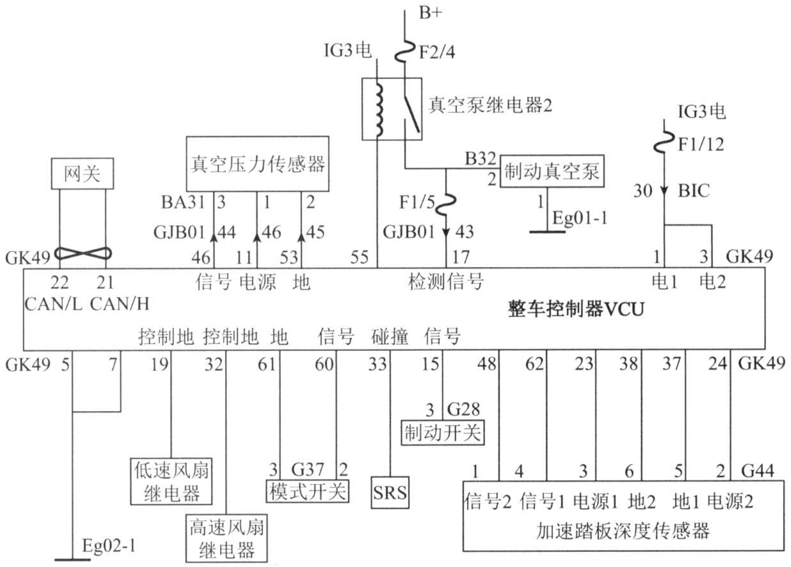

图 2-49　整车控制器 VCU 电路图

4）过程数据记录

（1）ON 挡，在线测 VCU 的 GK49/1、GK49/3 对地电压 0V，异常。

（2）ON 挡，在线测 F1/12 保险输出对地电压 12.13V，未见异常。

（3）OFF 挡，断开蓄电池负极，拔下 F1/12 保险，测量 F1/12 保险座输出至 GK49/1、GK49/3 之间电阻为∞，异常。

5）故障点和故障类型

F1/12 保险座输出至 VCU 的 GK49/1、GK49/3 线路双断。

6）故障机理分析

整车控制器 VCU 电源不正常导致 VCU 不能与其他模块通信，也不能向 BMS 下达上电请求，导致整个车辆高压上电失败。

技能实训

一、CAN 网络总线系统结构识别

1. 项目目标

识别和掌握 CAN 网络的功能结构。

2. 项目内容

（1）结合相关车型的网络拓扑图，指出应用了哪些 CAN 数据总线。查询电路图，查找该车型各种 CAN 线缆颜色。

（2）查找电路图，确定以下哪些控制单元连接在高速 CAN 总线上，并画出高速 CAN 总线的拓扑结构图。

（3）查找电路图，确定以下哪些控制单元连接在低速 CAN 总线上，并画出低速 CAN 总线的拓扑结构图。

二、CAN 分离插头位置和针脚含义（奥迪 A4L、A6L）

1. 项目目标

学会通过利用专用工具进行 CAN 分离插头的测量，并能够解释各针脚的含义。

2. 项目内容

（1）找出奥迪 A4L 车型和 2011 款奥迪 A6L 车型 CAN 网络分离插头在车上的位置。连接并使用专用工具 VAS1598/38 并解释该工具的功能作用。

（2）查询相关资料，找出 2011 款奥迪 A6L 车型各 CAN 网络分离插头针脚的含义。

请填写 CAN 总线分离插头各针脚连接的控制单元（图 2-50）。将各针脚按照总线进行分类，并填写所属总线系统。（例如，舒适总线）。

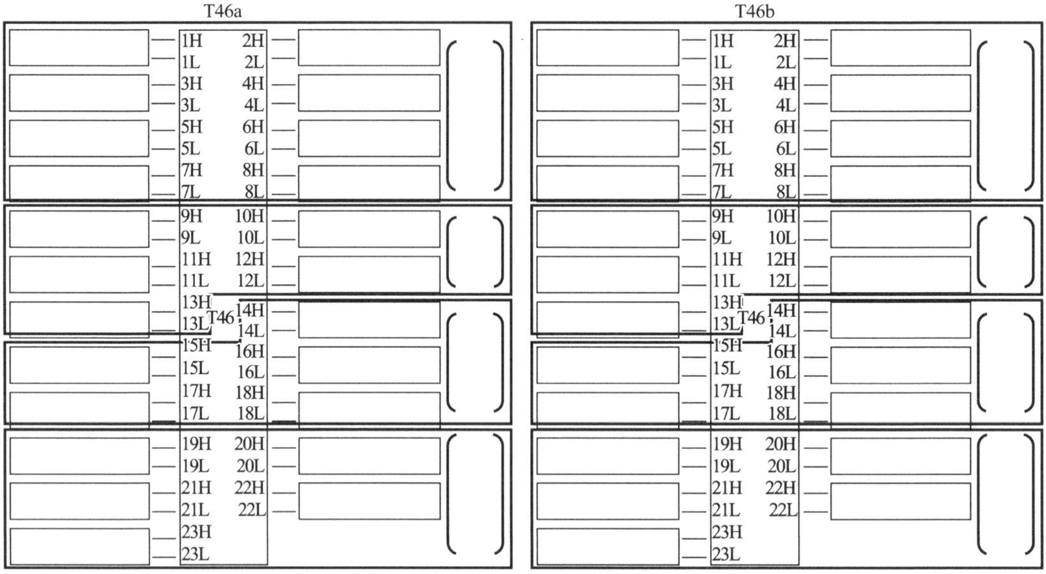

图 2-50　CAN 总线分离插头各针脚连接的控制单元

（3）将 1598/38 连接在车辆上，关闭点火开关，测量各总线总电阻及各控制单元内阻，然后在白板纸上绘制表 2-8，填入测量结果。

测量结果　　表 2-8

	T46a	T46b
驱动	总电阻：	总电阻：
	（1）J623 120Ω （2）J217 8KΩ （3）	
舒适	总电阻：	总电阻：
扩展	总电阻：	总电阻：
显示和操作	总电阻：	总电阻：

三、CAN 网络电阻的测量（丰田卡罗拉）

1. 项目目标

能够测量并应用 CAN 网络的电阻测量

2. 项目内容

（1）在 OBD-II 诊断座上检测（表 2-9）。

检测表　　表 2-9

检测对象	检测值	检测条件
CAN-H 与 CAN-L		
CAN-H 与 CAN-L		（1）断开蓄电池负极端子； （2）拔下一个含终端电阻控制单元插头
CAN-H 与 CAN-L		（1）断开蓄电池负极端子； （2）接上前面拔下的控制单元插头； （3）拔下另一个含终端电阻控制单元插头
CAN-H 与搭铁		
CAN-L 与搭铁		
CAN-H 与正极		
CAN-H 与正极		

（2）如何确定 CAN 总线是否存在断路故障？

（3）如何确定 CAN 总线是否存在短路故障？

四、高速 CAN 网络电压和波形测量

1. 项目目标

能够测量并应用高速 CAN 网络的电压和波形测量

2. 项目内容

（1）连接专用工具，测出实验车型的高速 CAN 总线的平均电压。

（2）画出高速 CAN 总线的理论波形，标明隐/显性时 CAN 线高线和低线的电压值。

（3）将专用工具连接在车辆上，打开点火开关，测量每种 CAN 总线的波形并绘制在适当位置。标明隐性、显性时高线低线的电压。

关闭点火开关、锁车，车辆休眠后，测量波形，标明高线低线的电压。

（4）将专用工具连接在车辆上，打开点火开关，利用专用工具模拟高速 CAN 总线各种故障情况（CAN- H/L 对地/正短路，互短，断路）（表 2-10）。

①测出每种故障情况下总线的故障波形，并记录（拍照或截图）。

②利用万用表测出每种总线故障情况下该总线支路的电压和电阻。

③然后读取诊断仪中的故障码以及有故障的控制单元。

④指出哪种情况下驱动 CAN 总线可以正常工作。

故障情况 表 2-10

故障类型 H L	 OK	 OK	OK 	OK 				
波形								
电压	H L	H L	H L	H L	H L	H L	H L	H L
总线电阻								
无法通信的控制单元								
关于总线的故障码								

（5）根据测量的故障波形，将所对应的波形图进行排列（表 2-11）。

波形图排列 表 2-11

故障模拟：CAN- L 对正极短路	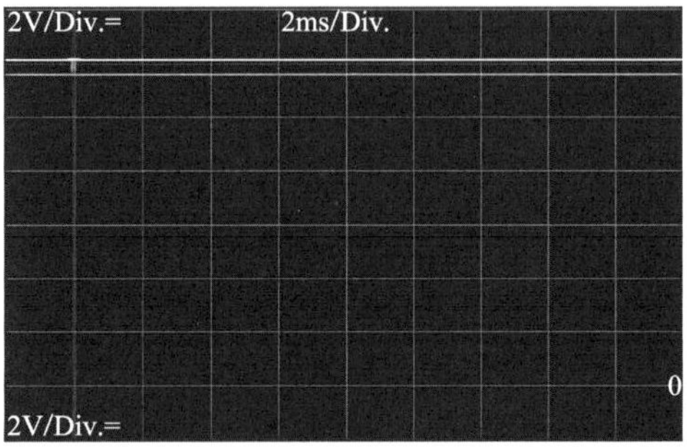
故障模拟：CAN- H 对正极短路	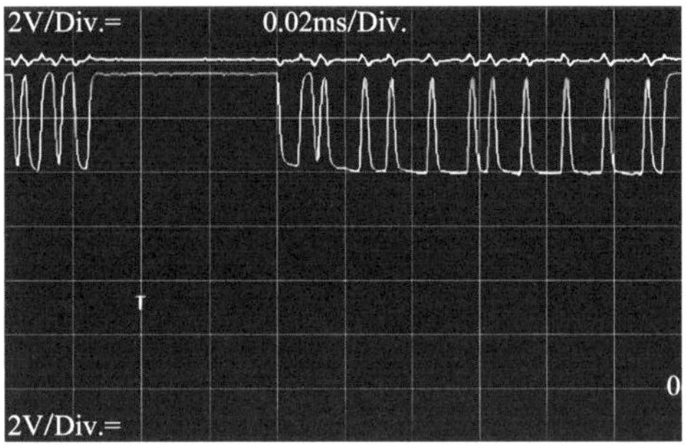

续上表

故障模拟：CAN- L 对负极短路	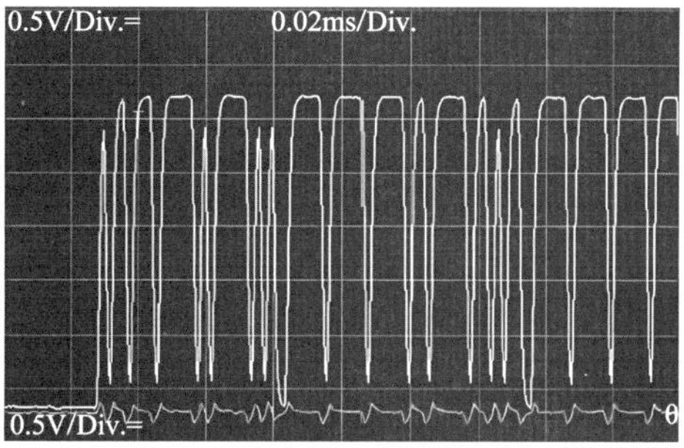
故障模拟：CAN-H 对负极短路	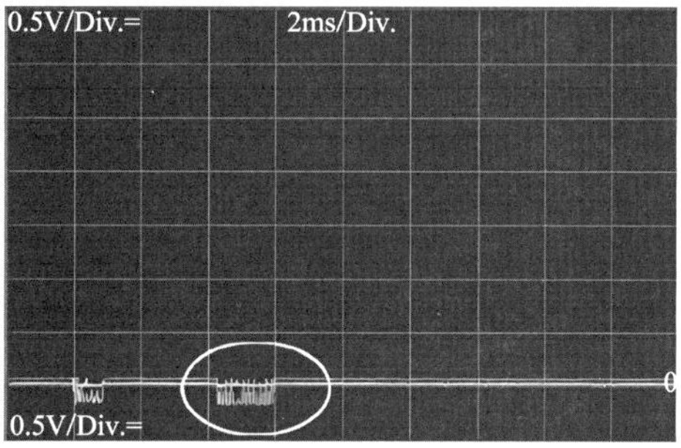
故障模拟：CAN- L 对 CAN-H 短路	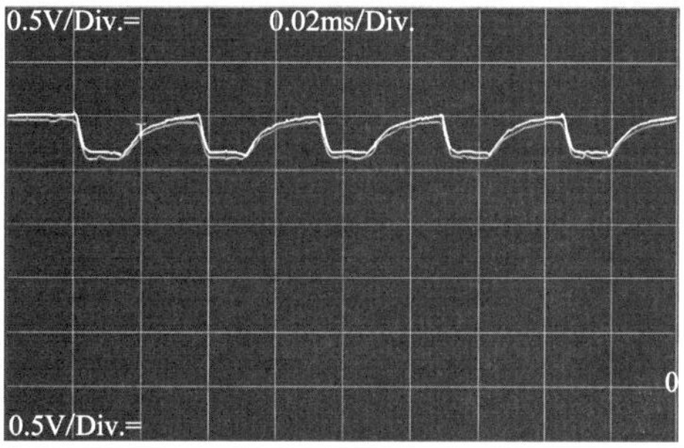
故障模拟：CAN- L 某控制单元断路	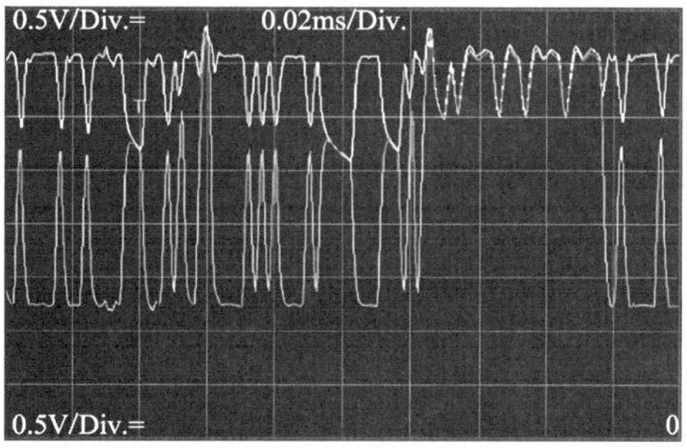
故障模拟：CAN H 某控制单元断路	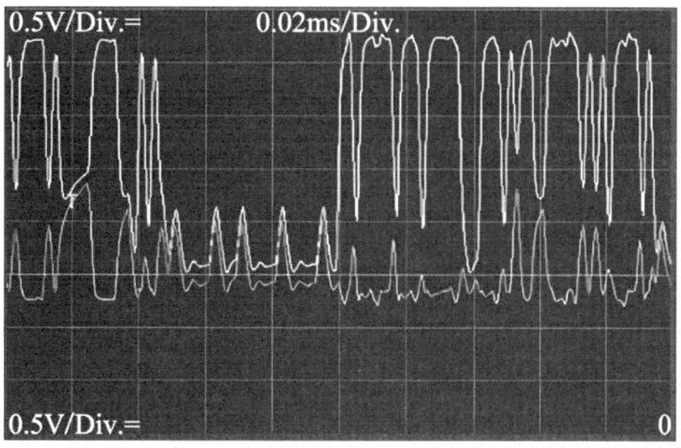

续上表

故障模拟：某控制单元 CAN-L 与 CAN-H 接反	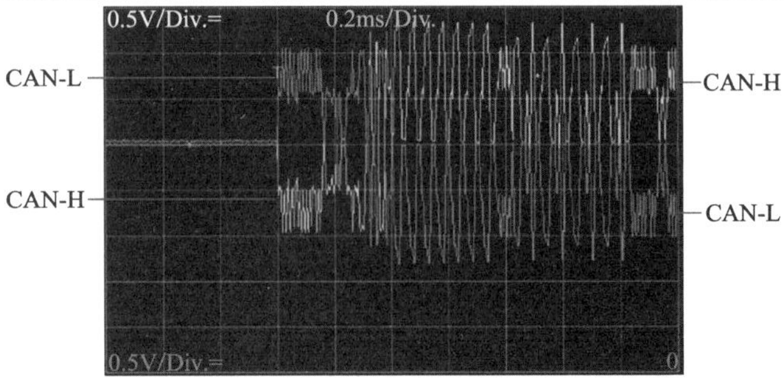

项目小结

（1）CAN 数据总线在发送信息时，每个控制单元均可接收其他控制单元发送出的信息。在通信技术领域，也把该原理称为广播。

（2）驱动 CAN 数据传输系统中每块电脑的内部增加了一个 CAN 控制器、一个 CAN 收发器；每个电脑内部还装有一个数据传递终端。

（3）高速 CAN 数据总线的主要特点：数据传输速率 500kb/s，传递 1b 所需时间是 0.002ms；没有数据传输时的基础电压值约为 2.5 V，即$U_{CAN\text{-}H}=2.5V$，$U_{CAN\text{-}L}=2.5V$；线色：CAN-H 是橙黑色的，CAN-L 是橙棕色的；线径是 0.35mm^2；驱动总线永远是双绞线工作模式，没有单线工作模式。

（4）CAN 高线信号在总线空闲时的电压约为 2.5V，总线上有信号传输时总线上的电压值在 2.5V 和 3.5V 之间高频波动，因此 CAN 高线的主体电压应是 2.5V，所以万用表的测量值为 2.5～3.5 V，大于 2.5V 但靠近 2.5V。同理，CAN 低线信号在总线空闲时的电压约为 2.5V，总线上有信号传输时总线上的电压值在 1.5V 和 2.5V 之间高频波动，因此 CAN 低线的主体电压应是 2.5V，所以万用表的测量值为 1.5～2.5V，小于 2.5V 但靠近 2.5V。

（5）对 CAN 网络系统进行诊断时，可以按照以下诊断程序进行：验证故障→收集信息→分析故障→制订维修计划→排查故障→验证排除。

（6）动力 CAN 网络的故障诊断方法，包括故障存储、电阻测量、电压测量、信号测量等几种方法。

素质延伸

CAN 总线的数据传输过程中，如果多个控制单元同时发送信息，那么数据总线上就必然会发生数据冲突。为了避免发生这种情况，CAN 总线会进行仲裁，按照信息的重要程度分配优先级，确保优先级高的信息能够优先发送，以保证 CAN 总线数据正常传输。同样，能将日常学习、工作、生活中的事情安排正确的优先级，是一项很重要的能力。优先级有很多的考量，并不是简单地按照先来后到的线性时间顺序排列，我们需要根据事情的紧要程度安排优先级，分清轻重缓急，培养良好的时间观念，才不至于让自己手忙脚乱，从而提高学习、工作效率。

思考与练习

一、填空题

1. 驱动系统的高速 CAN，速率达到________kb/s。

2. 数据传输终端是一个________，作用是避免数据终了反射回来，产生反射波使数据遭到破坏。

3. CAN 总线系统硬件主要由________、收发器、终端电阻和传输总线构成。

4. 驱动 CAN 总线 CAN-H 是________色，CAN-L 是________色。

二、判断题

1. CAN 总线的每根导线都传送相位相反的、数值相同的信息，目的是为了抗干扰。（　）

2. 在 CAN 总线上传递信息，状态域中前面的 0 越多越优先。（　）

3. 高速 CAN 在显性状态时，CAN-H 线上的电压约为 2.5V。（　）

4. 高速 CAN 无单线工作模式。（　）

三、简答题

1. 解释 CAN、多路传输、数据总线的含义。

2. 简要说明 CAN 数据总线系统的结构和工作原理。

3. 画出高速 CAN 总线的正常信号波形，并说明高速 CAN 总线信号特征。

4. 简要说明网关的作用。

考核工单（表 2-12）

高速 CAN 系统检测考核工单　　表 2-12

序号	考核项目	得分（分）	评价标准（每项累计扣分不超过配分）
1	安全文明否决		造成人身、设备重大事故，或恶意顶撞考官、严重扰乱考场秩序，立即终止考试，此题计 0 分
2	工量具的选择及正确使用（15 分）		（1）不能正确选择工量具，每次扣 3 分； （2）不能正确使用工量具，每次扣 3 分
3	高速 CAN 终端电阻检测（15 分）		（1）不能正确检测高速 CAN 终端电阻，每项扣 5 分； （2）不能判断检测结果，每次扣 3 分

续上表

序号	考核项目	得分（分）	评价标准（每项累计扣分不超过配分）
4	高速 CAN 电压检测 （20 分）		（1）不能正确检测 CAN-H 线显性与隐性电压，每项扣 5 分； （2）不能正确检测 CAN-L 线显性与隐性电压，每项扣 5 分； （3）不能判断检测结果，每次扣 3 分
5	高速 CAN 波形检测 （30 分）		（1）不能正确检测 CAN-H 线波形，扣 15 分； （2）不能正确检测 CAN-L 波形，扣 15 分； （3）不能判断检测结果，每项扣 5 分
6	安全文明生产 （20 分）		（1）不穿工作服扣 1 分、不穿工作鞋扣 1 分、不戴工作帽扣 1 分； （2）不安装车漆表面防护布（罩）扣 1 分、不安装车内座椅防护套、转向盘套、变速杆套、地板衬垫每项扣 0.5 分； （3）工量具与零件混放、或摆放凌乱，每次每处扣 1 分； （4）发动车辆不接尾气排放管，每次扣 1 分； （5）不放置三角木，扣 1 分； （6）工量具或零件随意摆放在地上，每次扣 1 分； （7）垃圾未分类回收，每次扣 1 分； （8）竣工后未清理工量具，每件扣 1 分； （9）竣工后未清理操作过程中手接触过的车漆表面，每处扣 1 分； （10）竣工后未清理考核场地，扣 2 分； （11）不服从考官、出言不逊，每次扣 3 分
合计			—

教师签名：________ ________年____月____日

项 目 三

低速 CAN 总线的检测与修复

学习目标

知识目标

- 掌握低速 CAN 数据总线的主要特点；
- 理解低速 CAN 数据总线的单线工作模式；
- 掌握低速 CAN 总线系统的故障诊断方法。

技能目标

- 能够用万用表对低速 CAN 数据总线进行测量并进行分析；
- 能够用示波器测量低速 CAN 总线数据波形并进行分析；
- 能够排除低速 CAN 总线系统的故障。

素养目标

- 能够与团队成员沟通、交流、协作完成任务；
- 能够总结汇报任务成果；
- 能够细心、耐心完成任务操作，培养工匠精神。

项目任务描述

有一客户开来一辆 2012 款迈腾 B7L 车辆，近期出现右侧的门锁和电动玻璃升降器不能正常工作故障现象，要求给予维修。要完成这个工作任务，首先我们得知道汽车低速 CAN 总线的结构与原理和检修低速 CAN 总线的各种方法。

任务一 低速 CAN 总线的认知

一、低速 CAN 总线的结构认知

低速 CAN 总线
数据传输过程

1. 奥迪 A4L 车辆低速 CAN 总线

奥迪 A4L 车辆下列总线一般为低速 CAN 总线：舒适 CAN、信息娱乐 CAN。如图 3-1 所示为奥迪 A4L 车辆应用的舒适 CAN 系统。

舒适 CAN 数据总线连接 10 块电脑，分别是车载电网控制单元 J519、倒车摄像系统控制单元 J772、挂车识别控制单元 J345、转向柱电子控制单元 J527、驾驶人座椅记忆控制单元 J136、前排乘客座椅记忆控制单元 J521、驾驶人侧车门控制单元 J386、前排乘客车门控制单元 J387、舒适/便捷系统的中央控制单元 J393 和自动空调控制单元 J255。

2. 2012 款迈腾 B7L 车辆低速 CAN 总线

2012 款迈腾 B7L 车辆下列总线一般为低速 CAN 总线：舒适 CAN、信息娱乐 CAN。如图 3-2 所示为 2012 款迈腾 B7L 车辆应用的信息娱乐 CAN。

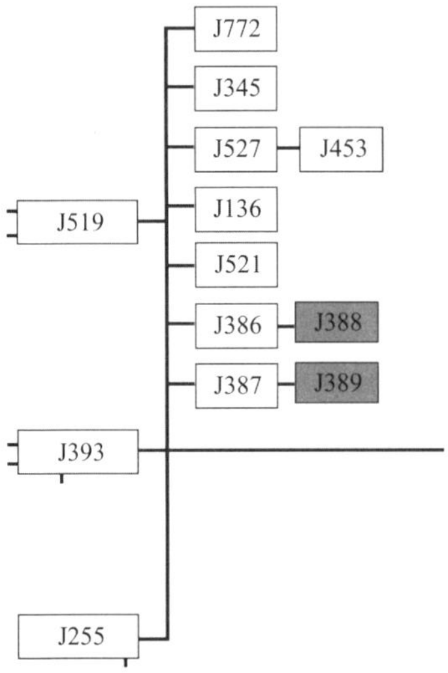

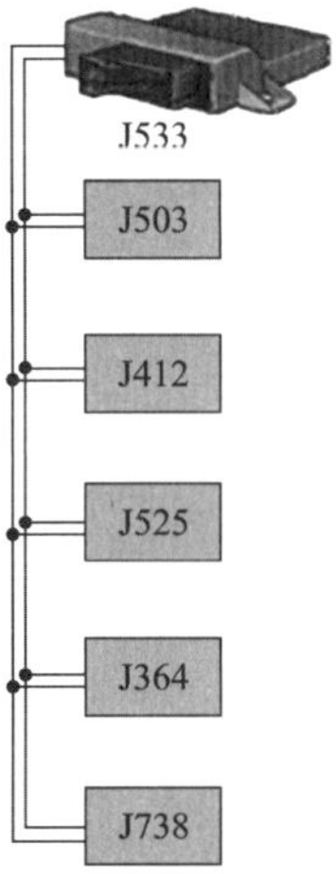

图 3-1 奥迪 A4L 车辆 CAN 舒适系统　图 3-2　2012 款迈腾 B7L 车辆信息娱乐 CAN

信息娱乐 CAN 数据总线连接 5 块电脑，分别是收音机和导航系统显示单元控制单元 J503、移动电话电子操作装置控制单元 J412、数字式音响套件控制单元 J525、辅助加热装置的控制单元 J364 和电话操作单元控制单元 J738。

二、低速 CAN 总线的原理认知

1. 低速 CAN 总线信号波形

低速系统 CAN 总线的速率达到 100kb/s，为了使低速 CAN 总线抗干扰能力强且电流消耗低，与高速 CAN 总线相比作了一些改动。首先，由于使用了单独的驱动器（功率放大器），这两个 CAN 信号就不再有彼此的依赖关系，即任一根 CAN 线断路，CAN 系统不受影响。低速 CAN 总线的 CAN-H 线和 CAN-L 线间没有终端电阻，即高低 CAN 线不再彼此相互影响，而是彼此独立作为电源来工作。在隐性状态（静电平）时，CAN-H 线信号为 0V，在显性状态时 ≥ 3.6V。对于 CAN-L 信号来说，隐性电平为 5V，显性电平 ≤ 1.4V，如图 3-3 所示。在示波器上显示的低速 CAN 总线波形图（静态）如图 3-4 所示。

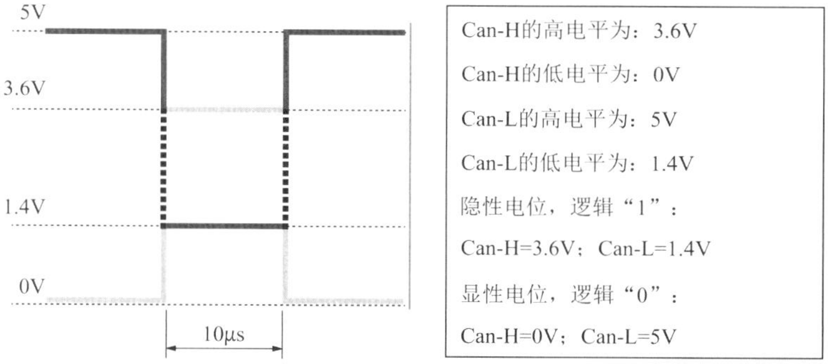

图 3-3　低速系统的信号波形图

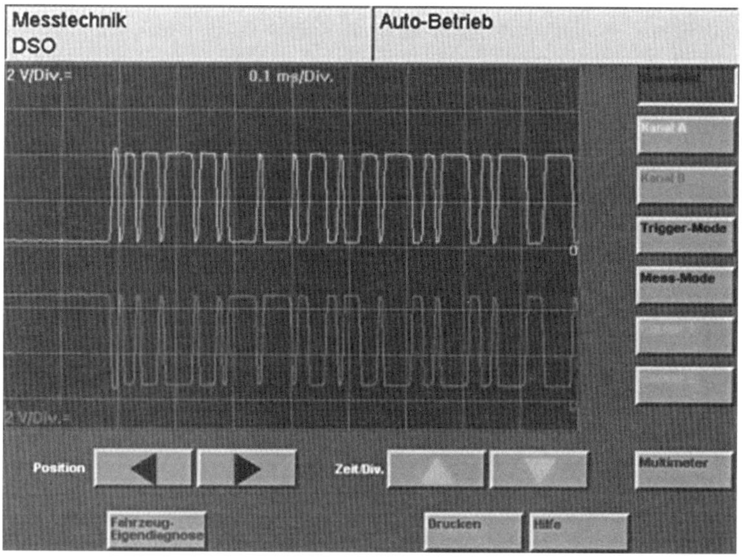

图 3-4　示波器上显示的低速 CAN 总线波形

2. 低速 CAN 总线的 CAN 收发器

低速系统 CAN 总线中收发器的结构如图 3-5 所示，其工作原理与动力 CAN 总线收发器基本一样，只是输出的电压和出现故障时切换到 CAN-H 线或 CAN-L 线（单线工作模式）的方法不同。另外，CAN-H 线和 CAN-L 线之间的短路会被识别出来，并且，在出现故障时会关闭 CAN-L 驱动器，在这种情况下，CAN-H 线和 CAN-L 线信号是相同的。

CAN-H 线的高电平为 3.6V，CAN-H 线的低电平为 0V。

CAN-L 线的高电平为 5V，CAN-L 线的低电平为 1.4V。

逻辑“0”：CAN 高线电压为 3.6V，CAN 低线电压为 1.4V。

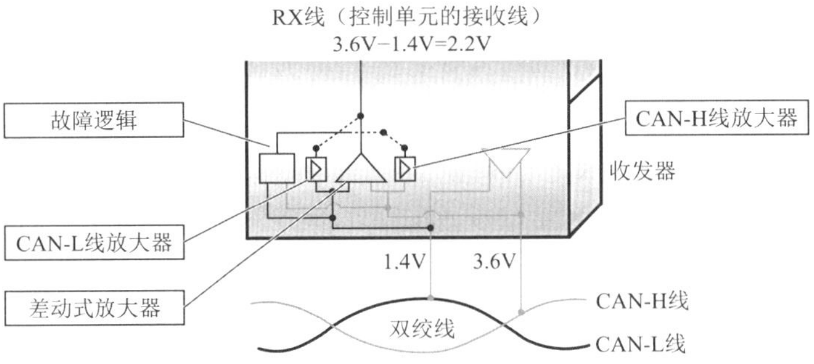

图 3-5　低速 CAN 中收发器的结构图

CAN-H 线和 CAN-L 线上的数据传递由安装在收发器内的故障逻辑电路监控，故障逻辑电路检验两条 CAN 导线上的信号，如果出现故障（如某条 CAN 导线断路），那么故障逻辑电路会识别出该故障，从而使用完好的一条导线（单线工作模式）。

3. 单线工作模式下的低速 CAN 总线

如果因断路、短路或与蓄电池电压相连而导致两条 CAN 导线中的一条不工作了，那么就会切换到单线工作模式。在单线工作模式下，低速 CAN 总线仍可工作。控制单元使用 CAN 不受单线工作模式影响，一个专用的故障输出用于通知控制单元，现在收发器是工作在单线模式下。在示波器上显示的低速 CAN 总线工作在单线模式下的波形（静态）如图 3-6 所示。

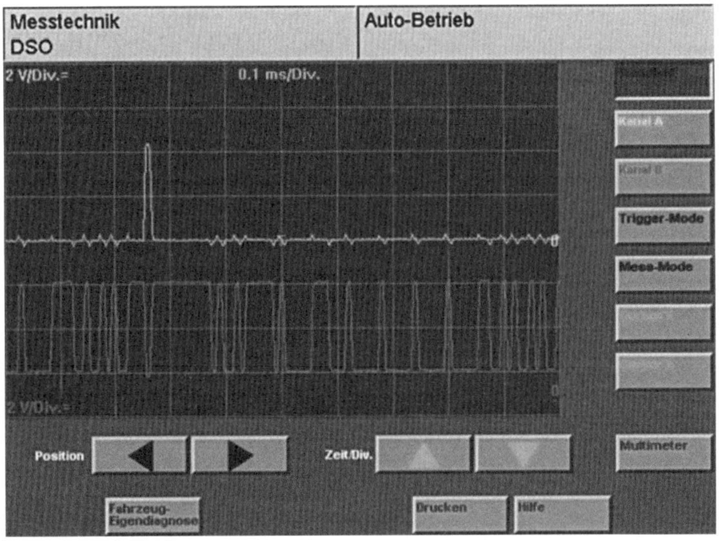

图 3-6　示波器上显示的低速 CAN 总线工作在单线模式下的波形（静态）

任务二　低速 CAN 数据总线的检测

一、低速 CAN 数据总线电压的检测

低速 CAN 总线可以采用数字万用表进行电压信号测试，大致判断数据总线的信号传

输是否存在故障。用数字万用表测量频率信号时，万用表具有分段采集和有效值运算的工作特性，因此，数字万用表的显示值只能反映被测信号的主体信号电压值，不能显示被测信号的每个细节。

CAN 高线信号在总线空闲时的电压约为 0V，总线上有信号传输时，总线上的电压值在 0V 和 4V 之间高频波动，因此，CAN 高线的主体电压应是 0V，所以万用表的测量值为 0.35V 左右。

同理，CAN 低线信号在总线空闲时的电压约为 5V，总线上有信号传输时，总线上的电压值在 5V 和 1V 之间高频波动，因此，CAN 低线的主体电压应是 5V，所以万用表的测量值为 4.65V 左右。

二、低速 CAN 数据总线波形的检测

低速 CAN 数据总线的标准波形测量方法

1. 正常波形

使用 VAS6150 诊断仪，选择测量技术中的“数字存储示波仪（DSO）”，即可进行波形测量，如图 3-7 所示。

信号分析：

（1）信号是在触发器模式的正向沿被触发。

（2）CAN-H 和 CAN-L 的显示应成倒镜像关系。

（3）CAN-H 初始电压应为 0V 和 CAN-L 的初始电压应为 5V。

（4）CAN-H 的显性电平应至少为 3.6～4V，CAN-L 的显性电平应至少为 1～1.4V。

2. 故障波形

（1）CAN 低线断路故障。

用示波器测出波形如图 3-8 所示。CAN-H 线信号波形为正常波形，CAN-L 线信号电压为 5V 的隐性电压电位和一个比特长的 1V 显性电压电位，即当信息内容被正确接收后，接收控制单元发送这个显性电压作为应答。

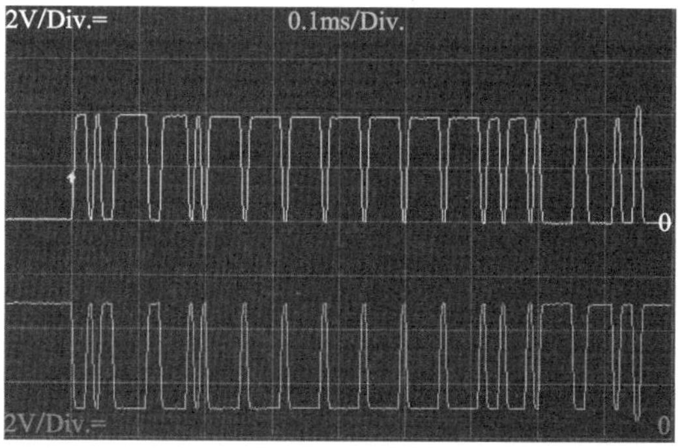

图 3-7　低速 CAN 信号波形

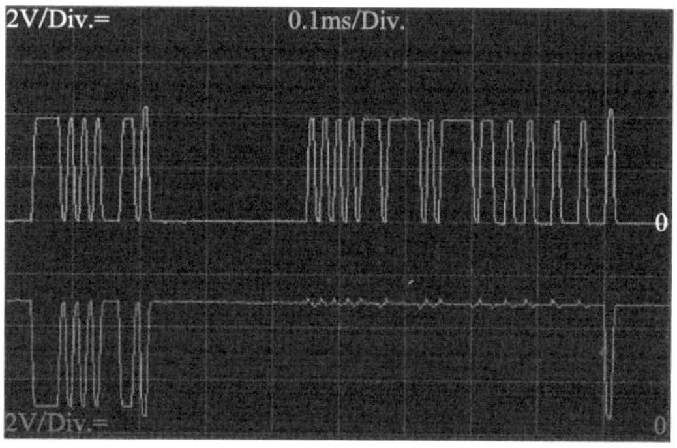

图 3-8　CAN 低线断路示波仪判断图

（2）CAN 高线断路故障。

用示波器测出波形如图 3-9 所示。CAN-L 线信号波形为正常波形，CAN-H 线信号电压为 1V 的隐性电压电位和一个比特长的 5V 显性电压电位，即当信息内容被正确接收后，接

收控制单元发送这个显性电压作为应答。

（3）CAN 高线与蓄电池短接故障。

用示波器测出波形如图 3-10 所示。CAN-L 线信号波形为正常波形，CAN-H 线信号电压大约为 12V 或为蓄电池电压；在该故障情况下，低速 CAN 总线转变为单线工作模式。

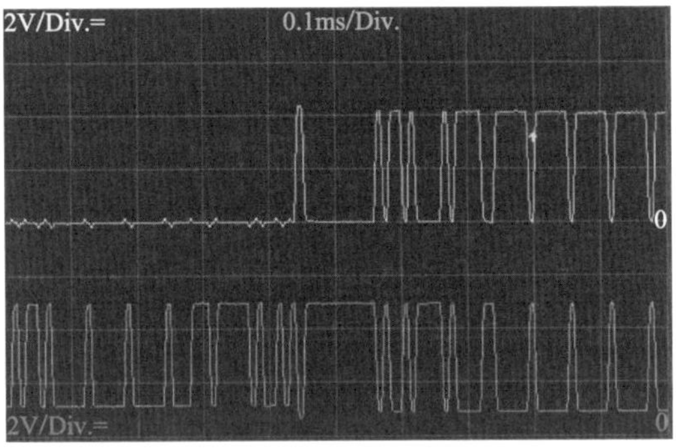

图 3-9　CAN 高线断路示波仪判断图

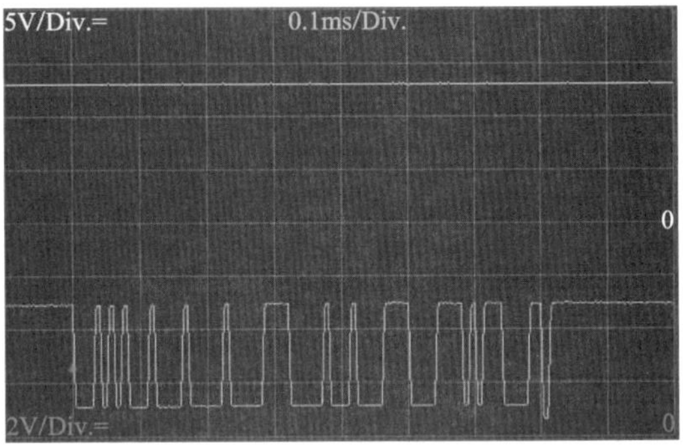

图 3-10　CAN 高线与蓄电池短接示波仪判断图

（4）CAN 低线与蓄电池短接故障。

用示波器测出波形如图 3-11 所示。CAN-H 线信号波形为正常波形，CAN-L 线信号电压大约为 12V 或为蓄电池电压；在该故障情况下，低速 CAN 总线转变为单线工作模式。

（5）CAN 高线与搭铁短接故障。

用示波器测出波形如图 3-12 所示。CAN-L 线信号波形为正常波形，CAN-H 线信号电压为 0V；在该故障情况下，低速 CAN 总线转变为单线工作模式。

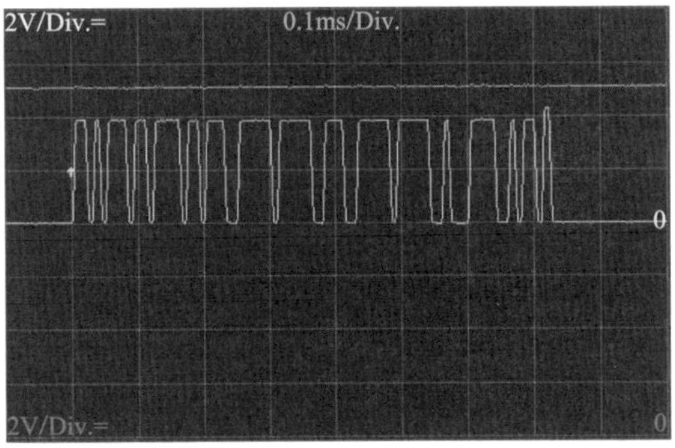

图 3-11　CAN 低线与蓄电池短接示波仪判断图

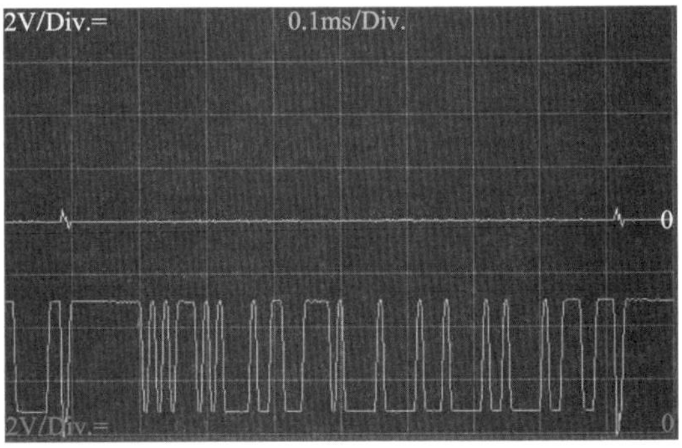

图 3-12　CAN 高线与搭铁短接示波仪判断图

（6）CAN 低线与搭铁短接故障。

用示波器测出波形如图 3-13 所示。CAN-H 线信号波形为正常波形，CAN-L 线信号电压为 0V；在该故障情况下，低速 CAN 总线转变为单线工作模式。

（7）CAN 低线与 CAN 高线短接故障。

用示波器测出波形如图 3-14 所示。CAN-H 线信号波形与 CAN-L 线信号波形基本一致，都为 CAN-H 线信号波形；在该故障情况下，低速 CAN 总线转变为单线工作模式。

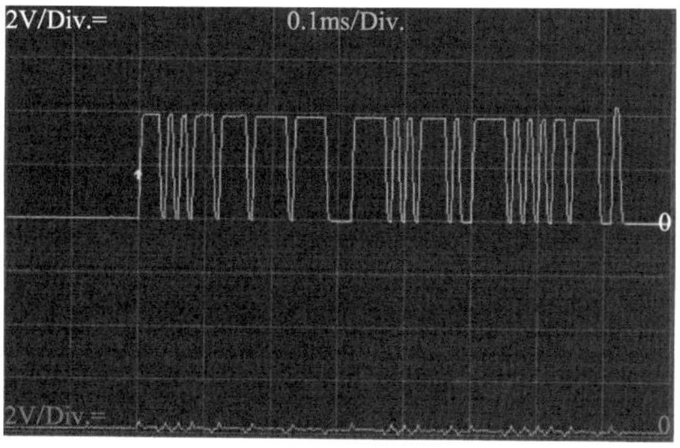

图 3-13　CAN 低线与搭铁短接示波仪判断图

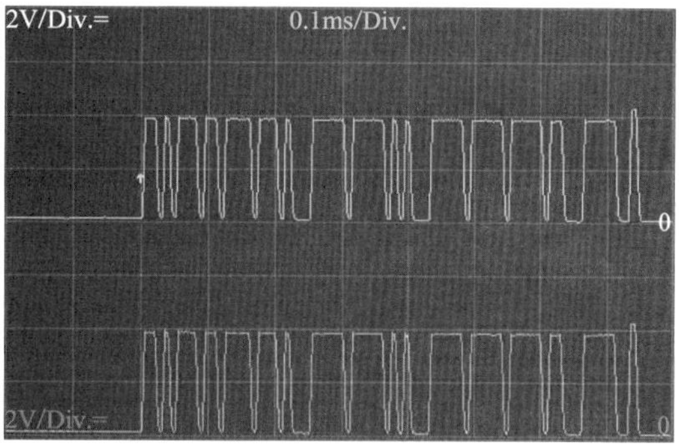

图 3-14　CAN 低线与 CAN 高线短接示波仪判断图

（8）CAN 低线与 CAN 高线交叉连接故障。

用示波器测出波形如图 3-15 所示。CAN-H 线信号波形与 CAN-L 线信号波形互换。

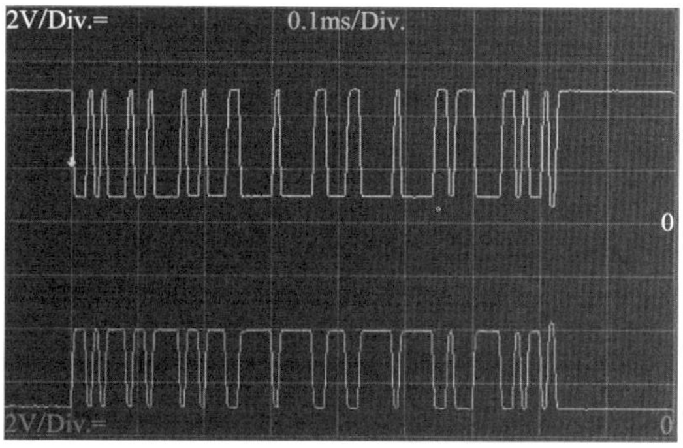

图 3-15　CAN 低线与 CAN 高线交叉连接示波仪判断图

任务三　低速 CAN 总线的故障诊断

一、2012 款迈腾 B7L 低速 CAN 总线的故障诊断

1. 故障现象

2012 款迈腾 B7L 轿车操作左前车门上的右后车窗升降器按钮 E714 和右前车窗升降器按钮 E715 时，右侧前后两车窗玻璃都不能升降；但是，操作右侧两车门上的车窗升降器开关 E716 和 E713 时，右侧前后两车窗玻璃能正常升降，其他车窗按钮操控情况正常。

2. 故障分析

（1）该轿车舒适 CAN 总线系统采用双绞线的线性的网络拓扑结构，主要有车门升降机控制功能、车门闭锁器控制功能、汽车转向盘解锁控制功能、J519 电源控制功能、油泵控制功能、后视镜调节控制功能及儿童锁控制功能等。在以上控制功能实现过程中，舒适 CAN 总线系统起到控制单元激活功能和相关信息传递的功能。舒适系统 CAN 总线通过 2 根相互绞合的信号线同时传递数据，一根为 CAN-H（橙/绿色），一根为 CAN-L（橙/棕色），舒适系统所有的控制单元挂接在 2 根线路上进行数据交换和信号传递。2012 款迈腾 B7L 轿车四个车门分别采用各自的控制单元，J386 左前车门控制单元，J387 右前车门控制单元，J926 左后门控制单元，J927 右后车门控制单元；其中，J386 左前车门控制单元、J387 右前车门控制单元与 J393 舒适系统控制单元采用 CAN 线连接，J926 左后门控制单元与 J386 左前车门控制单元采用 LIN 线连接，J927 右后车门控制单元与 J387 右前车门控制单元采用 LIN 线连接，如图 3-16 所示。

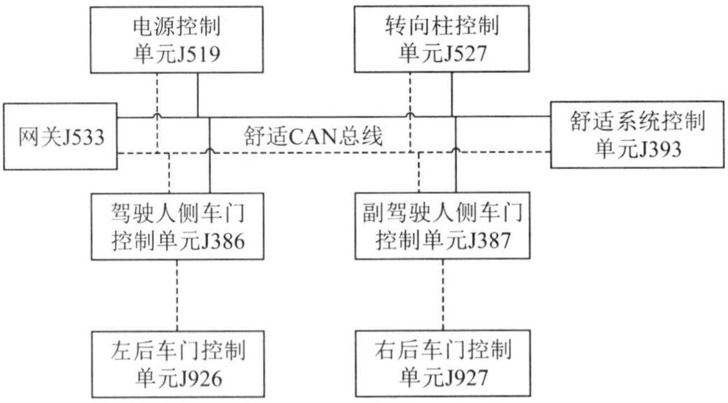

图 3-16　2012 款迈腾 B7 轿车舒适 CAN 总线系统网络结构

（2）根据 2012 款迈腾 B7L 的电路图可知，该车的右前窗和右后窗的控制原理如图 3-17 所示。分析可图 3-17 得出，2012 款迈腾 B7L 的右侧两门窗玻璃的左前车门上的右后车窗升降器按钮 E714 和右前车窗升降器按钮 E715 发出的电压信号，由左前车窗控制单元 J386 通过 CAN 总线到达右侧前部车窗控制单元 J387，再由 LIN 线控制右侧后部车窗控制单元 J927。单独操作右侧车门上的车窗升降器按钮 E713 或 E716 时，玻璃能正常升降，说明右侧车窗控制单元 J387 和 J927 及其供电电路、右侧两车窗升降器电机 V148 和 V472、搭铁电路、右边两个车窗升降器按钮（E713、E716）及电源线路均没有故障；而且左侧两车窗控制完好，基本排除左侧车窗控制单元 J386 引起故障的可能性。

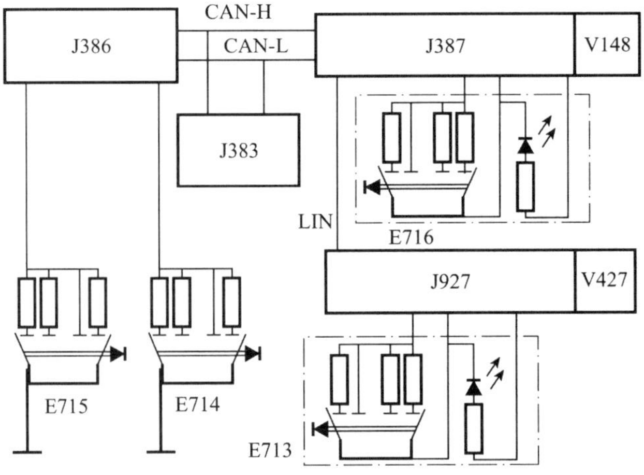

图 3-17　2012 款迈腾 B7L 右侧门窗控制电路原理图

3. 故障原因

（1）基于舒适 CAN 总线系统的控制原理和实际工作情况，说明 J386（驾驶人侧车门控制的单元）与 J533、J519 之间的通信正常。由于右侧车门所有功能完全失效，而右后车门的唤醒及多数功能均受控于右车门。所以右前车门控制模块或其电路出现故障的概率较高，J387 自身故障，J387 电源电路故障，J387 与舒适 CAN 总线之间通信故障。

（2）用 VAS6150D 诊断仪进行自诊断测试，诊断无法与 J387 控制单元通信，与其他控制模块通信正常，说明故障主要在 J387 及相关电路上。用万用表测量 J387 的供电与搭铁，测供电 T20h/20 对搭铁电压 +B，测供电 T20h/19 对搭铁电压小于 0.1V，说明 J387 供电无异常。

（3）用数字示波器测量 J387CAN 线、T20h/8 和 T20h/9 的波形，根据波形表明 CAN-H 与 CAN-L 互相影响，CAN-H 与 CAN-L 通信异常，测试点到 J387 以及 J387 内总线未见异常、故障在测试点到总线结点之间的 CAN 线上，故障性为断路或电阻过大，结点到 TTVR（右前门连接位置）线路异常。由于结点到 TTVR 之间的线束隐藏在车内，TTVR 插针不便于测量，基于测量方便，优先检查 TTVR 到 J387 线路。检查 TTVR 插头，发现 CAN-H 与 CAN-L 线断开。

4. 解决办法

故障原因可能为此车在交通事故后维修装配线束时或车门的开关磨损，使线路受到损伤，最终导致线束断开。连接断点后，右侧车门功能恢复正常。

二、奥迪 A4L 低速 CAN 总线的故障诊断

1. 故障现象

一辆 2008 款奥迪 A4L 轿车，据驾驶人反映，操作右前车门车窗升降器开关无法工作，并且左前无法控制右侧前后车门、右侧前后车门升降器，右侧后视镜转向灯、门锁工作异常，右前、右后车门均不可实现自控车窗，其他均正常。

2. 故障分析

根据上述驾驶人反映故障现象，维修人员通过操作车辆遥控钥匙锁闭车辆时，发现右侧前后车门无法锁闭，打开右侧前后车门，仪表车门状态无显示。

3. 故障原因

2008 款奥迪 A4L 轿车四个车门分别采用各自的控制单元，J386 左前车门控制单元，J387 右前车门控制单元，J388 左后门控制单元，J389 右后车门控制单元。其中，J386 左前车门控制单元、J387 右前车门控制单元与 J393 舒适系统控制单元采用 CAN 线连接，J388 左后门控制单元与 J386 左前车门控制单元采用 LIN 线连接，J389 右后车门控制单元与 J387 右前车门控制单元采用 LIN 线连接，如图 3-18 所示。结合上述故障现象，根据奥迪 A4L 车辆门控单元逻辑分析，初步分析故障原因可能在 J387、J389 模块供电系统故障、J387 模块 CAN 局部故障、J389 模块 LIN 线局部故障等。

4. 解决办法

根据“代码优先”“由简入繁”的故障诊断基本原则，利用 VAS6150C 诊断设备，在 J393 舒适系统模块中读取出 J387、J389 模块无法通信。基于故障概率方面考虑，决定从 J387、J927 模块供电系统开始检查，J388、J389 模块供电保险为 SF11，发现此处熔断丝已

熔断，更换保险后，试车故障消失。

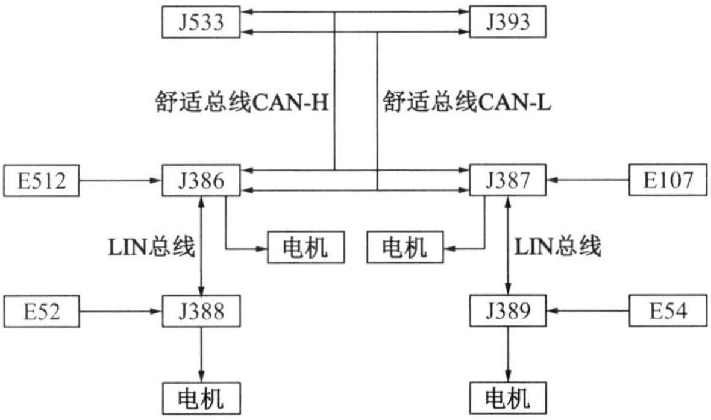

图 3-18　20208 款奥迪 A4L 轿车舒适 CAN 总线系统网络结构

技能实训

一、低速 CAN 网络电压和波形测量

1. 项目目标

能够测量并应用低速 CAN 网络的电压和波形测量。

2. 项目内容

（1）连接专用工具，测出试验车型的低速 CAN 总线的平均电压。

（2）画出低速 CAN 总线的理论波形，标明隐性、显性时 CAN 线高线和低线的电压值。

（3）将专用工具连接在车辆上，打开点火开关，测量低速 CAN 总线的波形并绘制在适当位置。标明隐性、显性时 CAN 线高线和低线的电压值。

关闭点火开关、锁车，车辆休眠后，测量波形，标明高线和低线的电压值。

（4）将专用工具连接在车辆上，打开点火开关，利用专用工具模拟低速 CAN 总线各种故障情况（CAN-H/L 对地/正短路，互短，断路）（表 3-1）。

①测出每种故障情况下总线的故障波形，并记录（拍照或截图）。

②利用万用表测出每种总线故障情况下该总线支路的电压和电阻。

③然后读取诊断仪中的故障码以及有故障的控制单元。

④指出哪种情况下低速 CAN 总线可以正常工作。

故障情况　　表 3-1

故障类型 H/L		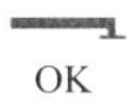		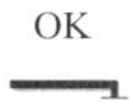				
波形								
电压	H　L	H　L	H　L	H　L	H　L	H　L	H　L	H　L
总线电阻								
无法通信的控制单元								
关于总线的故障码								

（5）根据测量的故障波形，将所对应的波形图进行排列（表 3-2）。

波形图排列　　表 3-2

故障模拟：CAN-L 对正极短路	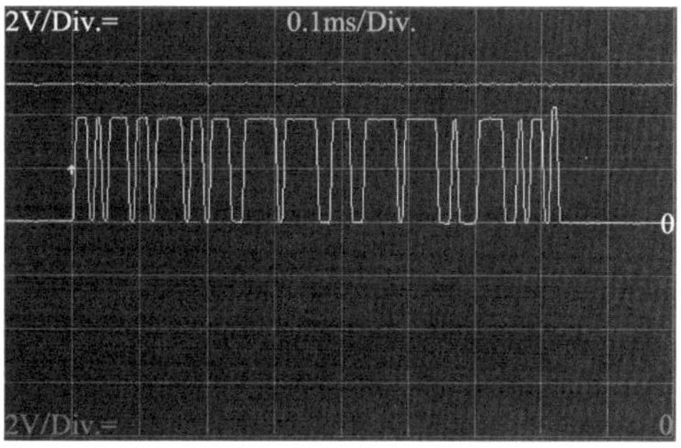
故障模拟：CAN-II 对正极短路	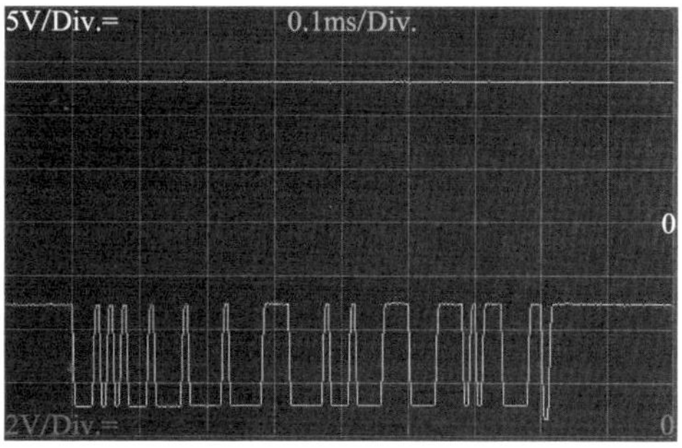

续上表

故障模拟：CAN-L 对负极短路	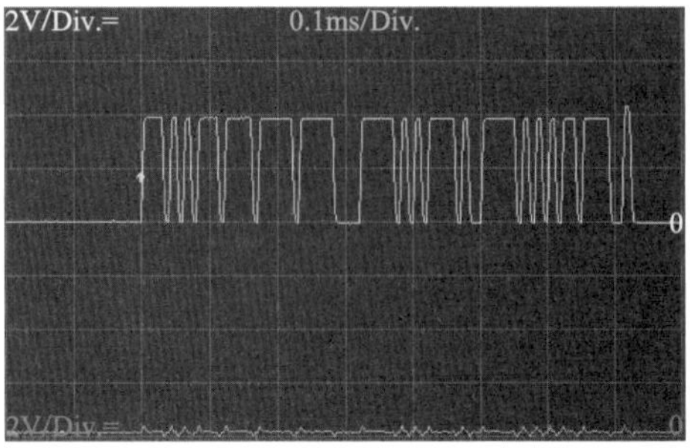
故障模拟：CAN-H 对负极短路	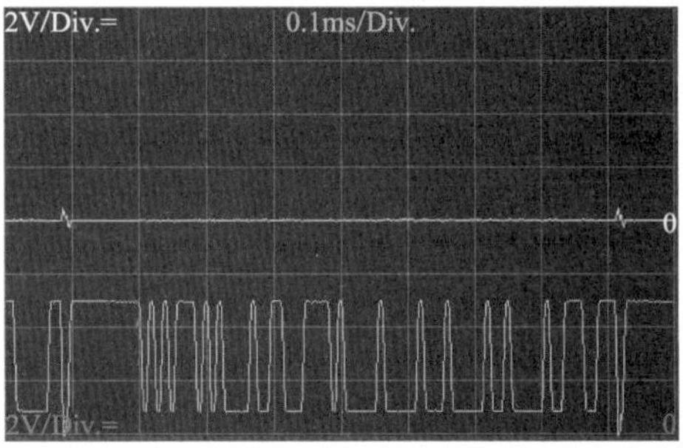
故障模拟：CAN-L 对 CAN-H 短路	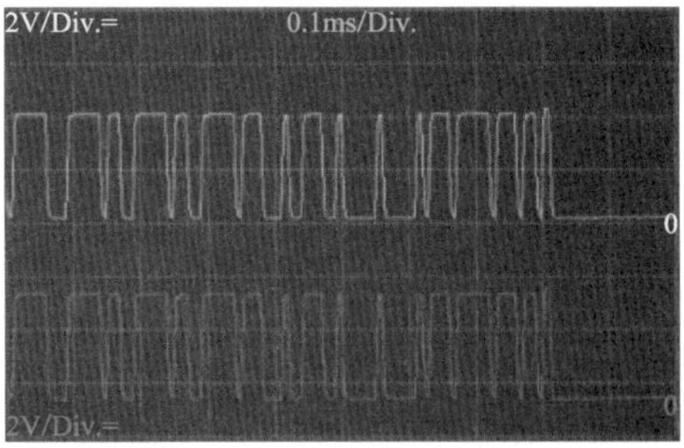
故障模拟：CAN-L 某控制单元断路	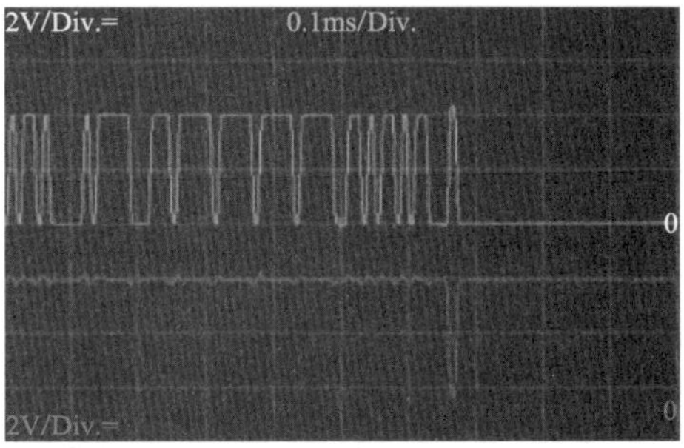
故障模拟：CAN-H 某控制单元断路	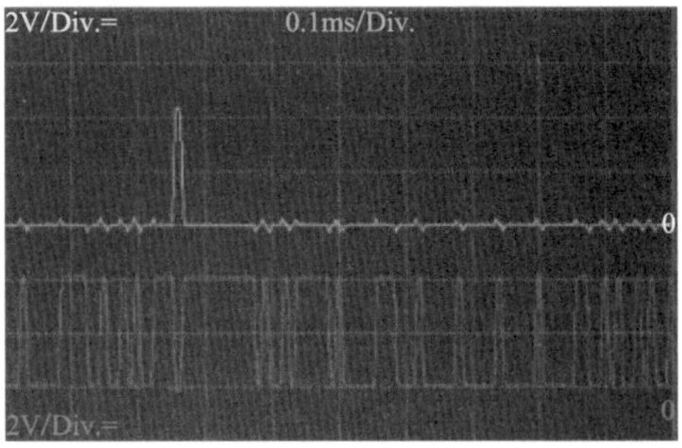

续上表

故障模拟：某控制单元 CAN-L 与 CAN-H 接反	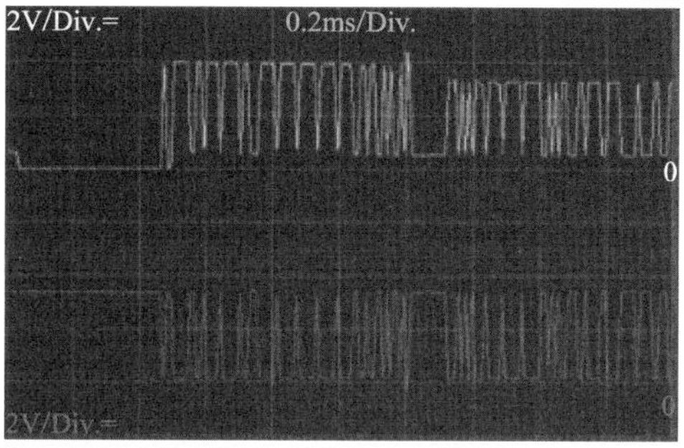

二、CAN 网络诊断仪操作和 CAN 网络综合故障诊断（奥迪 A4L）

1. 项目目标

能够通过诊断仪进行 CAN 网络数据总线的诊断、维修和 CAN 网络综合故障诊断。

2. 项目内容

（1）实施功能检查，确认故障现象，推断故障范围。

① 描述与客户抱怨相关的检查结果。

② 读取故障码，填写对该故障诊断有用的信息。

③ 查阅电路图，绘制控制原理图。

（2）根据故障现象、故障码提示结合电路分析判断可能原因。

（3）测量记录（表 3-3）。

测量记录表　　表 3-3

<table>
<tr><td colspan="5">基于以上诊断结论，实施诊断，确定故障范围</td></tr>
<tr><td>测试对象</td><td colspan="4"></td></tr>
<tr><td>测试条件</td><td colspan="2"></td><td>使用设备</td><td></td></tr>
<tr><td colspan="5">电路参数、尾气排放、数据流或执行元件驱动测试结果；若为波形信号，左侧画正常，右侧画异常</td></tr>
<tr><td>测试参数</td><td></td><td></td><td colspan="2"></td></tr>
<tr><td>标准描述</td><td colspan="2" rowspan="3"></td><td colspan="2" rowspan="3"></td></tr>
<tr><td>测试结果</td></tr>
<tr><td>测试结论</td></tr>
<tr><td colspan="5">分析测试结果，得出故障可能；必要时简单修复，实施验证；做下一步诊断的思路说明，不用者不填</td></tr>
<tr><td colspan="3"></td><td colspan="2">与本页诊断相关的控制原理图</td></tr>
<tr><td colspan="3"></td><td colspan="2" rowspan="4"></td></tr>
<tr><td colspan="3"></td></tr>
<tr><td colspan="3"></td></tr>
<tr><td colspan="3"></td></tr>
</table>

（4）查询维修手册，找出并写下奥迪 A4L 车型 CAN 网络总线的维修注意事项。运用专用工具 VAS 1978B，修复一小段 CAN 数据线。

项目小结

（1）低速 CAN 总线的 CAN-H 线和 CAN-L 线间没有终端电阻，即高低 CAN 线不再彼此相互影响，而是彼此独立作为电源来工作。在隐性状态（静电平）时，CAN-H 线信号为 0V，在显性状态时 ≥ 3.6V。对于 CAN-L 信号来说，隐性电平为 5V，显性电平 ≤ 1.4V。

（2）低速系统 CAN 总线中收发器的结构工作原理与动力 CAN 总线收发器基本一样，只是输出的电压和出现故障时切换到 CAN-H 线或 CAN-L 线（单线工作模式）的方法不同。另外，CAN-H 线和 CAN-L 线之间的短路会被识别出来，并且，在出现故障时会关闭 CAN-L 驱动器，在这种情况下，CAN-H 线和 CAN-L 线信号是相同的；CAN-H 线的高电平为 3.6V，CAN-H 线的低电平为 0V；CAN-L 线的高电平为 5V，CAN-L 线的低电平为 1.4V；逻辑“0”：CAN 高线电压为 3.6V，CAN 低线电压为 1.4V。

（3）低速 CAN 总线 CAN 高线信号在总线空闲时的电压约为 0V，总线上有信号传输时，总线上的电压值在 0V 和 4V 之间高频波动，因此，CAN 高线的主体电压应是 0V，所以万用表的测量值为 0.35V 左右。同理，CAN 低线信号在总线空闲时的电压约为 5V，总线上有信号传输时，总线上的电压值在 5V 和 1V 之间高频波动，因此，CAN 低线的主体电压应是 5V，所以万用表的测量值为 4.65V 左右。

素质延伸

在讲解低速 CAN 总线的工作原理时，低速 CAN 总线的传输速率比高速 CAN 总线低，但如果出现故障（如某条 CAN 导线断路），那么故障逻辑电路会识别出该故障，能工作在单线工作模式，所以抗干扰的能力强。这可以培养学生对事物的两面性的认知，对于一个人来说，有优点没缺点不可能，同样，有缺点没优点也不可能；肯定一个人不能绝对，一定要既看他的优点，发挥他的优点；更要看他的缺点，帮助他克服缺点；否定一个人更不能绝对，在看到他的缺点时，也要看到他的优点，发展他的优点。

思考与练习

一、填空题

1. 舒适系统的低速 CAN，速率是________kb/s，主要是针对车身控制的，如车灯、车门、车窗等信号的采集以及反馈，其特征是信号多但实时性要求________，因此成本低。

2. 如果因断路、短路或与蓄电池电压相连而导致两条 CAN 导线中的一条不工作，那么就会切换到________。

3. 低速 CAN 收发器内的________检验两条 CAN 导线上的信号，如果出现故障（如某条 CAN 导线断路），就会识别出该故障。

4. 舒适 CAN 总线 CAN-H 是________色，CAN-L 是________色。

二、判断题

1. 2012 款迈腾 B8L CAN 舒适系统的速率为 100kb/s。（　）
2. 低速 CAN 在隐性状态时，CAN-L 线上的电压约为 0V。（　）
3. 低速 CAN 在显性状态时，CAN-H 线上的电压约为 0V。（　）
4. 低速 CAN 无单线工作模式。（　）

三、简答题

1. 什么是单线工作模式？

2. 简述舒适系统 CAN 总线和驱动系统 CAN 总线的区别。

3. 简要说明低速 CAN 数据总线系统的结构和工作原理。

4. 画出低速 CAN 总线的正常信号波形，并说明低速 CAN 总线信号特征。

考核工单（表3-4）

低速 CAN 系统检测考核工单　　表 3-4

序号	考核项目	得分（分）	评价标准（每项累计扣分不超过配分）
1	安全文明否决		造成人身、设备重大事故，或恶意顶撞考官、严重扰乱考场秩序，立即终止考试，此题计 0 分
2	工量具的选择及正确使用（15 分）		（1）不能正确选择工量具，每次扣 3 分； （2）不能正确使用工量具，每次扣 3 分
3	低速 CAN 电压检测（20 分）		（1）不能正确检测 CAN-H 线显性与隐性电压，每项扣 5 分； （2）不能正确检测 CAN-L 线显性与隐性电压，每项扣 5 分； （3）不能判断检测结果，每次扣 3 分
4	低速 CAN 波形检测（45 分）		（1）不能正确检测 CAN-H 线波形，扣 15 分； （2）不能正确检测 CAN-L 波形，扣 15 分； （3）不能判断检测结果，每项扣 5 分

续上表

序号	考核项目	得分（分）	评价标准（每项累计扣分不超过配分）
5	安全文明生产 （20分）		（1）不穿工作服扣1分、不穿工作鞋扣1分、不戴工作帽扣1分； （2）不安装车漆表面防护布（罩）扣1分、不安装车内座椅防护套、转向盘套、变速杆套、地板衬垫每项扣0.5分； （3）工量具与零件混放、或摆放凌乱，每次每处扣1分； （4）发动车辆不接尾气排放管，每次扣1分； （5）不放置三角木，扣1分； （6）工量具或零件随意摆放在地上，每次扣1分； （7）垃圾未分类回收，每次扣1分； （8）竣工后未清理工量具，每件扣1分； （9）竣工后未清理操作过程中手接触过的车漆表面，每处扣1分； （10）竣工后未清理考核场地，扣2分； （11）不服从考官、出言不逊，每次扣3分
合计			—

教师签名：________　　________年____月____日

项 目 四

LIN 总线系统的检测与修复

学习目标

知识目标

- 掌握 LIN 数据总线的主要特点与应用；
- 理解 LIN 数据总线的组成与工作原理；
- 掌握 LIN 总线系统的故障诊断方法。

技能目标

- 能够用万用表对 LIN 数据总线进行测量并分析；
- 能够用示波器测量 LIN 总线波形并分析；
- 能够排除 LIN 总线的故障。

素养目标

- 能够与团队成员沟通、交流、协作完成任务；
- 能够总结汇报任务成果；
- 能够细心、耐心完成任务操作，培养工匠精神。

项目任务描述

有一客户开来一辆迈腾 2012 款 B7L 车辆，近期出现操作驾驶人侧后部车窗升降器按钮无法控制左后电动车窗升降，操作左后车门上的车窗升降器按钮能够正常控制电动车窗升降的故障现象，要求给予维修。要完成这个工作任务，首先我们得知道汽车 LIN 总线的结构与原理、检修 LIN 总线的各种方法。

任务一 LIN总线系统的认知

一、LIN总线的结构认知

LIN总线系统的认知

1. 2011款奥迪A6L车辆低速CAN总线

如图4-1所示为2011款奥迪A6L车辆车载电网控制单元J519应用的LIN总线系统。

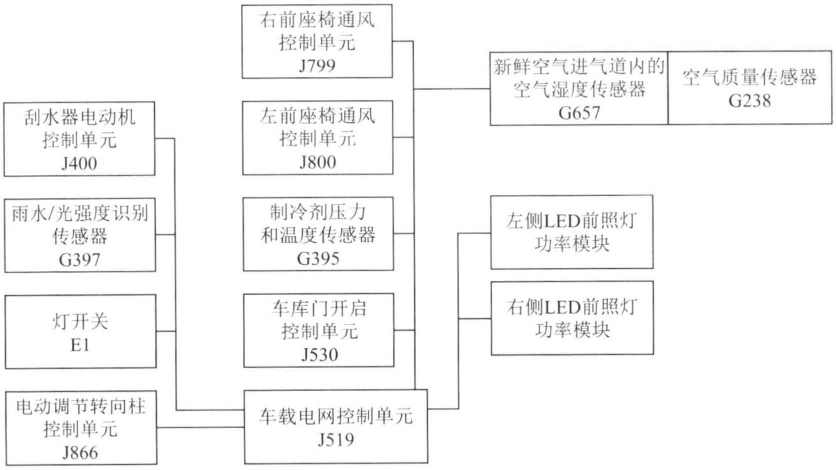

图4-1 2011款奥迪A6L车辆LIN总线系统

该LIN总线系统连接12块电脑，它们是连接的是执行元件、传感器或控制单元。车载电网控制单元J519通过LIN线连接：刮水器电机控制单元J400、雨水/光强度识别传感器G397、灯开关E1、电动调节转向柱控制单元J866、右前座椅通风控制单元J799、左前座椅通风控制单元J800、制冷剂压力和温度传感器G395、车库门开启控制单元J530、新鲜空气进气道内的空气温度传感器G657、空气质量传感器G238、左侧LED前照灯功率模块和右侧LED前照灯功率模块。

2. 迈腾B8L车辆LIN总线

如图4-2所示为迈腾B8L车辆车载电网控制单元J519和全自动空调控制单元J255应用的LIN总线系统。

车载电网控制单元J519 LIN总线系统连接8块电脑，车载电网控制单元J519通过LIN线连接：警报喇叭H12、刮水器电机控制单元J400、车灯开关E1、雨水与光线识别传感器G397、左前部座椅靠背风扇1 V512、左前部座椅风扇1 V514、右前部座椅靠背风扇1 V516和右前部座椅风扇1 V518。

全自动空调控制单元J255 LIN总线系统连接4块电脑，全自动空调控制单元J255通过LIN线连接：空气质量传感器G238、冷却液循环管路压力传感器G805、新鲜空气鼓风机控制单元J126和后部空调操作和显示单元E265。

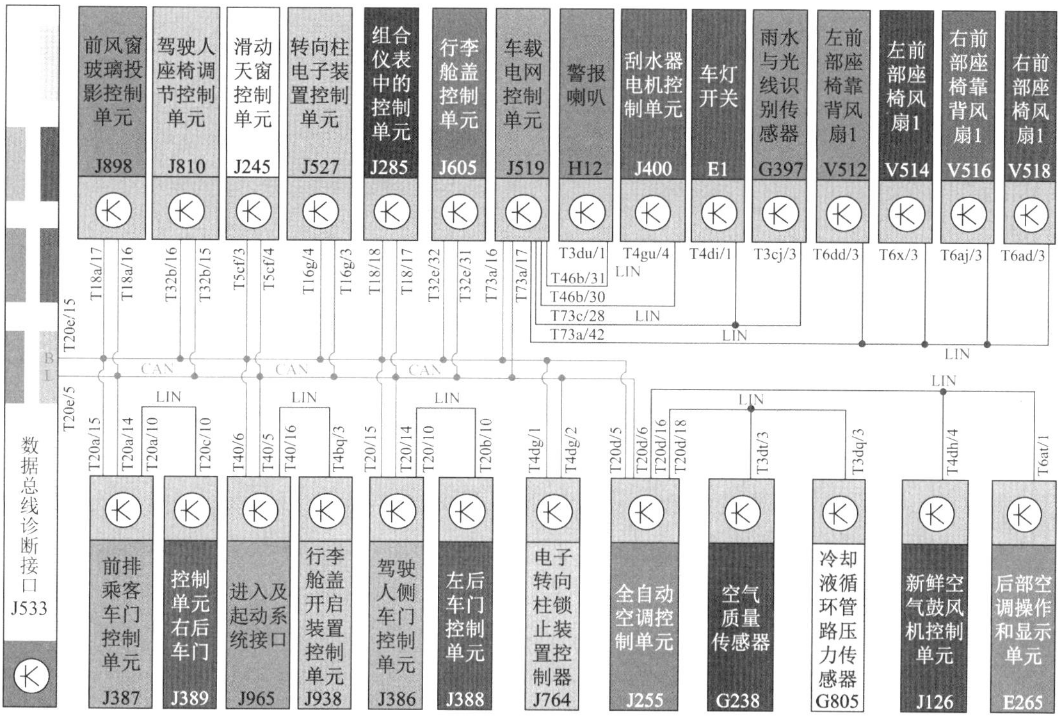

图 4-2 迈腾 B8L 车辆 LIN 总线系统

二、LIN 总线的特点

1. LIN 总线的含义

局部连接网络 LIN（Local Interconnect Network）是一个汽车底层网络协议。LIN 的目标是为现有汽车网络（例如 CAN 总线）提供辅助功能。因此，LIN 总线是一种辅助的串行通信总线网络，多用于不需要 CAN 总线的带宽和多功能的场合。LIN 典型的应用是车上传感器和执行器的联网。按 SAE 的车上网络等级标准，LIN 属于汽车上的 A 级网络。

自从 1998 年奥迪、宝马、克莱斯勒、摩托罗拉、博世等公司提出 LIN 总线通信协议以来。从某种意义上来讲，LIN 就是 CAN 的经济版通信网络，其可定位于低于 CAN 的通信层，其示意图如图 4-3 所示。

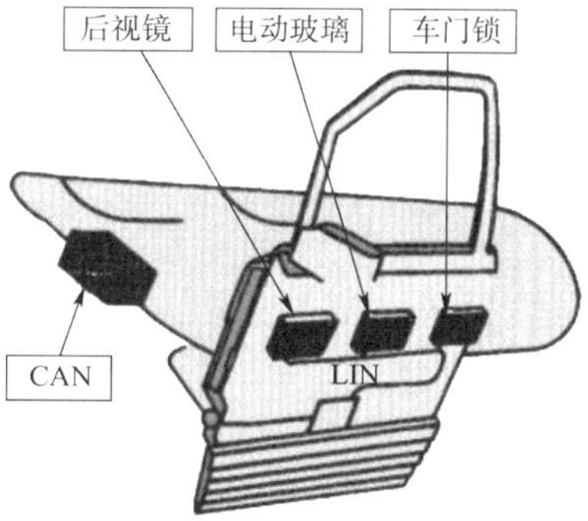

图 4-3 车门模块

2. LIN 总线的特点

LIN 协议是以广泛应用的 SCI（UART）为基础定义的，它支持与这类产品的连接。LIN 采用单主/多从带信息标识的广播式信息传输方式，网络节点根据在通信中的地位分为主节点和从节点。从节点的同步不需要固定的时间基准。LIN 物理层是根据汽车故障诊断系统标准 ISO 9141 拟定的 12V 单总线（Single-Wire 12V Bus），满足汽车环境的 EMC、ESD 和抗噪声干扰要求。

LIN 总线的传输速率可达 20kb/s，通常一个 LIN 网络上节点数目小于 12 个，共有 64 个标识符。

LIN 系统的特点如下：

（1）单主/多从结构。

（2）基于 UART/SCI 接口的廉价硬件实现。

（3）从节点无振荡器的自同步功能。

（4）保证延时和信号传输的正确性。

（5）廉价的单总线结构。

（6）数据传输速度 20kb/s。

（7）一帧信息中数据长度为 2B、4Bd 或 8B。

（8）系统配置灵活。

（9）带同步的广播式发送/接收方式。

（10）数据累加和校验（Data-Checksum）及错误检测功能。

（11）故障节点的检测功能。

（12）廉价的单片元器件。传送途径（按 ISO 9141）为廉价的单线传送方式，最长可达 40m。

3. LIN 总线与 CAN 总线的比较

LIN 线与 CAN 总线关系密切，主要有以下两层关系：

（1）CAN 总线负责各个 LIN 总线局域网之间的信息共享与资源控制调配。

LIN 总线作为一种子总线系统，必须挂靠在主总线即 CAN 总线之下，受其支配。即 LIN 总线里的主控单元 ECU 只是 CAN 总线里的一个普通节点，CAN 总线负责各个 LIN 总线局域网之间的信息共享与资源控制调配，LIN 总线则负责管理具体的本局域网内部的几个智能执行器，可以理解为：CAN 总线为管理层，LIN 总线为执行层。

（2）LIN 总线自诊断信息通过 CAN 总线传递。

现在汽车都采用复杂的多 ECU 节点网络系统，汽车故障代码一般由网关读取。LIN 总线内某个执行器发生故障时，因不能和网关直接相连，执行器的故障码先发送给 LIN 主控单元，再由 CAN 总线转发该故障码，传送至网关，由诊断仪读取，因此，LIN 总线故障诊断离不开 CAN 总线。

4. LIN 总线的结构

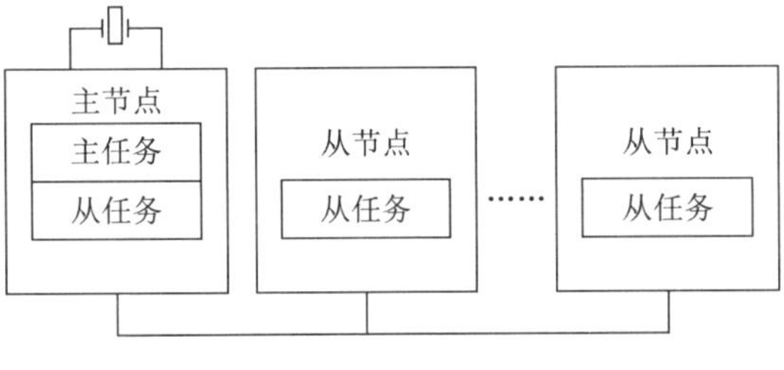

图 4-4　LIN 网络结构

LIN 的网络结构如图 4-4 所示，网络由一个主节点和多个从节点构成，主节点可以执行主任务也可以执行从任务，从节点只能执行从任务。总线上的信息传送由主节点控制。

5. LIN 总线的协议

一个 LIN 网络由一个主节点，一个或多个从节点组成。该通信任务分为发送任务和接收任务，主节点则有一个主发送任务。一个 LIN 网络上的通信总是由主节点的主发送任务发起，主控制单元发送一个起始报文，该起始报文由同步断点、同步字节、消息标识符所组成。相应地接收并且滤除消息标识符后，一个从任务被激活并且开始本消息的应答传输。该应答由 2（或 4 和 8）个字节数据和一个校验码所组成，起始报文和应答部分构成一个完整的报文帧。

LIN 系统中可以采用多种方式进行数据交换，主要有以下三种：

（1）由主节点到一个或多个从节。

（2）由一个从节点到主节点或其他的从节点。

（3）通信信号可以在从节点之间传播，而不经过主节点或者通过主节点广播消息到网络中的所有的从节点。

在 LIN 系统中，加入新节点时，不需要其他从节点作任何软件或硬件的改动。LIN 和 CAN 一样，传送的信息带有一个标识符，它给出的是这个信息的意义或特征，而不是这个信息传送的地址。LIN 系统总线的电气性能对网络结构有很大的影响。网络节点数不仅受标识符长度的限制，而且受总线物理特性的限制。在 LIN 系统中，建议节点数不要超过 16 个，否则网络阻抗降低，在最坏工作情况下会发生通信故障。LIN 系统每增加一个节点大约使网络阻抗降低 3%。

每个节点与总线的接口如图 4-5 所示。电源与 LIN 总线间二极管的作用是：当 V_{BAT} 为低时（本地节点断电或断路等），防止 LIN 总线驱动该节点的电源线（这将大大增加总线负载）。

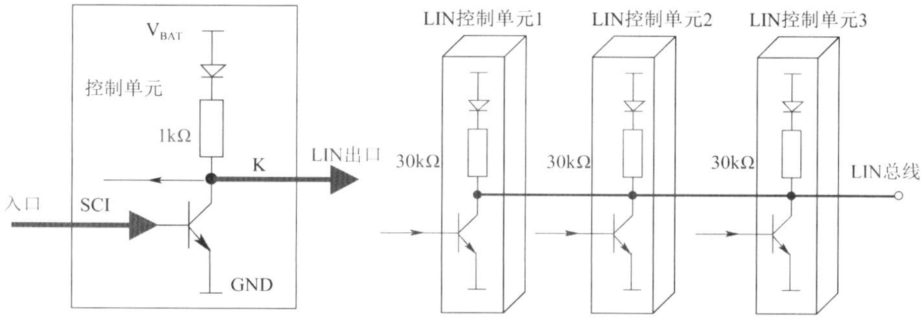

图 4-5　LIN 总线的接口

在示波器上看到的 LIN 网络线路电压记录如图 4-6 所示。

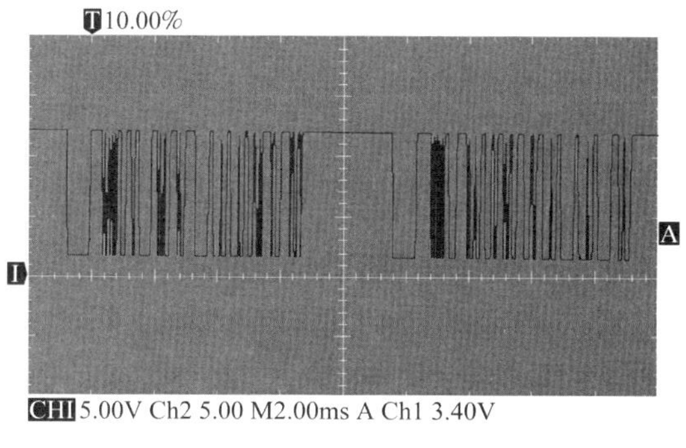

图 4-6　示波器上的 LIN 网络线路电压记录

LIN 系统支持休眠工作模式。当主节点向网络上发送一个休眠命令时，所有节点进入休眠状态，直到被唤醒之前总线上不会有任何活动。这时总线处于隐性状态，节点没有内部活动，驱动器处于接收状态。

三、LIN 总线的组成与工作原理

LIN 总线系统是单线式总线，底色是紫色，有标志色，该线的横截面面积为 0.35mm，无需屏蔽。该系统可让一个 LIN 主控制单元与最多 16 个 LIN 从控制单元进行数据交换。

LIN 总线数据传输过程

1. LIN 总线主控制单元

LIN 总线主控制单元连接在 CAN 数据总线上，它执行 LIN 的主功能。其作用有：

（1）LIN 总线主控单元监控数据传递及其速率，发送信息标题。

（2）主控制单元的软件内已设定了一个周期，这个周期用于决定何时将哪些信息发送到 LIN 数据总线上多少次。

（3）该控制单元在 LIN 数据总线与 CAN 总线之间起沟通作用，它是 LIN 总线系统中唯一与 CAN 数据总线相连的控制单元。

（4）通过 LIN 主控制单元进行与之相连的 LIN 从控制单元的自诊断。

2011 款奥迪 A6L 轿车 LIN 总线内部组成示意图如图 4-7 所示。其中有两个主控制单元，一个用于空调控制，另一个用于前部车顶模块。

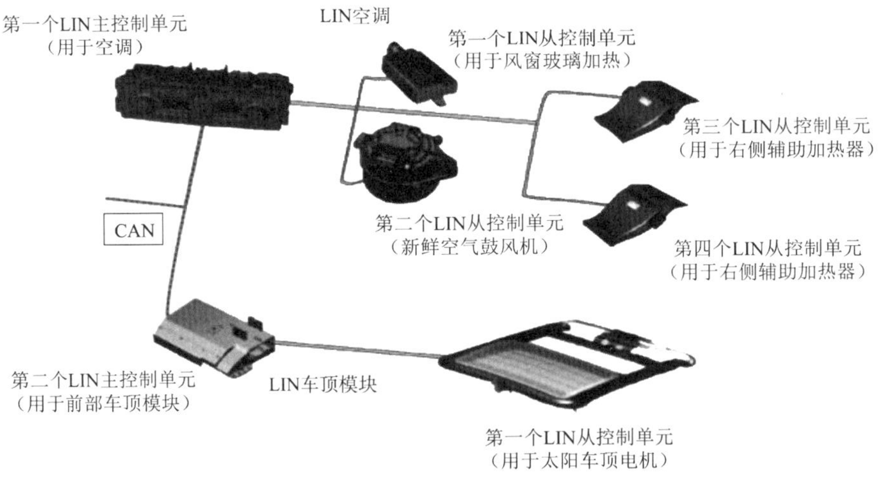

图 4-7 A6L 轿车 LIN 总线内部组成示意图

风窗玻璃加热器、新鲜空气鼓风机和两个辅助加热器是空调控制单元中的从控制单元；太阳车顶电机是车顶模块中的从控制单元。

每个 LIN 总线最多可以连接 16 个从控制器，从控制器主要是接收或传送与主控制器的查询或指定有关的数据，如图 4-8 所示为 2011 款奥迪 A6L 轿车 CAN、LIN 总线与从控制器示意图。

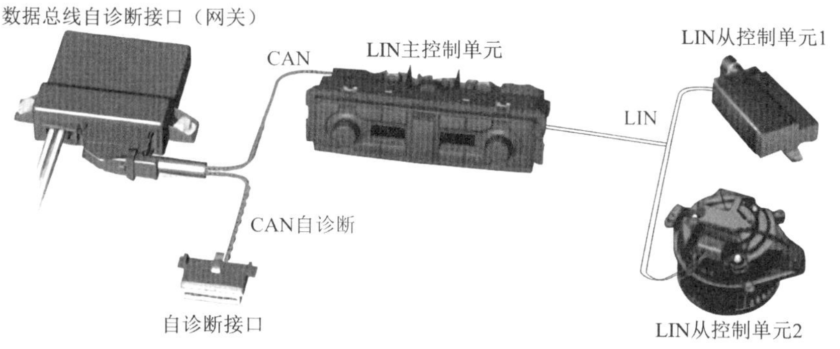

图 4-8 2011 款奥迪 A6L 轿车 CAN、LIN 总线与从控制器示意图

2. LIN 总线从控制单元

在 LIN 数据总线系统内，单个的控制单元（如新鲜空气鼓风机的）或传感器及执行元件（如水平传感器及防盗警报蜂鸣器）都可看作 LIN 从控制单元，如图 4-9 所示。注意，只有当 LIN 主控单元发送出标题后，传感器和执行元件才会反应。

传感器内集成有一个电子装置，该装置对测量值进行分析。数值作为数字信号通过 LIN 总线传递。有些传感器和执行元件只使用 LIN 主控制单元插口上的一个针脚。

LIN 执行元件都是智能型的电子或机电部件，这些部件通过 LIN 主控制单元的 LIN 数字信号接受任务。LIN 主控制单元通过集成的传感器来获知执行元件的实际状态，然后进行规定状态和实际状态的对比。

3. LIN 总线系统的数据传递与波形分析

数据传递速率为 1～20kb/s，在 LIN 控制单元的软件内已设定完毕，该速率最大能达到舒适 CAN 数据传递速率的五分之一。如图 4-10 所示。

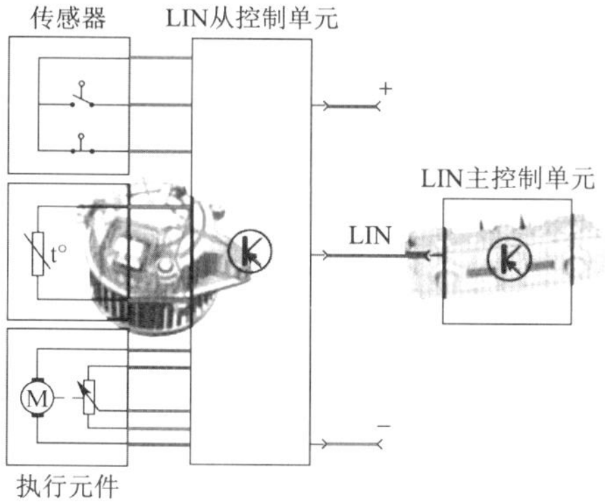

图 4-9 LIN 总线从控制器

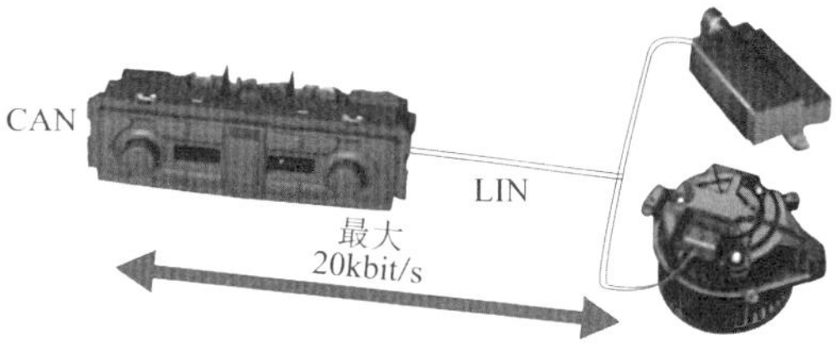

图 4-10 LIN 总线系统的数据传递

（1）信号。

信号波形如图 4-11 所示。

隐性电平：如果无信息发送到 LIN 数据总线上或者发送到 LIN 数据总线上的是一个隐性位，那么数据总线导线上的电压就是蓄电池电压。

显性电平：为了将显性位传到 LIN 数据总线上，发送控制单元内的收发报机数据总线导线接地。

注意，由于控制单元内的收发报机有不同的型号，所以表现出的显性电平是不一样的。

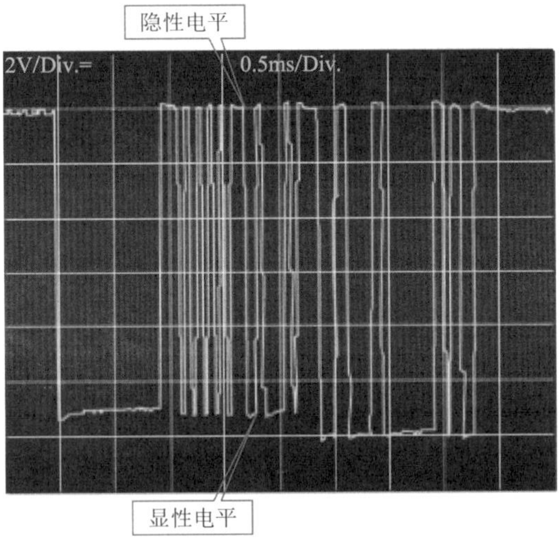

图 4-11　信号波形

（2）传递安全性。

在隐性电平和显性电平的收发时，通过预先设定公差来保证数据传输的稳定性，如图 4-12 所示。为了能在有干扰辐射的情况下仍能收到有效的信号，接收的允许电压值要稍高一些，如图 4-13 所示。

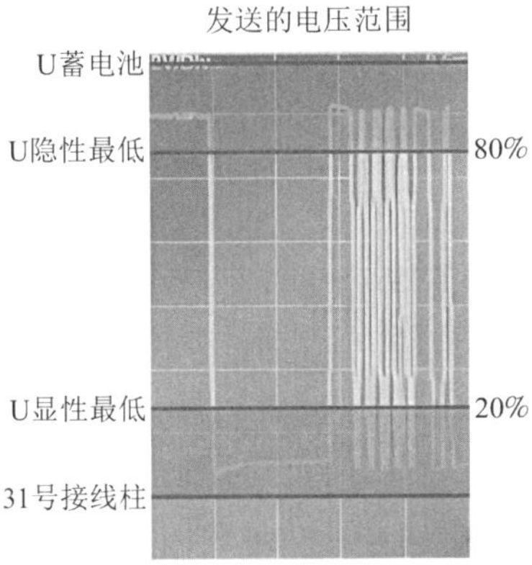

图 4-12　发送的允许电压范围

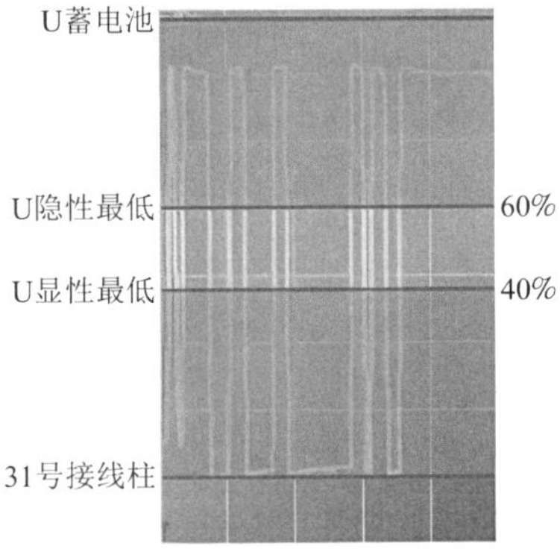

图 4-13　接收的允许电压范围

（3）信息。

信息波形如图 4-14 所示。带有从控制单元回应的信息：LIN 主控制单元要求 LIN 从控制单元发送的信息标题内包含开关状态或测量值等信息。该回应由 LIN 从控制单元来发送。

带有主控制单元命令的信息：LIN 主控制单元通过标题内的标志符要求 LIN 从控制单

元使用包含在回应内的数据。该回应由 LIN 主控制单元来发送。

（4）信息标题。

信息标题由 LIN 主控制单元按周期发送，信息标题分为四部分：同步暂停区、同步分界区、同步区、识别区，如图 4-15 所示。

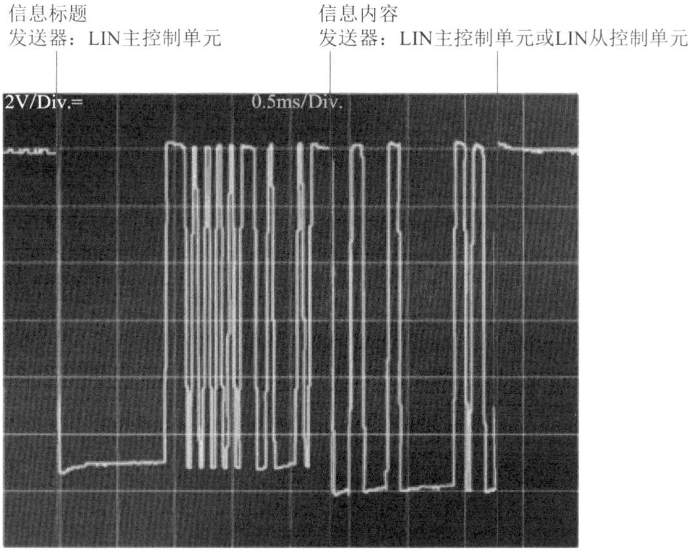

图 4-14　信息波形

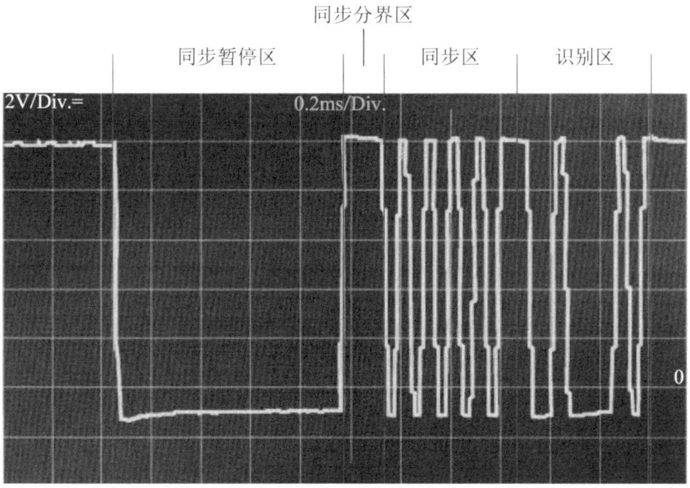

图 4-15　信息标题波形

同步暂停区：同步暂停区的长度至少为 13 位（二进制），以显电平发送。这样才能准确地通知所有的 LIN 从控制单元有关信息的起始点的情况。其他的信息是以最长为 9 位（二进制）显位来一个接一个传递的。

同步分界区：至少为一位（二进制的）长，且为隐性。

同步区：由 0101010101 这个二进制位序构成，所有的 LIN 从控制单元通过这个二进制位序来与 LIN 主控制单元进行匹配（同步）。所有控制单元同步对于保证正确的数据交换非常必的。如果失去了同步性，那么接收到的信息中的某一数位值就会发生错误，该错误会导致数据传递错误。

识别区：识别区的长度为 8 位（二进制的），头 6 位是回应信息识别码和数据区的个数。回应数据区的个数在 0～8 之间。后两位是校验位，用于检查数据传递是否有错误。当出现识别码传递错误时，校验可防止与错误的信息适配。

（5）信息内容（回应）。

对于带有从控制单元回应的信息，LIN 从控制单元会根据识别码给这个回应提供信息，如图 4-16 所示。

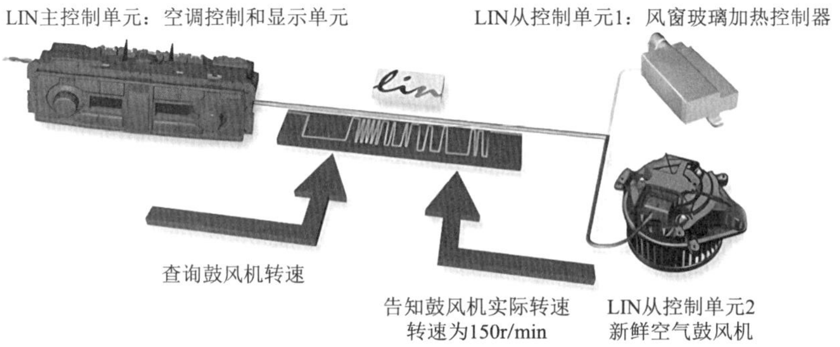

图 4-16　从控制单元给回应提供信息

对于主控制单元带有数据请求的信息，LIN 主控制单元会提供回应。根据识别码的情况，相应的 LIN 从控制单元会使用这些数据去执行各种功能，如图 4-17 所示。

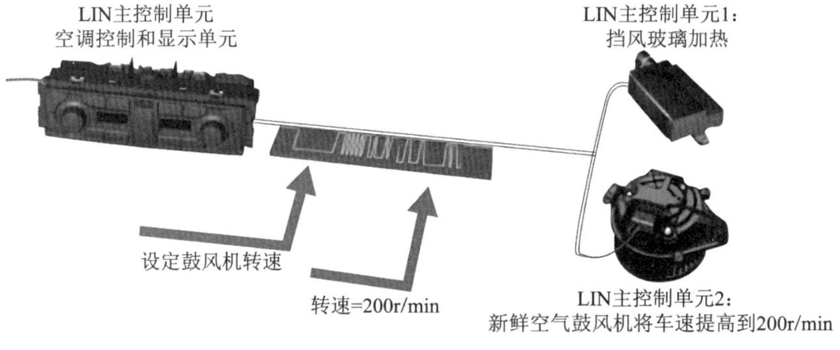

图 4-17　从控制单元使用数据执行各种功能

这个回应由 1～8 个数据区构成，每个数据区是 10 个二进制位，其中一位是显性起始位，一个是包含信息的字节和一个隐性停止位。起始位和停止位用于再同步，从而避免传递错误。有回应的信息波形如图 4-18 所示。

（6）信息的顺序。

LIN 主控制单元的软件内已设定了一个顺序，LIN 主控制单元就按这个顺序将信息标题发送至 LIN 总线上（如是主信息，发送的是回应）。常用的信息会多次传递。

LIN 主控制单元的环境条件可能会改变信息的顺序。如：点火开关接通/关闭；自诊断已激活/未激活；停车灯接通/关闭。

为了减少 LIN 主控制单元部件的种类，主控制单元将装备车控制单元的信息标题发送到 LIN 总线上。如果没有安装专用设备控制单元，那么在示波器屏幕会出现没有回应的信息标题，但这并不影响系统的功能。无有回应的信息波形如图 4-19 所示。

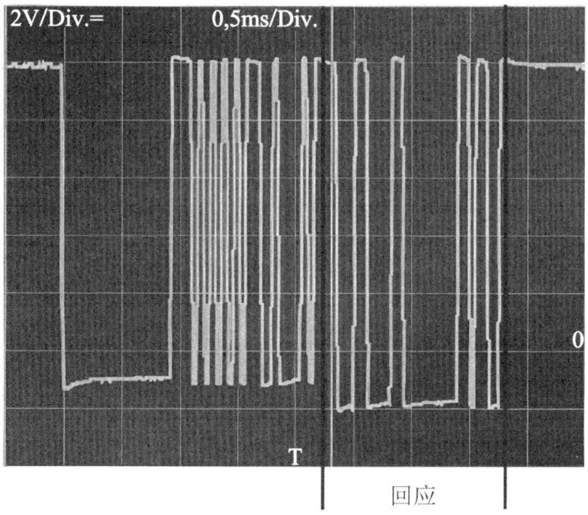

图 4-18　有回应的信息波形

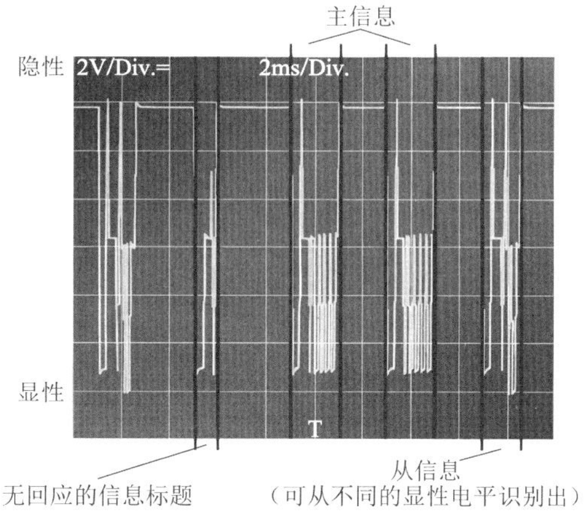

图 4-19　无有回应的信息波形

任务二　LIN 数据总线的检测

一、LIN 数据总线电压的检测

LIN 数据总线的检测与故障诊断

LIN 总线可以采用数字万用表进行电压信号测试，大致判断数据总线的信号传输是否存在故障。用数字万用表在测量频率信号时，万用表具有分段采集和有效值运算的工作特性，因此，数字万用表的显示值只能反映被测信号的主体信号电压值，不能显示被测信号的每个细节。

LIN 线传输电压是 0～12V 的方波信号，使用万用表实际测量时，万用表测量的值一般是平均电压值，而且不同的 LIN 总线通信系统中，由于传输的数据通信方波信号数据格式存在差异，显性与隐性之间的比例也不一定相同，所以，万用表显示在 0～12V 之间的一个电压数值都属于正常情况。

二、LIN 数据总线波形的检测

LIN 数据总线的标准波形测量方法

1. 正常波形

使用 VAS6150 诊断仪，选择测量技术中的“数字存储示波仪（DSO）”，即可进行波形测量，如图 4-20 所示。

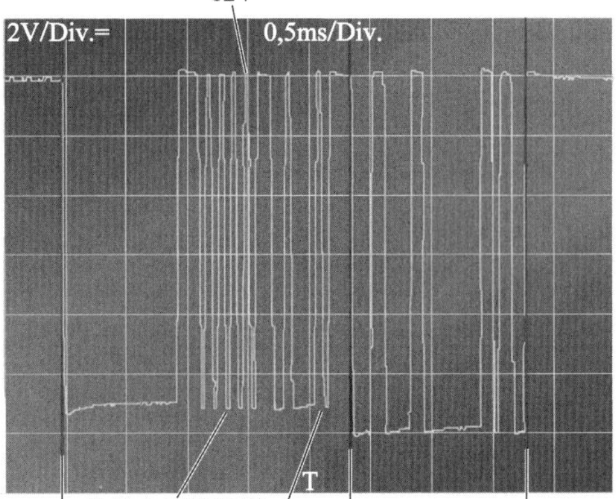

图 4-20　LIN 信号波形

信号分析：

（1）为了获得较清晰的波形，建议将电压轴和时间轴分别设置为 2V 左右和 500μs（微秒）左右。

（2）隐性电平：如果无信息发送到 LIN 数据总线上或者发送到 LIN 数据总线上的是一个隐性位，那么数据总线导线上的电压就是蓄电池电压。

（3）显性电平：为了将显性位传到 LIN 数据总线上，发送控制单元内的收发报机数据总线导线接地。

2. 故障波形

（1）LIN 线对正短路故障。

用示波器测出波形如图 4-21 所示。

（2）LIN 线对地短路故障。

用示波器测出波形如图 4-22 所示。

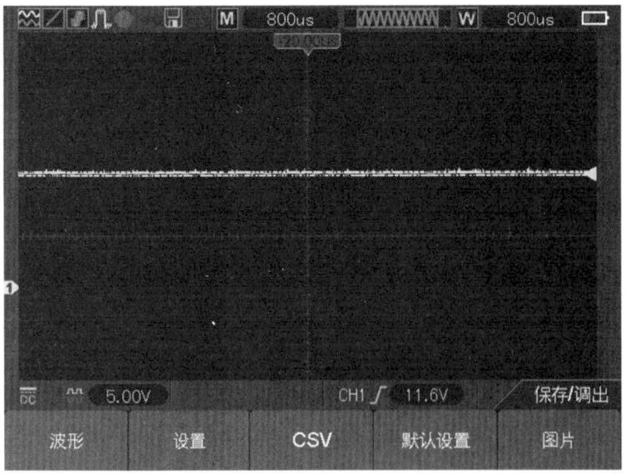

图 4-21　LIN 信号对正短路波形

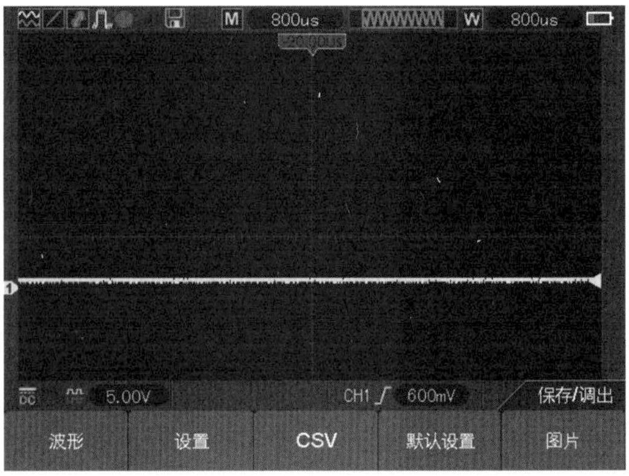

图 4-22　LIN 信号对地短路波形

任务三　LIN 总线的故障诊断

一、LIN 网络的故障

因为 LIN 网络没有容错功能，所以当 LIN 网络出现故障后，相关的功能会失效。但如果是从节点故障或支路断路，则不会影响主节点与其他节点的通信。

一般而言，引起 LIN 网络故障的原因有：

（1）节点的供电或接地故障。

（2）节点本身硬件故障。

（3）总线短路或断路故障。

LIN 总线短路故障现象较简单，易判断，不管是正极短路还是负极短路都会导致整个 LIN 总线局域网瘫痪，所有该 LIN 总线局域网电器都不可用。如图 4-23 所示，A 点干路故障将导致从控单元 1 风窗玻璃加热装置和从控单元 2 鼓风机都不可用，断在 B 点与 C 点支路，则导致相关支路电器不可用。

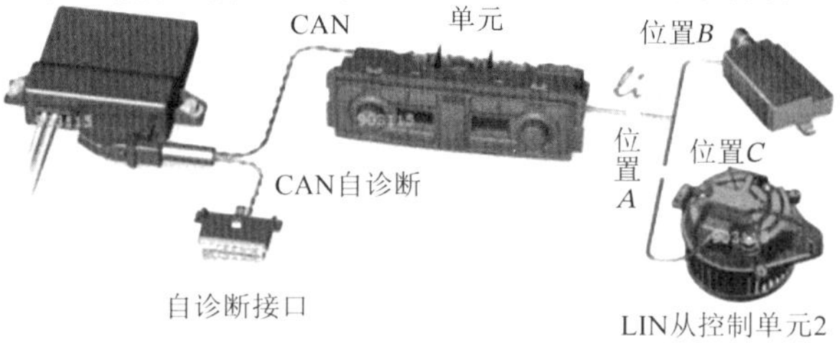

图 4-23　LIN 总线断路故障

对 LIN 总线系统的诊断是通过 LIN 主控制单元的地址进行的。LIN 总线将诊断数据从 LIN 从属控制单元传送到 LIN 主控制单元，所有 LIN 从属控制单元都可以执行自诊断功能。LIN 总线故障原因主要有接地或电源短路、线路断路。

二、LIN 网络的诊断流程

对 LIN 网络系统进行诊断时，也应按照确认故障、收集信息、分析故障信息、形成方案、排查故障、确认故障修复的“故障诊断六步法”程序进行。对 LIN 网络系统进行诊断时，也应按照以下“故障诊断六步法”解决，例如：

（1）确认故障。

一辆 2017 年迈腾 B8L：①打开点火开关，示廓灯和近光灯全部点亮；②车灯开关旋至示廓灯挡位时，示廓灯正常，按下前、后雾灯，均不亮；③车灯开关旋至近光灯挡位时，近光灯正常，按下前、后雾灯，均不亮，其余正常。

（2）收集信息。

连接诊断仪 VAS6150B，读取故障代码：进入 J519 车载电网控制单元读取故障代码，显示“J519—车灯开关无通信”。

（3）分析故障信息。

如图 4-24 所示，车灯旋转开关 EX1 的 1 号针脚连接 LIN 总线，即将车灯旋转开关状态发至车载电网控制单元 J519，2 号针脚为 12V 供电，3 号针脚为接地，4 号针脚为冗余信号，即为车灯旋转开关状态监测信号（示廓灯开启/关闭，近光灯开启/关闭）连接至车载电网控制单元 J519 的 T73c/29 端子，控制单元 J519 通过这个电路上的波形电压来判断车灯旋转开关所处的状态。

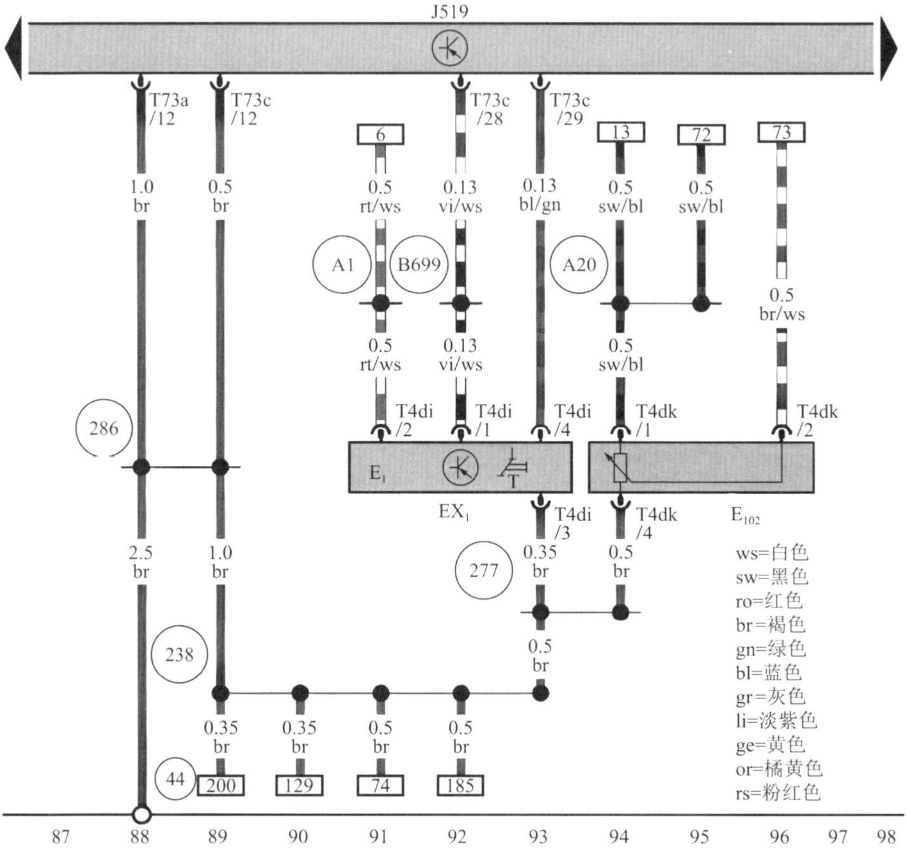

图例 车灯旋转开关，前照灯照明距离调节器，车载电网控制单元

EX_1-车灯旋转开关
E_1-车灯开关
E102-前照灯照明距离调节器
J519-车载电网控制单元
T4di-4芯插头连接，黑色
T4dk-4芯插头连接，棕色
T73a-73芯插头连接，黑色
T73c-73芯插头连接，黑色
44-左A柱下部的接地点
238-接地连接1，在车内导线束中
277-接地连接3，在车内导线束中
286-接地连接8，在车内导线束中
A1-正极连接（30a），在仪表板导线束中
A20-正极连接（15a），在仪表板导线束中
B699-连接4（LIN总线），在主导线束中

图 4-24 B8L 车灯开关控制电路图

当 EX1 的 LIN 总线因为故障而无法传递信号时，系统可以采用 EX1 的冗余信号线给 J519 传递机械开关（示廓灯、近光灯）的信号，示廓灯或近光灯依然可以正常点亮。但此时按下前、后雾灯开关，前、后雾灯的信号将无法进行传递，所以前、后雾灯控制会失效。

（4）形成方案。

打开点火开关，用示波器分别测量 J519 的 T73c/28 端子和 EX1 的 T4di/1 端子对地波形，正常情况下应测得 0～+B 之间的方波，否则可能存在故障；实测结果如图 4-25 所示，T73c/28 端子对地波形为 +B 直线，说明 LIN 总线对 +B 短路。

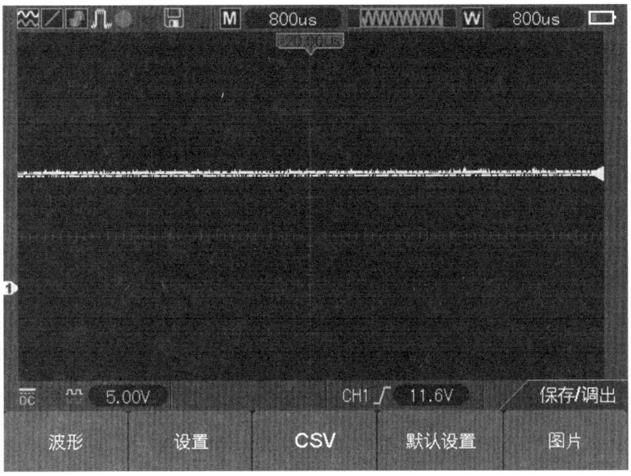

图 4-25　J519 的 T73c/28 端子对地实测波形

（5）排查故障。

打开点火开关，示廓灯和近光灯全部点亮，说明 J519 接收到错误的来自 EX1 的信号，从而触发应急。在示廓灯和近光灯挡位时，示廓灯和近光灯分别正常工作，但按下前、后雾灯开关，均不工作，说明 J519 能接收到示廓灯、近光灯挡位信号，并且此信号是由冗余信号线发出的，但不能接收到前、后雾灯信号。根据 EX1 的结构和工作原理，说明 J519 与 EX1 之间的冗余信号通信正常、而 LIN 总线通信存在故障。

（6）确认故障修复。

找到车载电网控制单元 J519 的 T73c/28 端子与 EX1 的 T4di/1 端子之间的线束，即底色紫色，标志色为白色的 LIN 线，解除与 +B 的短路点后，示廓灯正常点亮，故障修复。

技能实训

一、LIN 网络的测量

1. 项目目标

能够掌握 LIN 网络的测量及结果的分析。

2. 项目内容

（1）参考自学手册，画出 LIN 线波形，标明隐/显性电压。

（2）找到一个适合测量 LIN 总线的节点，分别测量在正常状态、对正极短路、对负极短路及断路时的波形、电压及 LIN 从控制单元的通信情况，并将结果填写在表 4-1 中。

通信情况 表 4-1

项目	正常状态	对正极短路	对负极短路	断路
波形				
电压				
LIN 从控制单元通信情况				

二、LIN 网络的综合故障检测

1. 项目目标

能够分析和应用 LIN 网络的故障。

2. 项目内容

LIN 总线故障查找，使用 2 种方法解决当前车辆的总线故障：

（1）不使用示波器，只用万用表和诊断仪来找到总线故障。

（2）使用示波器和诊断仪来找到总线故障。

项目小结

（1）LIN 线与 CAN 总线关系密切，主要有以下两层关系：①CAN 总线负责各个 LIN 总线局域网之间的信息共享与资源控制调配；②LIN 总线自诊断信息通过 CAN 总线传递。

（2）LIN 的网络由一个主节点和多个从节点构成，主节点可以执行主任务也可以执行从任务，从节点只能执行从任务。总线上的信息传送由主节点控制。

（3）LIN 的信号波形。隐性电平：如果无信息发送到 LIN 数据总线上或者发送到 LIN 数据总线上的是一个隐性位，那么数据总线导线上的电压就是蓄电池电压。显性电平：为了将显性位传到 LIN 数据总线上，发送控制单元内的收发报机数据总线导线搭铁。

（4）LIN 信息。带有从控制单元回应的信息：LIN 主控制单元要求 LIN 从控制单元发送的信息标题内包含开关状态或测量值等信息。带有主控制单元命令的信息：LIN 主控制单元通过标题内的标志符要求 LIN 从控制单元使用包含在回应内的数据。

（5）LIN 网络故障的原因有：节点的供电或搭铁故障；节点本身硬件故障；总线短路或断路故障。

素质延伸

LIN 总线相对于 CAN 总线的成本节省主要是由于采用单线传输、硅片中硬件或软件的低实现成本和无需在从属节点中使用石英或陶瓷谐振器。在市场经济条件下，企业间的竞争异常激烈，企业要在激烈的竞争中生存和发展，成本指标是重要的数据，只有成本指标不断降低，才能提高企业的经济效益。企业要想在竞争中生存下来，必须应该时刻牢记保护环境、节约能源的重要性。从节约国家资源的角度讲，做好成本管理工作，也是企业响应国家绿色低碳发展先进政策的应有之举。

思考与练习

一、填空题

1. LIN 总线速率达到________kb/s，它被称为是________系统的子网。

2. 每个 LIN 总线最多可以连接________个从控制器。

3. LIN 总线的显性电平是________，表示逻辑________；隐性电平是________，表示逻辑________。

4. LIN 总线的一个信息帧由________和________两部分构成。

5. LIN 信息内容有两种：一是由主控制单元发出的________；二是从控制单元根据识别码给主控制单元回应提供的________。

二、判断题

1. LIN 总线主控制单元连接在 CAN 数据总线上，它执行 LIN 的主功能。（　）

2. LIN 从控制单元是 LIN 总线系统中唯一与 CAN 总线相连的控制单元。（　）

3. LIN 从控制单元有自诊断功能。（　）

4. LIN 总线通过预先设定信号电压公差来保证数据传输的稳定性。（　）

三、简答题

1. 简述 LIN 总线系统的特点及应用。

2. 简述 CAN 总线系统和 LIN 总线系统的区别。

3. 简述 LIN 信息标题的四部分组成及作用。

4. 画出 LIN 总线的正常信号波形，并说明 LIN 总线信号特征。

考核工单（表4-2）

LIN 总线检测考核工单　　表 4-2

序号	考核项目	得分（分）	评价标准（每项累计扣分不超过配分）
1	安全文明否决		造成人身、设备重大事故，或恶意顶撞考官、严重扰乱考场秩序，立即终止考试，此题计 0 分
2	工量具的选择及正确使用（15 分）		（1）不能正确选择工量具，每次扣 3 分； （2）不能正确使用工量具，每次扣 3 分

续上表

序号	考核项目	得分（分）	评价标准（每项累计扣分不超过配分）
3	LIN 总线电压检测 （20 分）		（1）不能正确检测 LIN 线显性与隐性电压，每项扣 5 分； （2）不能判断检测结果，每次扣 3 分
4	LIN 总线波形检测 （45 分）		（1）不能正确检测 LIN 线波形，扣 15 分； （2）不能判断检测结果，每项扣 5 分
5	安全文明生产 （20 分）		（1）不穿工作服扣 1 分、不穿工作鞋扣 1 分、不戴工作帽扣 1 分； （2）不安装车漆表面防护布（罩）扣 1 分、不安装车内座椅防护套、转向盘套、变速杆套、地板衬垫每项扣 0.5 分； （3）工量具与零件混放、或摆放凌乱，每次每处扣 1 分； （4）发动车辆不接尾气排放管，每次扣 1 分； （5）不放置三角木，扣 1 分； （6）工量具或零件随意摆放在地上，每次扣 1 分； （7）垃圾未分类回收，每次扣 1 分； （8）竣工后未清理工量具，每件扣 1 分； （9）竣工后未清理操作过程中手接触过的车漆表面，每处扣 1 分； （10）竣工后未清理考核场地，扣 2 分； （11）不服从考官、出言不逊，每次扣 3 分
合计			—

教师签名：________　　________年____月____日

项 目 五

MOST 总线检测与修复

学习目标

知识目标

- 掌握 MOST 网络系统的应用范围及类型；
- 掌握 MOST 网络系统的拓扑结构、组成及工作原理；
- 掌握 MOST 网络系统的故障检测及故障排除方法。

技能目标

- 能够借助车型电路图绘制 MOST 网络拓扑结构图；
- 能够结合实车说出 MOST 网络系统的部件及连接关系；
- 能够诊断并排除 MOST 系统的典型故障。

素养目标

- 能够与团队成员有效沟通，合作完成工作任务；
- 养成乐于思考、自主学习的良好学习习惯；
- 培养规范严谨、精益求精、乐于钻研的工匠精神。

项目任务描述

一辆 2021 年款奥迪 Q7 车辆，客户报修车辆多媒体系统出现黑屏无法启动现象，需要维修。经过确认，该车辆多媒体系统采用 MOST 总线技术进行数据传输。请你学习本项目的相关内容，解决客户的问题。

任务一 光纤式 MOST 总线认知

一、MOST 总线的结构与特征认知

1. MOST 总线系统的定义与类型

多媒体定向系统传输（Media Oriented Systems Transport），简称为 MOST，它是媒体信息传送的网络标准，可高效传输音频、视频、数据包和控制数据。凭借 MOST 的超快速网络启动功能，终端用户可以即时访问车载信息娱乐系统。大部分车型的 MOST 网络通常使用光纤传输数据，也有部分车型，如通用和丰田采用 Microchip MOST50 INIC 产品，该产品使用 UTP（非屏蔽双绞线）铜线硬件架构，该架构与高速 GMLAN 的相同，最高速度可达 50Mb/s，同时可大幅降低生产成本。

2. 光纤式 MOST 总线系统特征

光纤式 MOST 网络系统采用塑料光缆（POF）进行信息传输的 MOST 网络，将音响装置、电视、全球定位系统以及电话等视频、音频和多媒体设备相互连接起来。具有以下基本特征：

（1）按照当前 MOST 总线的传输速率不同，有 MOST25、MOST50、MOST150 三种规格，分别对应 25Mb/s、50Mb/s、150Mb/s 三种不同的传输速率。早期的车型使用 MOST25 网络构架，最高速率为 25Mb/s，大众、沃尔沃、奥迪、奔驰等最新车型使用 MOST150 构架，最高速率可达 150Mb/s。

（2）无论是否有主控计算机都可以工作。

（3）使用 POF（Plastic Optical Fiber）优化信息传送质量。

（4）支持声音和压缩图像的实时处理。

（5）支持数据的同步和异步传输。

（6）发送/接收器嵌有虚拟网络管理系统。

（7）支持多种网络连接方式。

（8）不受电磁干扰。

采用光学 MOST 进行数据传输与采用导线进行数据传输的区别如图 5-1 所示。首先，各控制元件将电磁脉冲信号转化为光脉冲信号，传送到光纤上。然后，相应的接收电脑又将光脉冲信号转换回电磁脉冲信号，完成数据传输和控制功能。

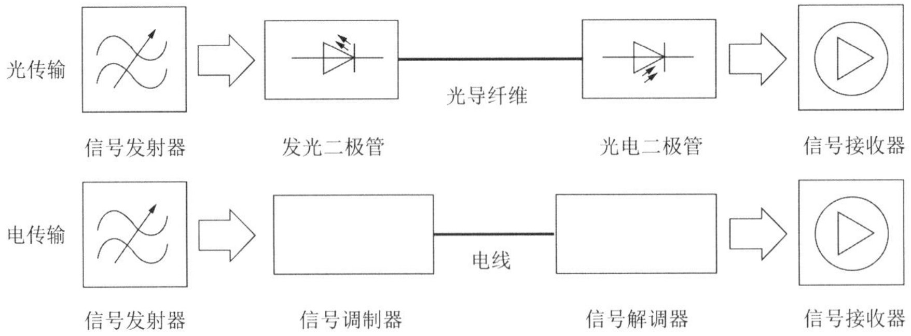

图 5-1 光传输与电传输的区别

3. 光纤式 MOST 基本结构及工作状态

1）MOST 总线的拓扑结构

如图 5-2 所示，MOST 总线系统采用环形拓扑结构。控制单元通过光导纤维沿环形方向将数据发送到下一个控制单元。这个过程一直在持续进行，直至首先发出数据的控制单元又接收到这些数据为止。可以通过数据总线自诊断接口和诊断 CAN 总线来对 MOST 系统进行故障诊断。

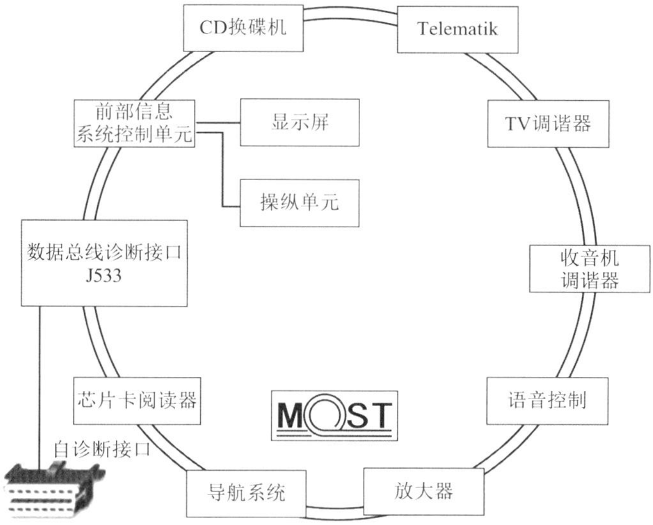

图 5-2　MOST 总线拓扑结构

在 MOST 总线中，一个控制单元拥有两根光导纤维，一根光导纤维用于发射器，另一根光导纤维用于接收器，在 MOST 控制单元中进行纯粹的光导纤维连接。每个终端设备（节点、控制单元）在一个具有环形结构的网络中通过光导纤维相互连接，如图 5-3 所示。音频、视频、控制等数据信息在环形总线上循环。

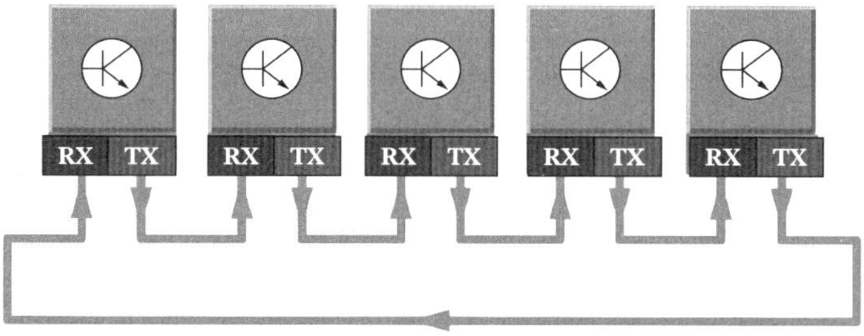

图 5-3　信息在 MOST 环形网络中的传输

RX-接收器；TX-发射器

2）光纤式 MOST 总线的结构组成

基本的 MOST 构架由光学控制单元和光导纤维组成，如图 5-4 所示。光学传输控制单元由内部供电装置、收发单元——光导发射器（FOT）、光波收发器、标准微控制器（CPU）、专用部件等组成，其中，收发单元由一个光电二极管和一个发光二极管构成。

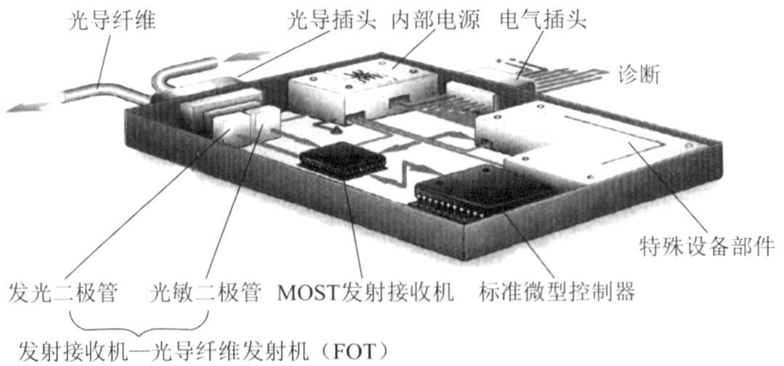

图 5-4　光学控制单元内部结构

（1）光导发射器 FOT。

光导发射器由一个光电二极管和一个发光二极管组成，发光二极管可以把 MOST 发射接收机中的电压信号转化为光信号发送出去。光电二极管可以将接收到的光信号转化为电压信号后传递给 MOST 发射接收机。实现光-电信号之间的转化。

（2）MOST 发射接收机。

MOST 发射接收机由发射器和接收器两个部件组成。发射器器将需要被发送的信息以电压信号传输到光线导体。接收器从光纤发射机接收电压信号并将需要的数据继续导向控制单元的标准微型控制单元（CPU）。

（3）电气插头。

电气插头用于供电、环断路自诊断和输入/输出信号。

（4）光导纤维。

光导纤维（亦称光缆）的作用是将在某一控制单元发射器内产生的光波传送到另一控制单元的接收器，如图 5-5 所示。

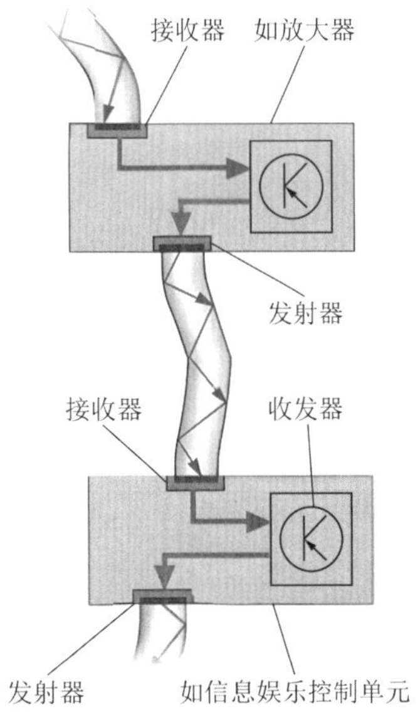

图 5-5　光导纤维传输光信号的过程

光导纤维结构如图 5-6 所示。纤芯是光导纤维的核心部分，是光波的传输介质，也可以称之为光波导线。纤芯一般用有机玻璃或塑料制成，根据全反射原理，纤芯内的光波可以几乎无损失地传输。

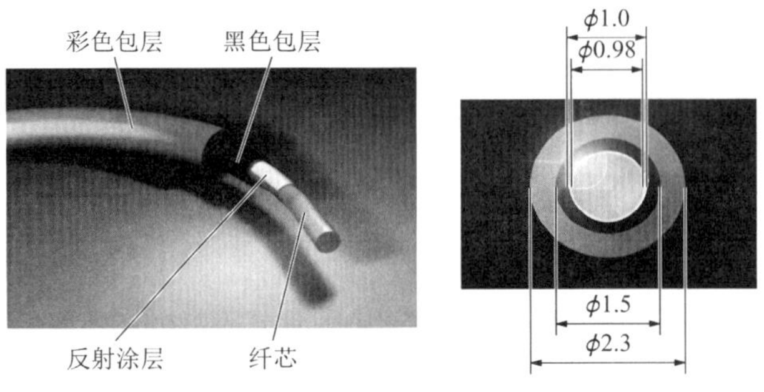

图 5-6　光导纤维的结构

光波利用全反射原理在光导纤维中传输，在直的光导纤维中，光波按全反射原理在纤芯表面以 Z 字形曲线传输，全反射原理如图 5-7 所示。光纤的折弯半径必须不小于 25mm，如果折弯过度就会造成信号损失。

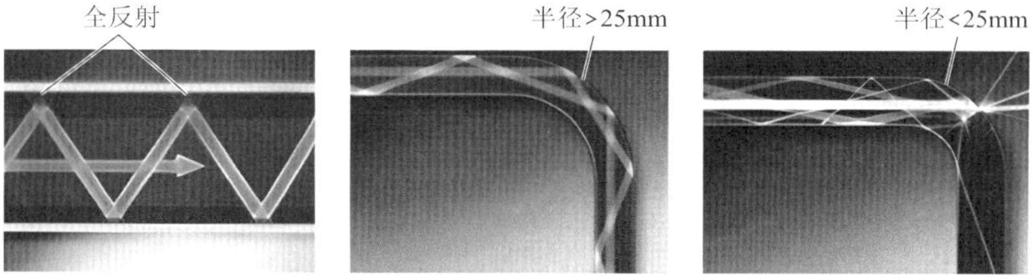

光波全反射原理

图 5-7　光波全反射原理

二、MOST 总线的工作原理认知

1. MOST 网络工作状态和启用过程

（1）休眠模式。

当系统处于休眠状态时，MOST 总线内没有数据交换，静态电流降至最小值，系统处于待命状态，只能由系统管理器发出的光波启动脉冲来激活，如图 5-8 所示。

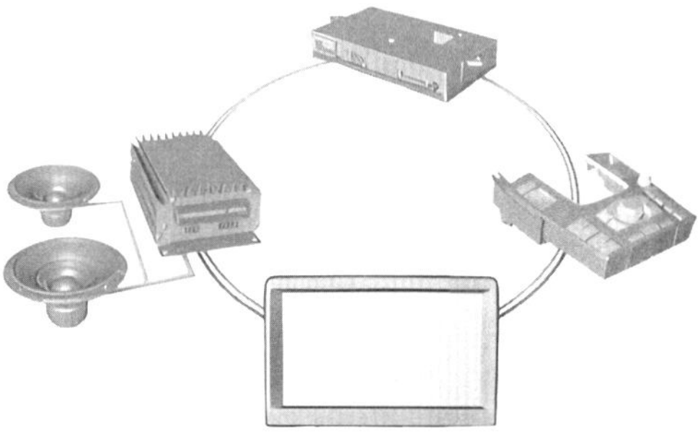

图 5-8　MOST 系统的休眠模式

（2）备用模式。

当 MOST 总线系统处于备用模式时，无法为用户提供任何服务，不显示图像也不发出声音，但这时 MOST 总线系统仍在后台运行，如图 5-9 所示。

（3）通电工作模式。

当 MOST 总线系统处于通电工作模式时，控制单元完全接通，MOST 总线上有数据交换，用户可使用影音娱乐、通信、导航等所有功能，如图 5-10 所示。

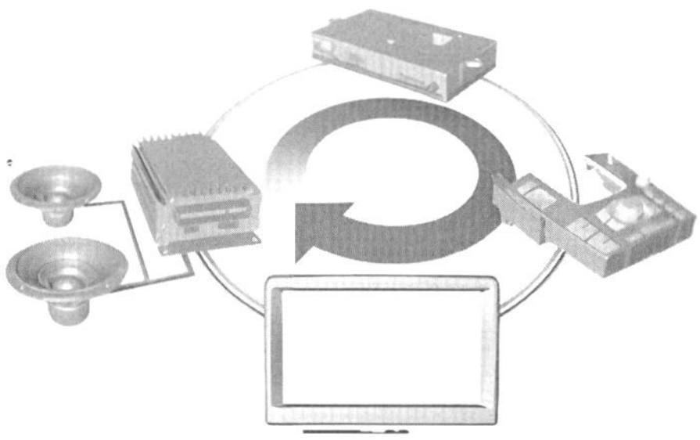

图 5-9　MOST 系统的备用模式

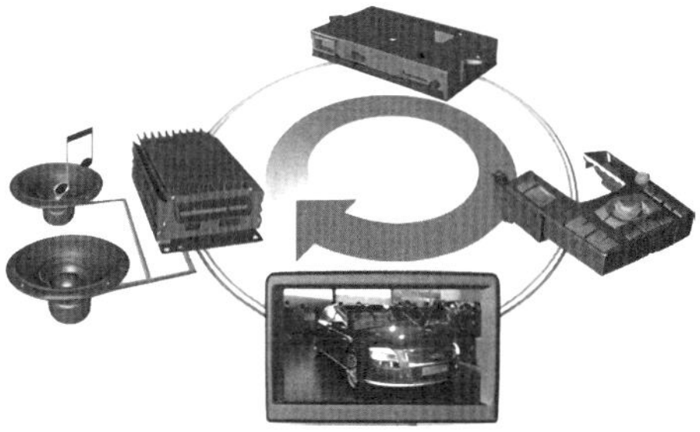

图 5-10　MOST 系统的通电工作模式

2. 光学 MOST 系统数据传输

1）MOST 数据结构

在 MOST25 系统的数据中，一个信息帧的大小为 64 字节（1 个字节为 8bit），可分成起始区、分界区、数据区、校验区、状态区、奇偶校验器等部分，如图 5-11a）所示。而在最新的 MOST150 系统数据中，一个信息帧的大小为 388 字节，能提供更加快速的数据传递，如图 5-11b）所示。

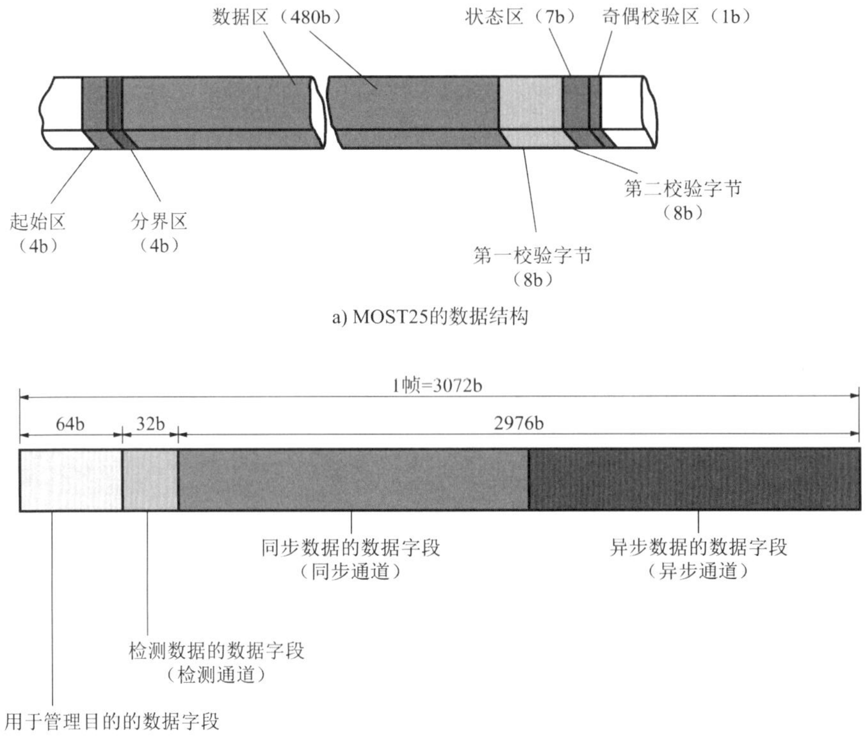

a) MOST25的数据结构

b) MOST150的数据结构

图 5-11　MOST 数据结构

起始区表示一个信息帧的开始，每段信息帧都有自己的起始区，起始区占用 4 位。

分界区用于区分起始区和即将到来的数据区。

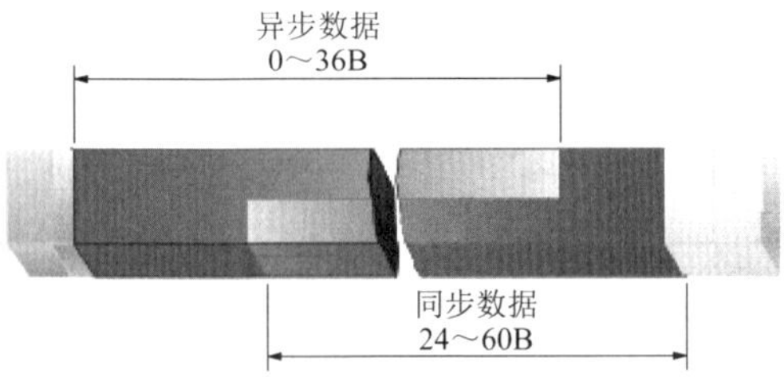

图 5-12　数据区的结构

一个数据区最多可以传递 60 个字节，用来传输同步数据和异步数据。数据的分配是可变的，同步数据主要包含声音和视频信息，数据在 24～60 个字节之间，同居数据传递具有优先权。异步数据一般为 0～36 个字节，主要用于传递图片、文字和计算信息。数据区的结构如图 5-12 所示。

第一校验字节和第二校验字节用来传递发射器和接收区的地址标识符和接收器的控制指令（如声音大小调节）。一个信息组中的校验字节在控制单元内汇成一个校验信息帧，校验信息帧含有控制和诊断数据，这些数据由发射器传递至接收器，是根据地址标识符进行传递的数据。

信息帧的状态区包含用于给接收器发送信息帧的信息。

就校验区用于最后检查数据的完整性，该区的内容见决定是否需要再重复一次发送信息。

2）MOST 数据传输

（1）MOST 系统的唤醒。

MOST 系统的工作过程分为启动（唤醒）和数据传输两个阶段。如果 MOST 总线处于休眠模式，首先须通过唤醒过程将系统切换到备用模式，如图 5-13a）所示。如果某一控制单元（系统管理器除外）唤醒了 MOST 总线，那么该控制单元就会向下一个控制单元发射一种专门调制的光信号。该唤醒过程一直进行到系统管理器为止，系统管理器根据传来的伺服光来识别是否有系统起动的请求。

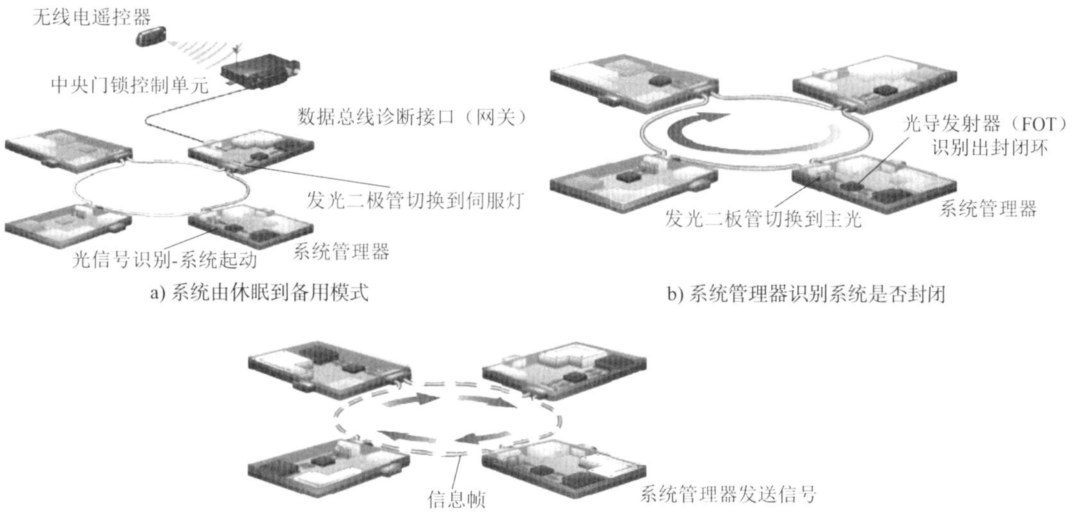

a) 系统由休眠到备用模式　　b) 系统管理器识别系统是否封闭

c) 系统传递信息

图 5-13　MOST 系统的唤醒过程

接下来系统管理器将向下一个控制单元发送一种专门调制的主光，这个主光由所有控制单元继续传递，光导发射器（FOT）接收到主光后，系统管理器就可以识别出环形总线已经形成闭环，可以发送信息帧。

首批信息帧要求 MOST 总线上的控制单元提供标识符，系统管理器可以根据标识符向环形总线上所有控制单元发送实时顺序，并依据地址进行数据传递。诊断管理器将报告上来的控制单元与所安装的控制单元存储表进行对比，如果实际配置与规定配置不相符，诊断管理器就会存储相应的故障。整个唤醒过程到此结束，系统开始传递数据。

（2）MOST 总线的数据传输。

数据传输过程中，音频和视频作为同步数据的传递，如图 5-14 所示。首先，用户通过多媒体操纵单元 E380 和信息显示单元 1685（图中未示出）来选择 CD 上的曲目，操纵单元 E380 通过一根数据导线将控制信号传给前部信息控制单元 J523（系统管理器）。然后系统管理器在不断发送的信息帧内加入一个带有以下校验数据的信息组。

MOST 总线数据传输过程

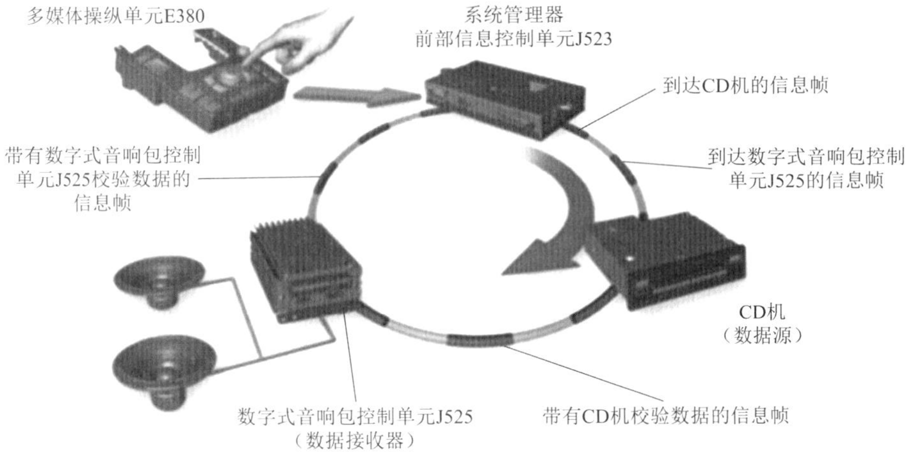

图 5-14　MOST 同步数据传输

① 发射器地址——前部信息控制单元 1523，环形位置 3。

② 数据源的接收器地址——CD 机，环形位置 3（取决于装备情况）。

③ 控制指令——播放第 10 个曲目。

④ 分配传送通道——CD 机（数据源）确定数据区中有哪些字节可以用于传送数据，然后加入带有以下校验数据的信息组。

⑤ 信息源发射器地址——CD 机环形位置（取决于装备情况）。

⑥ 系统管理器的接收器地址——前部信息控制单元 J523，环形位置 1。

⑦ 控制指令——CD 的数据传送到通道 01、02、03、04（立体声）。

之后，数字式音响控制单元 J525 就可以按照用户的指令要求播放相应的曲目。

在 MOST 系统中，导航系统的地图显示、导航计算、互联网网页和 E-Mail 等图片、文本信息是作为异步数据传输的，如图 5-15 所示。

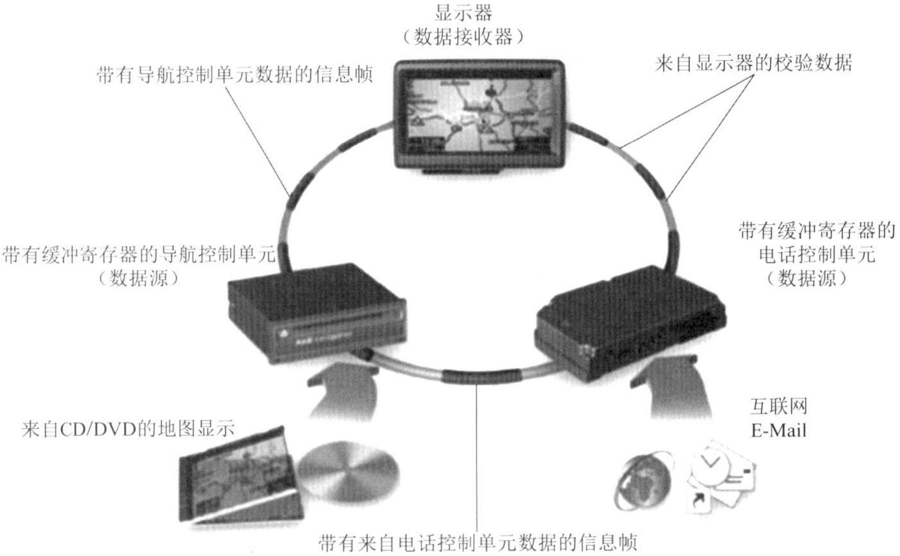

图 5-15　MOST 异步数据传输

异步数据源是以不规则的时间间隔来发送这些数据的。每个数据源将其异步数据存储到缓冲寄存器内，然后数据源开始等待，直至接收到带有接收器地址的信息组。

任务二　光纤式 MOST 总线的检测及故障诊断

一、MOST 断路诊断

MOST 总线的环形中断诊断

在使用 MOST25 的奥迪和大众车型上，网关 J533 作为诊断管理器使用，负责对 MOST 系统进行网络诊断，诊断导线通过中央导线连接器与 MOST 总线上的各个控制单元相连。

如果在 MOST 总线上发生数据传输中断，就无法完成正常的数据传输任务。由于 MOST 总线是环形结构，因此将这种数据传输中断称为环路断开，即总线断路。如图 5-16 所示。

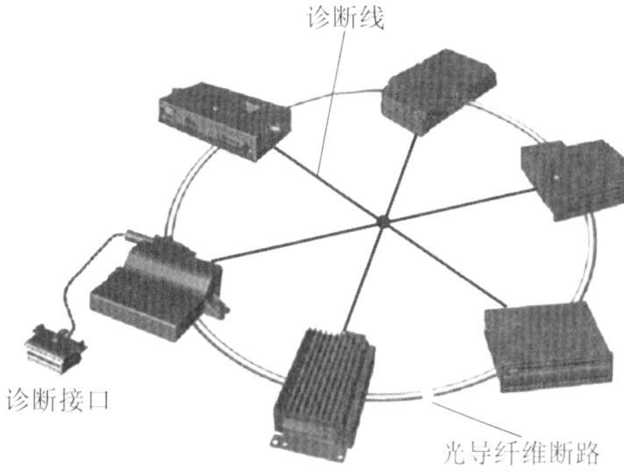

图 5-16　MOST 诊断导线的连接

环形中断诊断开始后，诊断管理器通过诊断线向各控制单元发送一个脉冲。这个脉冲使得所有控制单元用光导发射器（FOT）内的发射单元发出光信号。在此过程中，所有控制单元从环形总线上的前一个控制单元接收光信号，检查自身的供电及其内部的电控功能。

MOST 总线上的控制单元在一定时间内会应答，环形中断诊断开始后到控制单元做出应答有一段时间间隔，诊断管理器根据这段时间的长短就可判断出哪一个控制单元已经做出了应答。并据此判断系统是否有电气故障（供电故障）以及哪两个控制单元之间的光导数据传递中断。

MOST 总线备用控制单元的使用方法

若要确定断路故障是否是由于某个控制单元造成的，可利用备用的控制单元 VAS6186 来替换可疑控制单元，然后观察 MOST 系统是否恢复正常。若替换后，系统恢复正常，则可确认故障确系可疑控制单元损坏所致。

如图 5-17 所示，该专用工具实际相当于一根跳线，即通用标准插接器用一根光纤将接收端和发射端连接起来，光信号可以直接传递至下一个控制单元。该专用工具可以用简易光纤跳线工具进行替代，如图 5-18 所示。

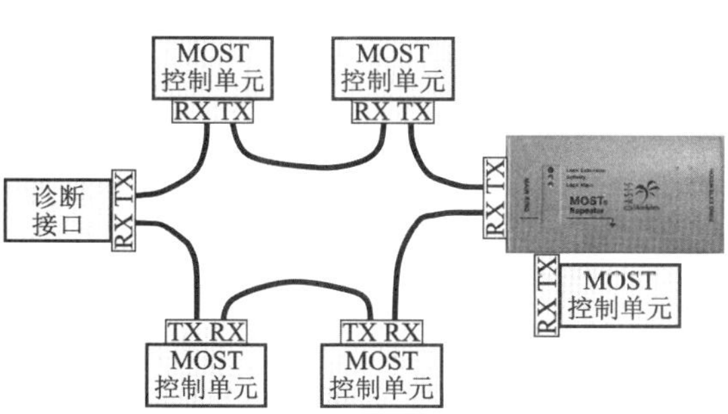

图 5-17　使用备用控制单元 VAS6186 进行替换诊断

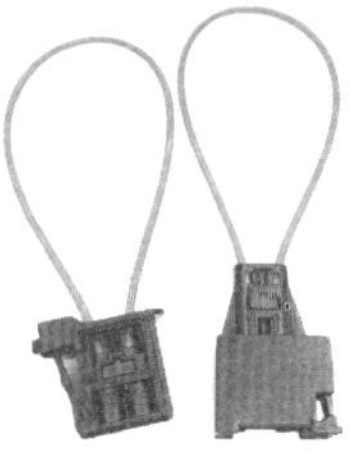
图 5-18　简易光纤跳线工具

1. 环中断导致系统不工作的原因

（1）模块内无电压供给或搭铁断路。

（2）环断路，主要是由于光缆挤压、偏转或者插头未插。

（3）光缆老化，信号传递效率下降。

（4）发射器二极管或接收器二极管损坏。

2. 环形中断产生的影响

（1）音频和视频播放终止。

（2）通过多媒体操纵单元无法控制和调整。

（3）诊断管理器的故障存储器中存有故障“光纤数据总线断路”。

3. 确定发生环断裂的位置所需数据

（1）安装列表。

（2）环断裂诊断答复。

如图 5-19 所示，若收音机和放大器之间出现光纤断路，通过系统内部诊断可以确定断路的范围以及该断路是由光学故障引起的还是由电气故障引起的。

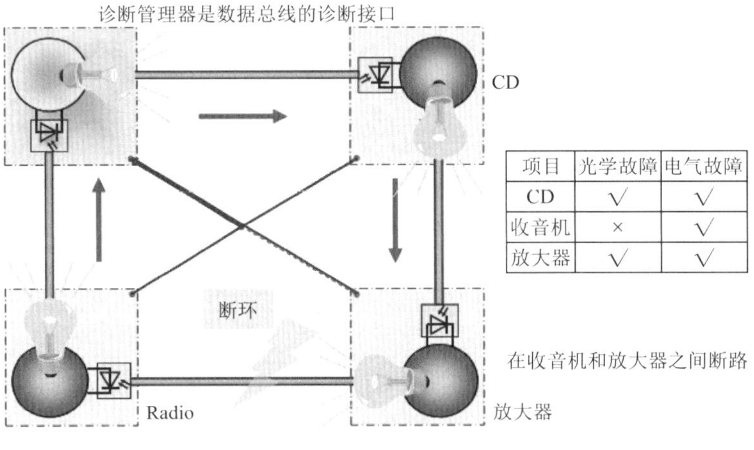

图 5-19　环断路诊断原理

二、信号衰减幅度增加故障诊断

诊断管理器还有信号衰减幅度增大的诊断功能，即通过监测 MOST 系统传输光波功率的降低，来判断光学系统在信号传输过程中是否存在信号衰减幅度过大的故障。控制单元用衰减度为 3dB 的方式，即光功率减少一半，打开它们在 FOT 中的发光二极管。如果光导纤维的信号衰减增加，那么到达接收器的光信号就会非常弱，接收器就会报告“光学故障”。诊断管理器就会识别出故障点，在使用故障检测仪查询故障时会给出相应的帮助信息，如图 5-20 所示。

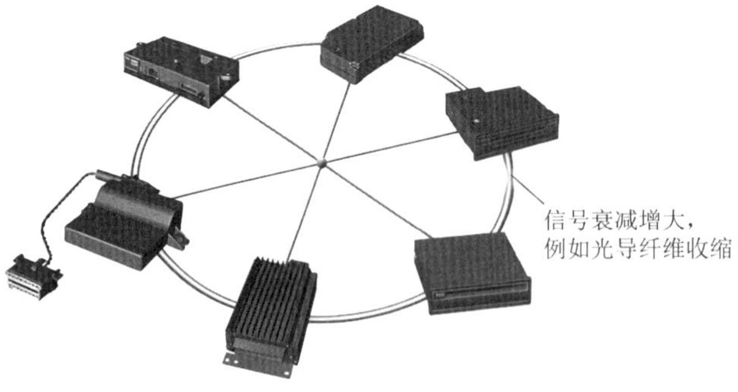

图 5-20　信号衰减增加故障诊断

三、MOST150 总线故障诊断

在奥迪和大众新型车辆的信息娱乐系统中采用 MOST150 总线系统进行数据传输。该系统采用信息娱乐系统平台模块(MIB)来处理更加清晰的图像、音频和视频信息。如图 5-21 所示为 2016—2020 年款奥迪 Q7 车型上的信息娱乐系统诊断管理示意图。

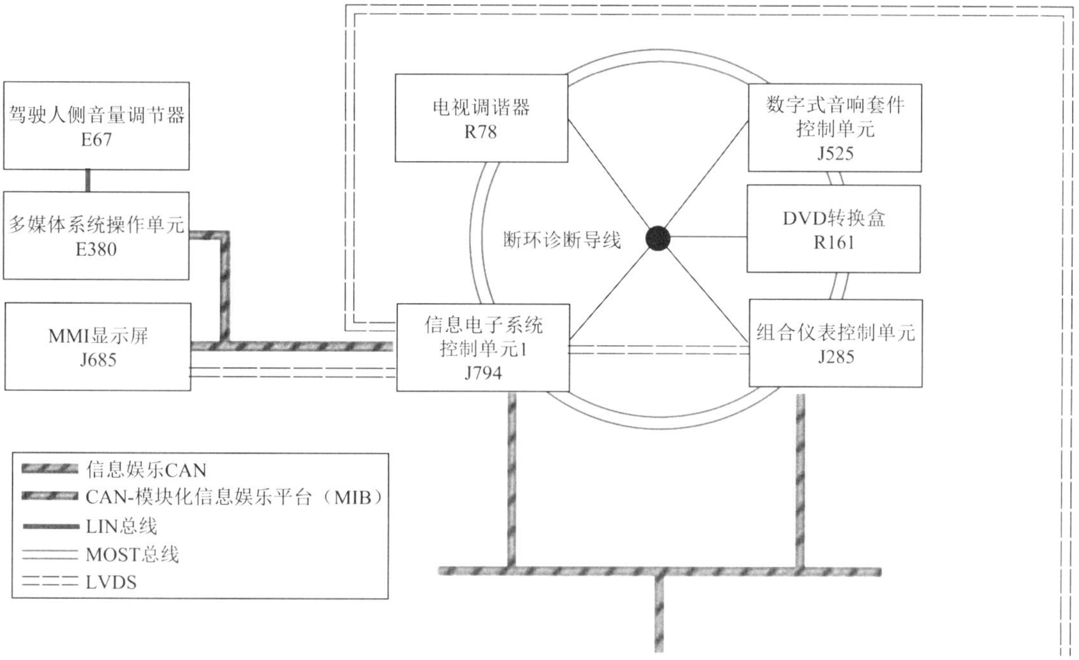

图 5-21　2016—2020 年款奥迪 Q7 MOST 诊断管理原理图

MMI 显示屏 J685 和操作单元 E380 通过一根专用的 CAN 总线与信息电子系统 1 控制单元 J794 相连，这根 CAN 总线的速率为 500kb/s。有了 MOST150 总线，可以通过光学数据总线直接传输电视调谐器 R78 或 DVD 转换盒 R161 的视频图像，不再像之前使用 MOST25 的车型上那样在 J794 上单独安装 FBAS 接口。

信息电子系统 1 控制单元 J794 除承担 MOST 总线主控制器的任务外，还替代原 J533 负责的诊断功能。使用新型的 MOST 系统诊断地址码都是“5F-信息电子系统”。断路诊断的流程与前述前的 MOST 总线相同。但在诊断总线的光学故障时，必须要使用专用工具—光学替换控制单元 VAS 6778，如图 5-22 所示。使用的方法与流程与 MOST25 基本相同，此处不再赘述。

图 5-22　光学替换控制单元 VAS6778

四、光纤常见的故障及维修

1. 光纤常见的故障（图 5-23）

（1）光导纤维弯曲半径太小。光导纤维的弯曲半径小于 5mm（扭绞），使得内芯线在弯曲点产生出阴影（与弯曲的有机玻璃相比较）。必须更换光导纤维。

（2）光导纤维的覆盖层损坏。

（3）端面刮伤。

（4）端面变脏。

（5）端面移位（插头外壳破裂）。

（6）端面不成直线（角度误差）。

（7）光导纤维的端面和控制单元的接触面之间有缝隙（插头外壳破裂或未啮合）。

（8）套圈未正确地压接。

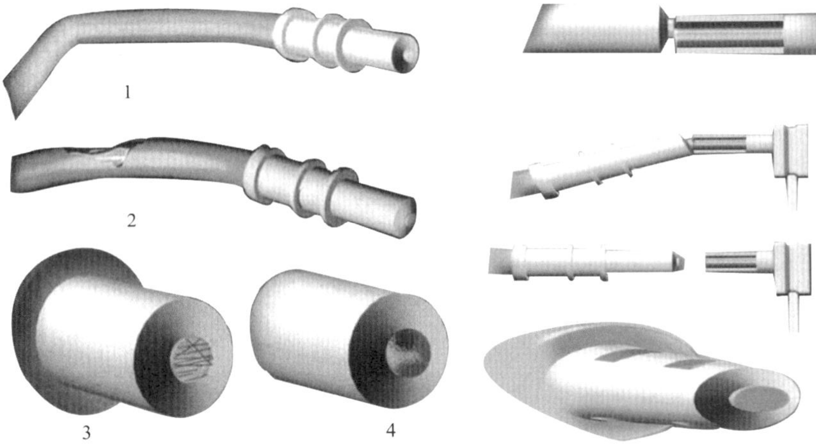

图 5-23　光纤常见的故障

2. 光纤的维修

对于损坏的光纤线或光纤接头，需要使用专用的维修工具进行重新修理，使用专用工具维修光纤的过程见表 5-1。

使用专用工具维修光纤　　　　表 5-1

<table>
<tr><td>光纤钳的结构</td><td>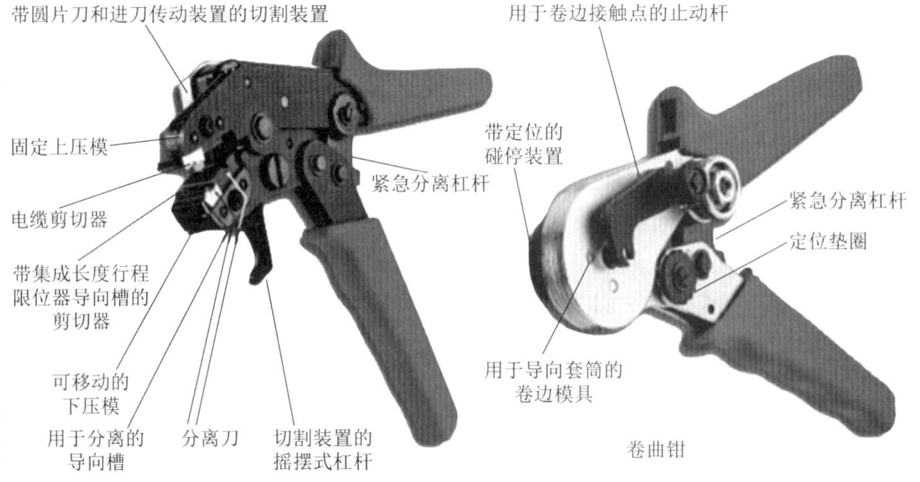
</td></tr>
</table>

续上表

光纤修理套件 VAS6223	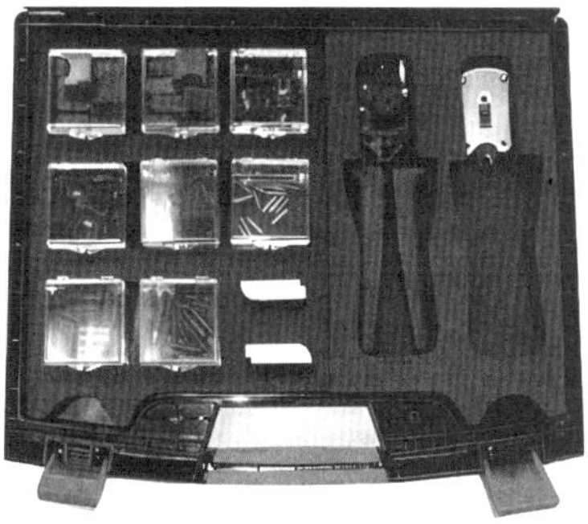 光纤修理套件的使用方法
预切割光纤并剥除橙色的外壳	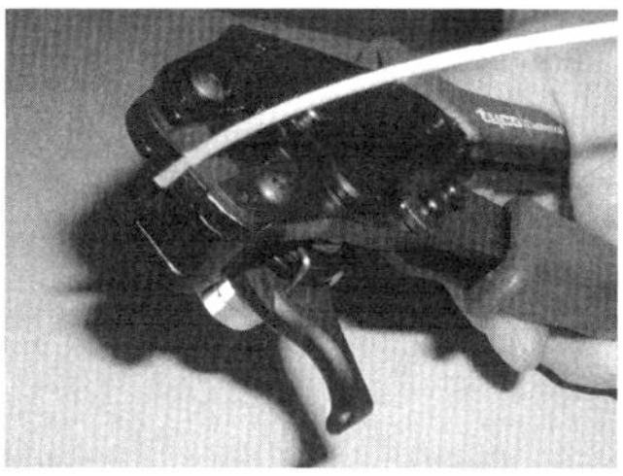 粗略预切割光纤电缆(侧边切割功能)，为切割面的后续（精度切割）工作而备用 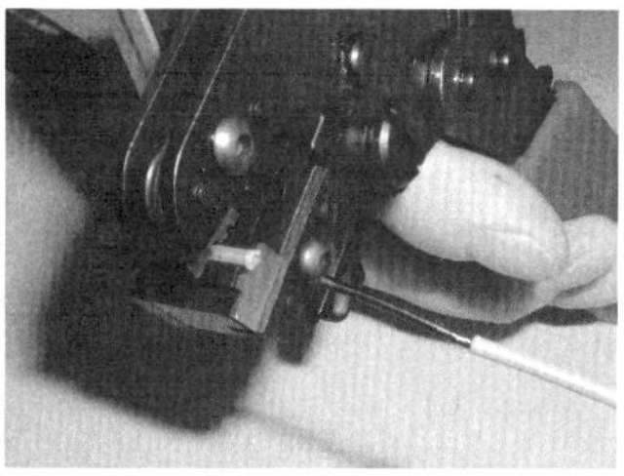 将光纤电缆放在剥除绝缘外壳器的缺口里并且剥除绝缘外壳(橙色外壳)，严禁弯折或夹住光纤电缆
将光纤放入夹钳，用切割轮慢速切割光纤	 将光纤电缆放入夹钳（注意适用于外部外壳的缺口。参见箭头）并闭合夹钳 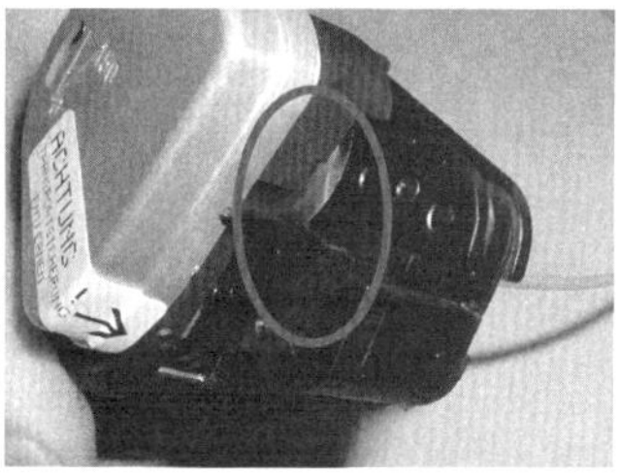 用切割轮切割光缆（精度切割）。为了避免折断光缆，切割不要太快
放入黄铜插接套件，将剪切好的光纤装入套件	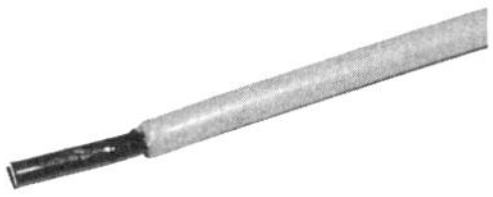 用第一个夹钳加工结果：干净定长的、带光滑切割面的光纤电缆  黄铜制压紧套件放到第二个夹钳里 注意： 压紧套件不可以歪斜

续上表

<table>
<tr><td>压紧套件和光纤插头，注意不要用力过大</td><td>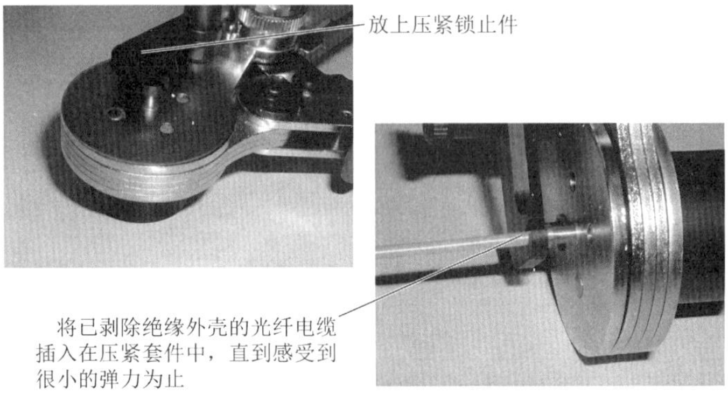
</td></tr>
<tr><td>压好后对插头的轴套进行检查，确认黄铜轴套应在光纤端面前0.01～0.1mm之间</td><td>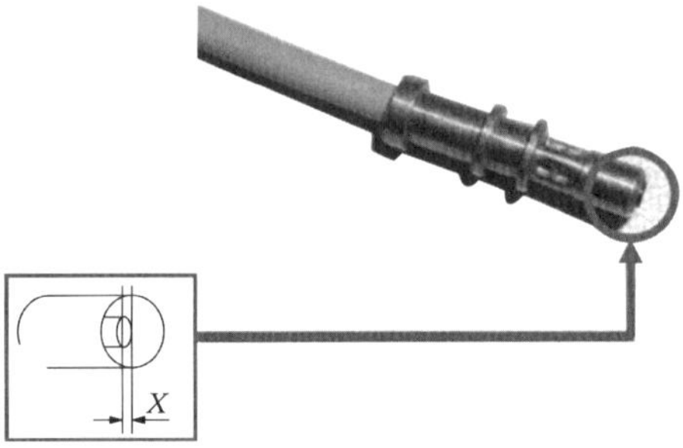
</td></tr>
</table>

五、光纤式 MOST 总线故障诊断案例

1. 故障现象

一辆 2012 年款奥迪 A6L 轿车，行驶里程 8.6 万 km。出现音响无声音，且多媒体 MMI 显示屏黑屏故障。

2. 故障诊断流程

首先使用故障诊断仪读取该车辆多媒体 MMI 系统故障信息，显示信息如图 5-24 所示。

车辆系统	已设	实际安装	KD	GW信息
0E-媒体播放器位置1	是	可以达到	正常	Most
56-无线电（CAN）	是	可以达到	正常	Most
47-音响系统	是	可以达到	故障	Most
5F-信息电子设备1	是	可以达到	正常	Most

图 5-24　多媒体系统故障诊断信息

查阅维修资料，确认该车型多媒体 MMI 系统的 MOST 网络拓扑如图 5-25 所示。该系统包括信息电子控制单元 1（J794）、DVD 换碟机（R161）、组合仪表控制单元（J285）、TV 调谐器（R78）、收音机（R）、数字音响控制单元（J525）以及数据总线诊断接口（J533）。

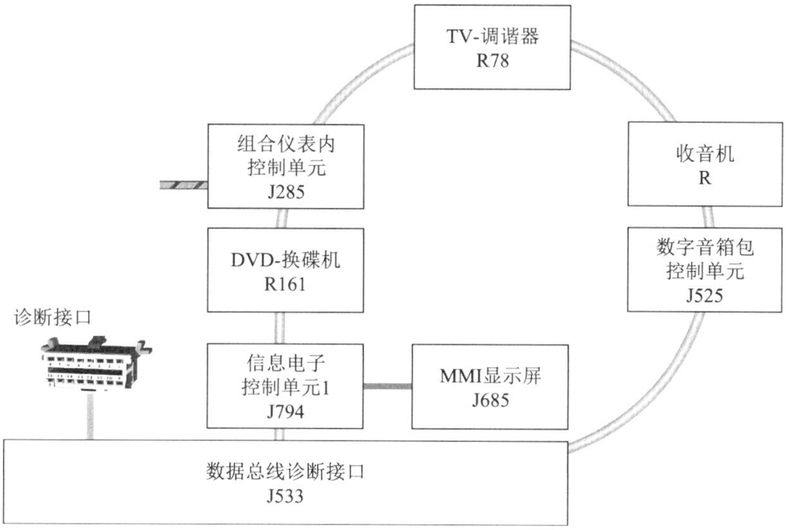

图 5-25 奥迪 A6L 车型 MOST 网络通信拓扑图

通过图 5-25 可以看出，信息娱乐系统采用的是 MOST 光纤环路通信，当环路中任一个控制单元损坏或光纤环路中断整个信息娱乐系统就无法启动，同时也不能进行通信。使用诊断仪的网关 J533 地址码 19 进行 MOST 回路诊断测试，结果显示："J525-数字音响组件，光学故障"。

造成 MOST 系统无法通信的故障原因如下。

（1）控制单元供电故障。

（2）控制单元搭铁故障。

（3）控制单元内部损坏。

（4）光纤或光纤接口损坏。

本着先简后繁的原则，首先对数字音响控制单元 J525 和收音机 R 的供电电源和搭铁进行检查，结果显示正常。进一步拆卸数字音响控制单元，断开其光纤插接器，使用光纤短路工具短接光纤插接器。开启点火开关后，屏幕亮起，图像显示正常，但播放音频时没有声音，此时可以判断数字音响控制单元 J525 内部存在故障。

3. 故障排除方法

更换数字音响控制单元 J525，故障现象消失，故障排除。一周后对客户进行回访，故障未再次出现。

任务三 双绞线式 MOST 总线认知

一、双绞线式 MOST 总线系统组成

使用双绞线的 MOST 系统（MOST50）与光纤式 MOST 总线（MOST25 和 MOST150）均采用媒体定向信息传输方式，但在传输介质方面 MOST50 采用了成本较低的"无屏蔽双

绞铜线”硬件架构，使车辆各媒体设备之间传输速率可达 50Mb/s。

该系统主要由控制模块和双绞线组成，如图 5-26 所示为 2016—2018 年款别克君越的信息娱乐系统。此系统中共有 6 个模块，其中，收音机模块是 MOST 网络的主控模块，除自身基本功能外还具备连接低速 GMLAN 网络、唤醒 MOST 网络其他模块、监测总线上的车辆配置、对 MOST 网络进行诊断等功能。人机交互模块是 MOST 网络的另一个主要模块，在诊断仪无法与收音机模块通信时，可以通过人机交互模块读取 MOST 网络的故障码。

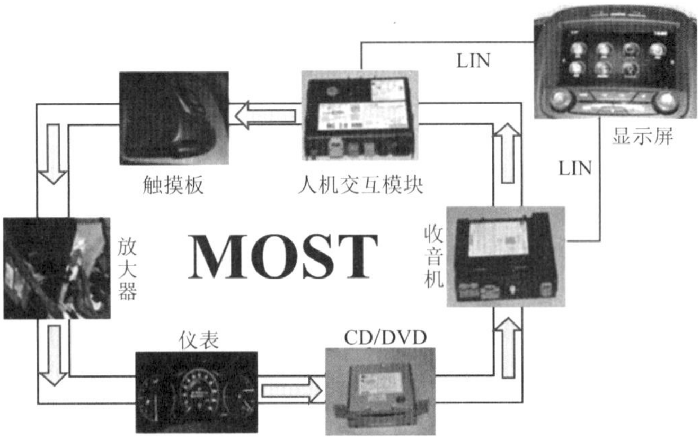

图 5-26　2016—2018 年款别克君越 MOST 总线

媒体导向系统传输（MOST）总线上的每个设备都需要有双绞铜线（2 条 TX 发送线路、2 条 RX 接收线路）和 1 条 12V 唤醒信号线路。

二、双绞线式 MOST 总线工作原理

1. 信息传输原则

此种 MOST 网络仍然遵循信息单向传输的原则，各个控制模块作为网络中的节点，连接在一个环形网络上。数据在网络中按固定的方向传输，例如节点 A 的信息要传给节点 C，必须通过节点 B 传输。若节点 B 处堵塞，信号无法从节点 F 侧传给节点 C，如图 5-27 所示。

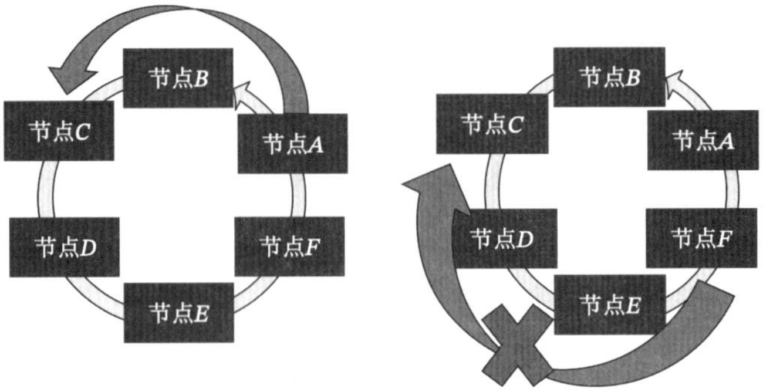

图 5-27　MOST 网络中信息单向传输

此外，MOST 双绞线在每个模块内部并不直接相连。在每个模块内部都有一个接收器和发送器，如图 5-28 所示。线路在模块内部并不是直接相连的。数据传输须通过接收器与收发器后才能传输到下一级控制模块，如果模块不能正常工作，会导致 MOST 网络失效。

2. MOST 总线唤醒

MOST 网络的唤醒线路在不工作时保持 12V 电位，需要唤醒时，收音机通过唤醒线输出一个 100ms 的低电压脉冲信号，唤醒 MOST 网络，如图 5-29 所示。总线唤醒过程如图 5-30 所示。

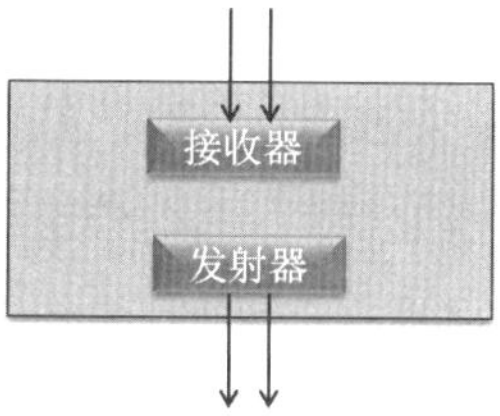

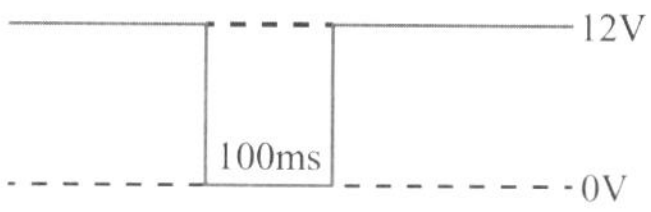

图 5-28　MOST 模块内部　　图 5-29　总线唤醒信号

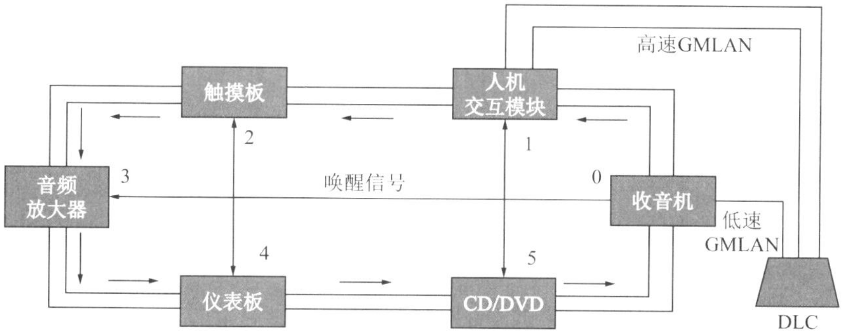

图 5-30　总线唤醒过程

3. MOST 总线自检

当 MOST 网络启用后，收音机模块需要按照信息传递方向逐一学习每个模块的地址码（ID），这些地址用 0-5 表示，如图 5-31 所示。每个模块正常的地址码与传输方向保持一致，当学习信息再次回到收音机模块后，系统确认工作正常，进入工作模式。

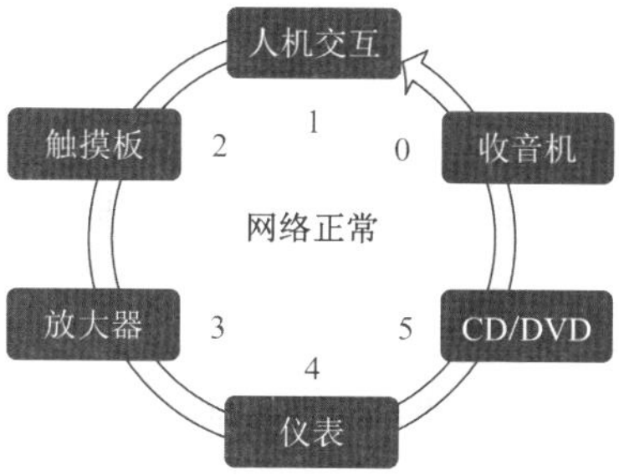

图 5-31　MOST 总线自检过程

任务四 双绞线式 MOST 总线的检测及故障诊断

一、利用故障诊断仪检测双绞线式 MOST 总线

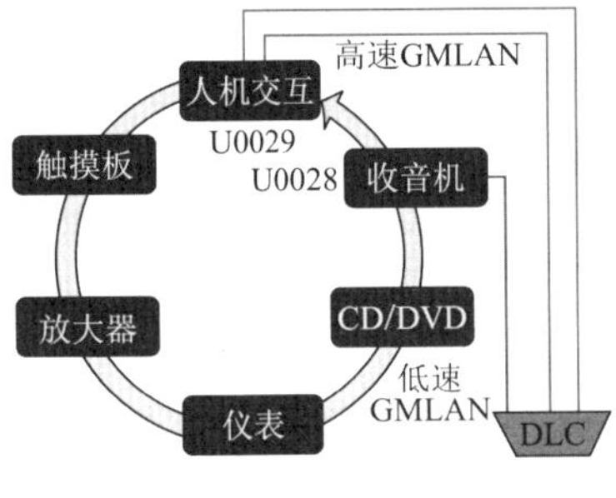

图 5-32 MOST 网络故障码的读取

1. 故障码的读取

上汽通用别克君越使用双绞线式 MOST 总线，由于 MOST 网络没有连接在诊断接口（DLC）上，若系统出现故障，在诊断时可以在低速 GMLAN 中的收音机模块读出故障码"U0028—MOST 总线"，或者在高速 GMLAN 中人机交互模块读出故障码"U0029—MOST 总线性能"，如图 5-32 所示。

2. 利用地址码（ID）诊断

当 MOST 网络出现断点时，收音机模块通过唤醒线路发送一个 300ms 的接地脉冲，将收音机模块反方向（MOST 的传输方向为正方向）最远的模块激活为替代的主控模块。

如图 5-33 所示，如断点处于仪表和放大器模块之间时，仪表会被替换为主控模块；如断点处于放大器模块和触摸板之间时，放大器模块会被替换为主控模块。

当断点出现在放大器模块与仪表之间时，仪表作为替代主控模块将会发送代码"0"，CD/DVD 模块发送代码"1"，依此类推，在收音机模块内会产生一个不正常的代码"2"。然后通过这个代码反推（2→1→0）即可找到故障点。此时，可疑故障点为放大器模块或仪表与放大器模块之间的线路。

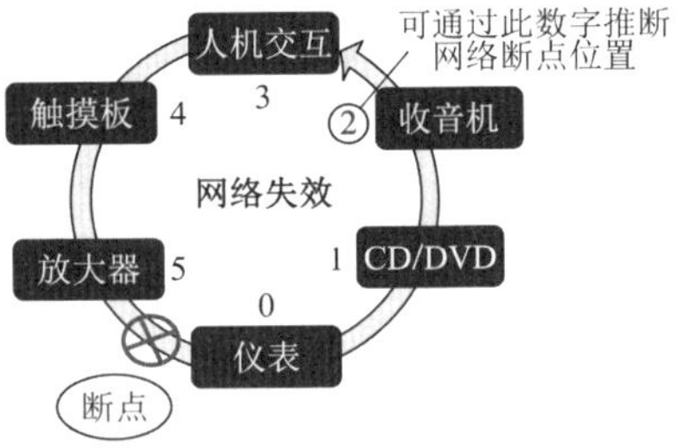

图 5-33 利用地址码诊断原理

如图 5-34 所示，一辆别克君越轿车出现显示屏黑屏故障，使用上汽通用故障诊断设备 GDS2 进行诊断，查看"收音机模块"内相关数据信息时，显示收音机模块内的"替代 MOST 主节点上行位置"数据为"4"。按照图 5-33 的诊断原理可以推导，此时的故障位于触摸板与人机交互模块之间。

图 5-34 使用上汽通用故障诊断仪 GDS2 进行 MOST 故障诊断信息

二、双绞线式 MOST 网络诊断基本方法

在实际诊断中，对于 MOST 引起的故障（通常为显示器黑屏、触摸板无法操作、不能播放音频视频等），首先要使用故障诊断仪（上汽通用使用专用的 GDS2 诊断仪）读取网络系统的故障码和数据流，根据诊断结果大致判断故障可能发生的位置。然后结合维修手册中的电路图进行故障排查，如图 5-35 所示为别克君越 MOST 网络拓扑图。

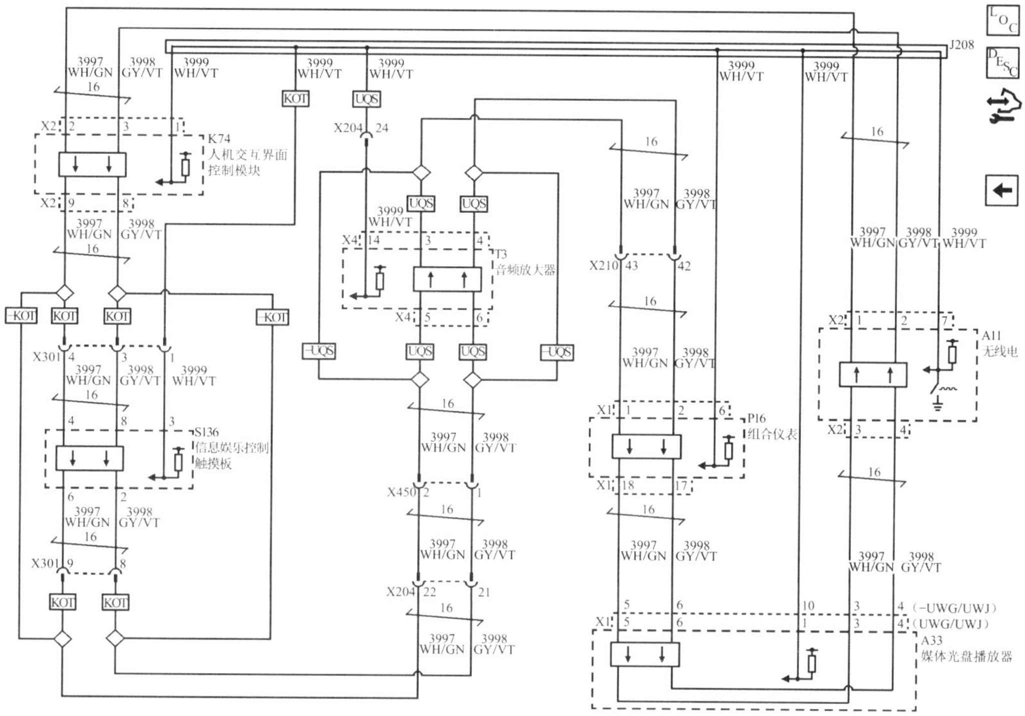

图 5-35 别克君越 MOST 网络拓扑图

若要判断 MOST 双绞线是否故障，可以使用万用表测量双绞线是否有断路、对地短路、线间短路或对电源短路。若要判断是否由模块造成的，可以根据故障诊断仪的故障提示，断开相关模块的插接器，使用导线对模块的接收器导线和发射器导线进行短路测试。

如图 5-36 所示，当前故障诊断仪提示组合仪表通信中断，诊断技师断开组合仪表插接器后，使用导线将端子 1（MOST 总线接收器+）与端子 18（MOST 总线接收器–）短接，将端子 2（MOST 总线发射器+）与端子 17（MOST 总线发射器–）短接，相当于信号不经过组合仪表。此时检查整个 MOST 系统工作是否正常，若系统正常，同时使用诊断仪观察数据流变化，若系统恢复正常工作，说明仪表模块内部出现故障，需要维修或更换；若仍然不正常，则需要进一步检查

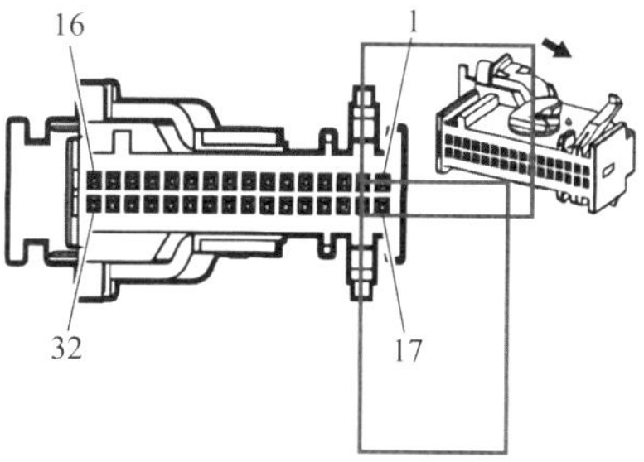

图 5-36 短接组合仪表中的方法

1、16、17、32-端子

线路、插接器等。

技能实训

一、光纤式 MOST 总线系统诊断测试

1. 项目目标

能够运用故障诊断仪、万用表、MOST 专用检修工具对光纤式 MOST 总线系统进行诊断测试。

2. 项目内容

（1）准备配置有 MOST 总线的大众、奥迪等车辆或台架，故障诊断仪、万用表、光纤短接工具、备用 MOST 光纤、车型维修手册等。

（2）找到车辆的 MOST 网络系统部件，与维修手册中的网联拓扑图进行对比，确定各部件之间的连接关系，并在下面的空格中画出实车的 MOST 网络拓扑图。

（3）连接故障诊断仪，读取 MOST 网络系统故障信息和数据信息，并填写检测结果记录表 5-2。

检测结果记录表 表 5-2

部件名称	是否安装	是否可到达	状态	GW 信息

（4）关闭点火开关，断开 MOST 网络中某个控制模块的电源保险，打开点火开关，读取系统故障信息并记录在下面表格中。

（5）拔下此控制模块的光纤插接器，恢复电源保险，打开点火开关，读取系统故障信息并记录在下面表格中。

（6）将 MOST 模块短路工具连接在此控制模块线束的插接器端，再次读取系统故障信息和数据流，并记录在下面的表格中。

（7）对比第 4、5、6 步骤中的故障信息和数据流的差异，分析原因。

（8）装回插接器和控制模块，恢复车辆及工位。

（9）按照表 5-1 的步骤制作光纤插头，写出关键注意事项。

二、双绞线式 MOST 总线系统诊断测试

1. 项目目标

能够运用故障诊断仪、万用表、MOST 检修工具对双绞线式 MOST 总线系统进行诊断测试。

2. 项目内容

（1）准备配置有双绞线式 MOST 总线的别克、丰田等车辆或台架，故障诊断仪、万用表、短接线、车型维修手册、电路图等。

（2）找到车辆的 MOST 网络系统部件，与维修手册中的网联拓扑图进行对比，确定各部件之间的连接关系，并在下面的空格中画出实车的 MOST 网络拓扑图。

（3）连接故障诊断仪，读取 MOST 网络总线系统数据流信息，将检测结果记录在下面表格中。

（4）关闭点火开关，断开 MOST 网络中某个控制模块的电源保险。打开点火开关，通过诊断仪读取系统故障信息和数据流信息并记录在下面表格中。

（5）关闭点火开关，拔下此控制模块中带有 MOST 双绞线的插接器，恢复第 4 步断开

的电源保险。打开点火开关，通过诊断仪读取系统故障信息和数据流信息并记录在下面表格中。

（6）查阅电路图，找到该模块中 MOST 总线接收器和发射器的相应端子，使用跨接线分别短路接收器和发射器中的 MOST+和 MOST−端子，再次读取系统故障信息和数据流，并记录在下面的表格中。

（7）对比第 4、5、6 步骤中的故障信息和数据流的差异，分析原因。

（8）恢复控制模块插接器，安装控制模块，恢复车辆及工位。

项目小结

（1）MOST 总线是媒体导向系统传输，一般采用环形拓扑结构，信息按照特定的顺序在系统内传输。

（2）当前使用的 MOST 网络有 MOST25、MOST50、MOST150 三种规格，分别对应 25Mb/s、50Mb/s、150Mb/s 三种不同的传输速率。

（3）目前大众、奥迪、宝马等车型大多使用 MOST25 和 MOST150 的光纤式 MOST 总线，通用和丰田等厂家使用 MOST50 的双绞线式 MOST 总线进行音频和视频数据传输。

（4）光纤式 MOST 总线的模块中设置有接收器和发射器，可以进行光电信号的转化，双绞线式 MOST 系统中也设置有接收器和发射器，导线不能直接穿过模块。

（5）MOST25 和 MOST150 的网络结构有差异，在诊断方法上也有区别。

（6）MOST 总线的故障可以分为模块故障和线路（光纤和双绞线）故障，判断模块是否故障时大多采用短路的方法，判断导线是否故障时，要使用诊断仪和万用表进行测量判断。

素质延伸

通过完成 MOST 总线的常见故障诊断和总线修复任务，我们更加深刻地体会到只有掌握了扎实的专业基础知识、具备良好的自主学习能力和不断拥抱新技术的意识，才能把握汽车技术的前沿。同时要具备勤于思考、乐于实践和精益求精的工匠精神，才能具备科技报国的底气。

思考与练习

一、判断题

1. 车载 MOST 网络系统只能使用光纤进行数据传输。（　）

2. 在光纤 MOST 总线中，每个控制单元要使用两根光导纤维，一根光导纤维用于发射器，一根光导纤维用于接收器。（　）

3. 光纤式 MOST 系统中的接收器使用发光二极管，而发射器使用光电二极管。（　）

4. 在 MOST 总线中，音频和视频信息进行同步传输，而图像、文本等进行异步传输。（　）

5. 使用 MOST150 的新型光学网络系统中，信息娱乐电子系统 1 控制单元 J794 既是 MOST 系统的主控器，又是诊断主控器。（　）

6. 由于光可以在光导纤维中利用全反射原理进行数据传递，因此光纤可以任意弯曲。（　）

7. 使用双绞线的 MOST50 系统进行唤醒时，由主控模块通过唤醒线输出一个 100ms 的低电压脉冲信号，唤醒 MOST 网络。（　）

8. 当检测到 MOST 总线出现中断后，系统会使信息反向传递以保证信息可以继续传输。（　）

二、选择题

1. MOST 的含义是（　）。

A. 智能数据总线　　B. 媒体定向系统传输总线
C. 时间触发协议　　D. 控制器局域网络

2. 以下可能会使用光纤作为信息传递媒介的网络是（　）。

A. LIN 总线　　B. CAN 总线
C. MOST 总线　　D. VAN 总线

3. MOST 网络中进行信息传输的介质可以是（　）。

A. 单根铜质导线　　B. 双绞铜质导线
C. 光纤　　D. 发光二极管

4. MOST 网络由睡眠状态转变为备用模式的过程称为（　）。

A. 系统唤醒　　B. 信息检测
C. 信息传输　　D. 数据校验

5. 奥迪轿车中 MOST 总线出现故障后，使用 VAS6168 替代出现故障码的模块后系统通信正常，则说明（　）。

A. 被替换的模块损坏　　B. 被替换的模块正常
C. 与模块相连的光纤故障　　D. 与模块相连的光纤正常

6. MOST 光纤出现磨破、折弯等故障后应。

A. 对光纤进行修复　　B. 对光纤损坏部分进行替换

C. 使用胶布重新缠绕损坏位置　　D. 更换光纤

三、简答题

1. 简述 MOST 网络的主要特征。

2. 简述光纤式 MOST 总线的信息传递过程。

3. 简述光纤式 MOST 总线的唤醒过程。

4. 简述使用双绞线式 MOST 总线系统的自检过程。

考核工单（表5-3）

MOST 总线系统检测考核工单　　表 5-3

序号	考核项目	得分（分）	评分标准（每项累计扣分不超过配分）
1	安全文明否决		造成人身、设备重大事故，或恶意顶撞考官、严重扰乱考场秩序，立即终止考试，此题计 0 分
2	工量具的选择及正确使用（15 分）		（1）不能正确选择工量具，每次扣 3 分； （2）不能正确使用工量具，每次扣 5 分
3	工具仪器准备（5 分）		（1）工具仪器每少准备 1 件扣 1 分； （2）工具仪器选择不当，每次扣 2 分
4	找出 MOST 总线的主要部件（10 分）		（1）不能正确认识一项扣 5 分； （2）部件读取错误每个扣 5 分
5	结合维修手册绘制 MOST 总线拓扑图，分析各模块之间的连接关系（15 分）		（1）不能识读或画出拓扑结构不得分； （2）拓扑结构错误一处，每次扣 5 分
6	使用故障诊断仪进入相应的模块，在操作系统期间读取数据流及其变化，断开某个模块的电源后读取故障代码及数据流变化（15 分）		（1）不能正确连接仪器，该项不得分； （2）无法读取故障代码扣 5 分； （3）无法读取数据流扣 5 分
7	使用专用工具或光纤跳线（跨接线）跨接某个模块后读取数据流变化。用诊断仪进行 MOST 网络环路中断诊断操作（15 分）		（1）不会使用光纤跳线或专用工具进行检查，该项不得分； （2）无法读取数据流扣 5 分； （3）无法进行 MOST 网络环路中断诊断操作扣 5 分
8	退出仪器（5 分）		（1）未能正常退出扣 2 分； （2）拆卸仪器时点火开关未关闭扣 3 分

续上表

序号	考核项目	得分（分）	评分标准（每项累计扣分不超过配分）
9	安全文明生产（20 分）		（1）不穿工作服扣 1 分、不穿工作鞋扣 1 分、不戴工作帽扣 1 分； （2）不安装车漆表面防护布（罩）扣 1 分、不安装车内座椅防护套、转向盘套、变速杆套、地板衬垫每项扣 0.5 分； （3）工量具与零件混放、或摆放凌乱，每次每处扣 1 分； （4）发动车辆不接尾气排放管，每次扣 1 分； （5）不放置三角木，扣 1 分； （6）工量具或零件随意摆放在地上，每次扣 1 分； （7）垃圾未分类回收，每次扣 1 分； （8）竣工后未清理工量具，每件扣 1 分； （9）竣工后未清理操作过程中手接触过的车漆表面，每处扣 1 分； （10）竣工后未清理考核场地，扣 2 分； （11）不服从考官、出言不逊，每次扣 3 分
合计			—

教师签名：________　　________年____月____日

项目六

FlexRay 总线系统检测与修复

学习目标

知识目标

- 掌握 FlexRay 总线的应用领域及其组成、架构；
- 掌握 FlexRay 总线工作原理；
- 掌握 FlexRay 总线电压和波形的检测方法；
- 掌握 FlexRay 总线故障处理与检测方法。

技能目标

- 能绘制 FlexRay 总线拓扑图；
- 能掌握常见车型 FlexRay 总线部件的安装位置及作用；
- 能用万用表、示波仪测量 FlexRay 总线电压和波形并分析；
- 能用诊断仪对 FlexRay 总线进行故障诊断。

素养目标

- 能够与团队成员友好合作，遵守安全操作规范，共同完成工作任务；
- 能够严格按照相关标准，进行质量检验，做到严谨细致、精益求精；
- 能够通过各种途径，收集整理 FlexRay 总线最新技术及相关案例，不断探索、求实创新。

项目任务描述

客户季先生说他的宝马 F02 轿车 DSC（Dynamic Stability Control，动态稳定控制系统）故障指示灯点亮，不知道是何原因，请求 4S 店解决。为解决客户委托，需要全面认识、理解、掌握 FlexRay 总线系统的结构、原理和检修方法，才能构建诊断思路，制订检修方案，帮助客户解决问题。

任务一 FlexRay 总线的认知

一、认识 FlexRay 总线系统的组成及架构

随着汽车控制技术向智能化方向发展，以及智能网联汽车、智能辅助驾驶汽车的兴起，汽车电子控制元件不断增加，通过 CAN 总线、LIN 总线实现联网的方式接收、发送并处理大量的数据已经难以满足要求，特别是不能满足分布式控制系统对通信时间离散性及延迟的要求。在这种背景下，传输速率更高、容错功能更强、基于时间触发、传输延迟小且固定的新型数据总线——FlexRay 总线应运而生。

FlexRay 总线采用快速以太网（100Mb/s，IEEE803.3u 标准）作为编程接口，应用双芯双绞电缆线进行传输，最大数据传输速率为每通道 10Mb/s，主要用于汽车安全及行驶动态管理系统控制单元的联网。

1. FlexRay 总线应用领域

现阶段，FlexRay 总线主要用于行驶动态管理系统和发动机管理系统的联网，是行驶管理系统的综合性主总线系统，如动态稳定控制系统（DSC）、垂直动态管理系统（VDM）、转向柱开关控制（SZL）、后桥侧偏角控制（HSR）、主动转向（AL）、变换车道警告（SWW）、电子减振器控制系统卫星控制单元、集成式底盘管理系统（ICM）等。

FlexRay 总线的重要目标应用之一是线控操作（有线链路控制系统的操作，Systems Controlled by Wire Links，如线控加速踏板、线控转向、线控制动、线控悬架等），即利用容错的电气/电子系统取代机械/液压部分。汽车线控系统是从飞机控制系统引申而来的，飞机控制系统中提到的 Fly-by-Wire 是一种电线代替机械的控制系统，它将飞机驾驶员的操纵控制和操作命令转换成电信号，利用机载计算机控制飞机的飞行。这种控制方式引入到汽车驾驶上，就称为 Drive-by-Wire（电控驾驶），引入到制动上就产生了 Brake-by-Wire（线控制动），引入到转向控制上就有了 Steering-by-Wire（线控转向），引入到加速系统就有了 Throttle-by-Wire（线控加速踏板），引入到悬架系统就有了 Suspension-by-Wire（线控悬架），统称为 X-by-Wire（线控），如图 6-1 所示。这些创新功能的基础是一种能够满足严格容错要求的宽带总线结构，而 FlexRay 总线的高传输速率和良好的容错性使其具有该方面的应用潜力。线控转向系统结构框图如图 6-2 所示。

FlexRay 总线拓扑结构非常灵活，包括单/多通道总线结构，单/多通道星型结构以及多种不同总线、星型混合结构等，网络可与现有其他各种总线（如 LIN、CAN 等）系统兼容，因此，FlexRay 总线具有成为联系大量元件器主干网的先天优势。同时，其灵活的系统结构，也可使设计者针对不同的应用背景选择不同的可靠等级以控制成本。

FlexRay 总线的访问方法基于同步时基，该时基通过协议自动建立和同步。因此，用户可提前知道消息到达时间，消息周期偏差非常小，这使得 FlexRay 总线成为具有严格实时要求的分布式控制系统的首选技术。

FlexRay 总线支持静态通信和动态事件驱动的通信，数据传输速率和频带宽度效率较高。灵活的容错能力支持单通道和双通道操作，使用循环冗余校验（Cyclic redundancy check，

CRC）来检验通信中的差错，还可以通过双通道通信提供冗余功能，并且使用星型拓扑可完全解决容错问题，如果出现意外情况，星型的支路可以有选择的切断。在初始化过程和运行过程中，具有硬件和配置数据的检测错误机制，当发现严重故障时，终止控制器和发送接收器的正常操作并立即向主机发送错误信令。

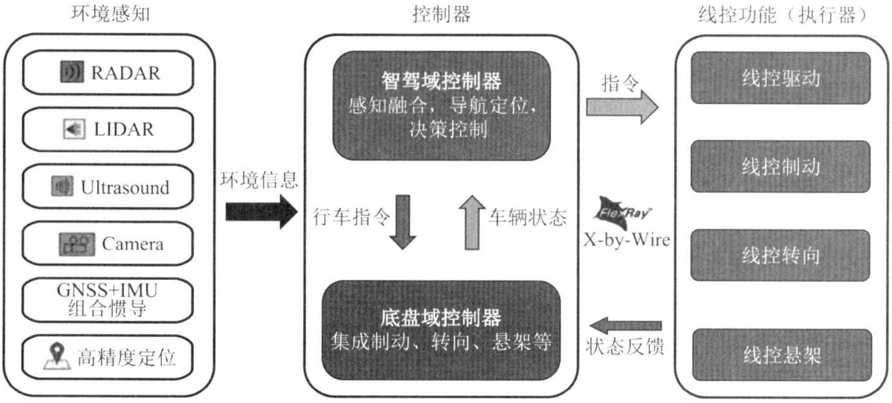

图 6-1　线控技术（X-by-Wire）在车上的应用

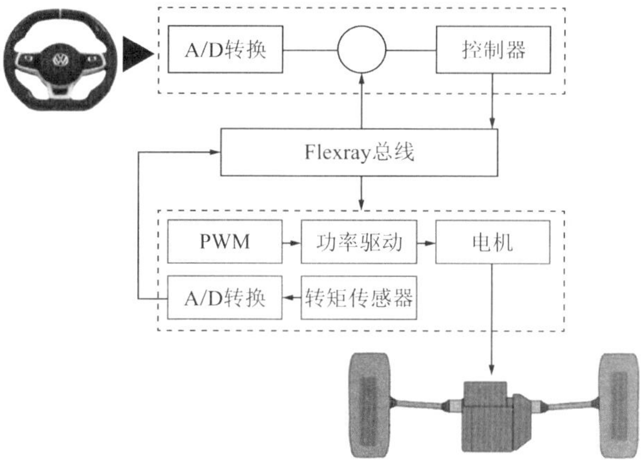

图 6-2　线控转向系统结构

2. FlexRay 总线节点架构

车载总线节点（Node or Nodus）是指汽车总线中能完成数据信号发送、接收及转发的电子控制单元（Electronic Control Unit，ECU），是车载网络系统中的通信端点或终端设备。总线节点的核心是 ECU，也就是节点在汽车联网系统中属于有源电子设备，线路连接点、配线架、插接板、线路结点不属于总线节点。

FlexRay 总线节点由供电（Power Supply）、控制部分和驱动部分组成，如图 6-3 所示。

FlexRay 总线节点控制部分包括一个主处理器 Host（Microcontroller）和一个通信控制器 CC（Communication Controller），如图 6-4 所示。节点主机（Host）是一个节点中执行应用程序的微控制器。CC 提供与数据电路和与 Host 的电气接口，将数据电路上的字符拆卸为串行比特流，或者将数据电路上的串行比特流装配成字符。通信控制器是在一个 FlexRay

的节点中完成通信协议功能的部件。

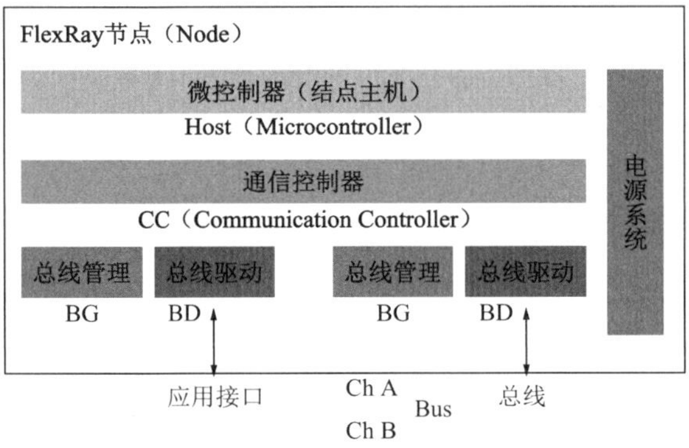

图 6-3　FlexRay 总线节点组成

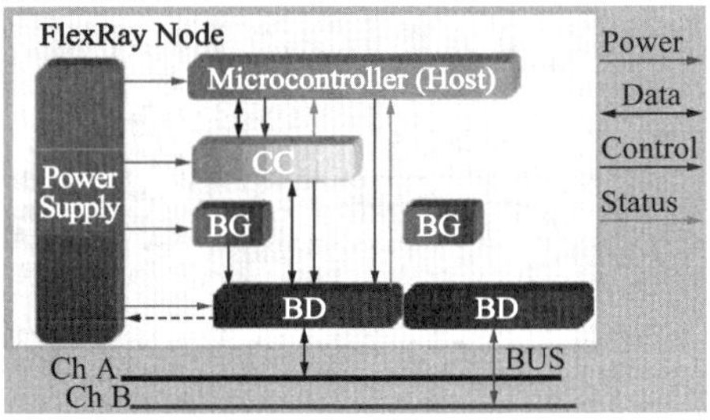

图 6-4　FlexRay 总线节点示意图

驱动部分包括总线驱动器 BD（Bus Driver）和总线监控器 BG（Bus Guardian），总线驱动器 BD 将通信控制器 CC 与总线（FlexRay-BUS、Ch-A、Ch-B）相连。总线监控器 BG 用以监视接入总线的连接，BG 能识别通信错误和同步错误，并通过对报文传输施加直接影响的方式来达到减少错误的目的，如不激活含错的网络节点。总线监控逻辑可用于避免通道定时错误的一个独立部分，它与一个通信控制器和一个微控制器相连，总线监控逻辑必须独立于其他的通信控制器。

（1）节点的基本功能。节点中，一个通信控制器连接 1 个或 2 个总线驱动器，即一个节点可以连接到 1 个或 2 个总线通道上，节点与电源常连接。节点可以进入休眠态，处于休眠态的节点可以由总线事件唤醒。节点的总线活动可以由主控制器关闭。

（2）节点的应用功能。网络星节点是一个只有网络功能的节点，没有主控制器和通信控制器，一个星节点有 1 个以上总线驱动器，它可以由总线唤醒和关闭。

FlexRay 总线节点结构如图 6-5 所示。

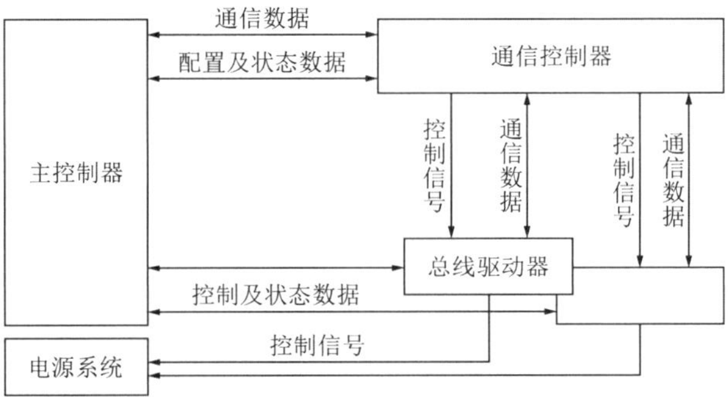

图 6-5　FlexRay 总线节点结构

FlexRay 总线节点中的主处理器 Host 负责提供和产生数据，把 FlexRay 总线控制器分配的时间槽通知给总线监视器 BG，同时激活总线驱动器 BD，总线监视器则允许 FlexRay 总线控制器在这些时间槽中实现介质共享，并通过 FlexRay 总线的通信控制器

CC 进行数据信号的传送。发送数据可定义为在 CC 中进行编码，接收数据可定义为在 CC 中进行解码。一旦总线监控器 BG 监测到时间时序存在间隔，则会断开通信信道的连接。

FlexRay 网络通信过程的完成，是协议规定的各个通信操作的核心机制的有序执行。媒体访问控制、编码解码、帧和符号处理以及时钟同步构成了 FlexRay 网络的核心机制，如图 6-6 所示。

节点的两个通信过程如下：

（1）发送数据。Host 将有效的数据送给 CC，在 CC 中进行编码，形成数据位流（Bit Stream）。

（2）通过 BD 发送到相应的通道上。

（3）接收数据。在某一时刻，由 BD 访问，将数据位流送到 CC 进行解码，将数据部分由 CC 传送给 Host。

FlexRay 总线节点运行状态如图 6-7 所示。

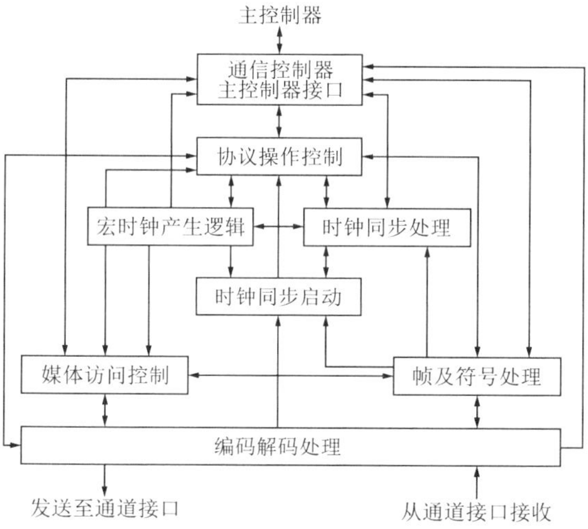

图 6-6　协议操作控制信息接口关系示意图

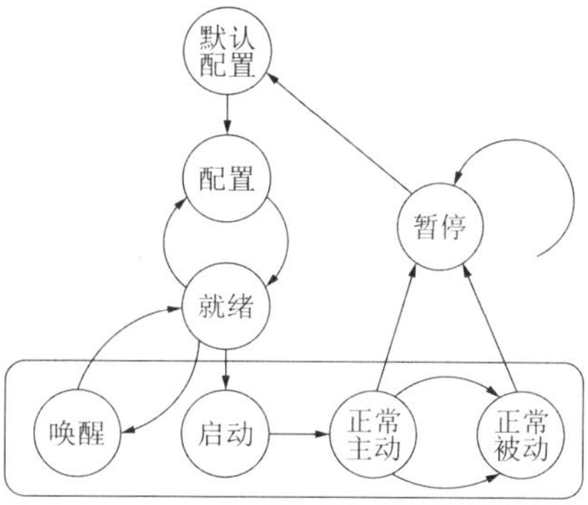

图 6-7　FlexRay 总线节点运行状态

（1）配置状态（默认配置/配置）：用于各种初始化设置，包括通信周期和数据速率。

（2）就绪状态：用于进行内部的通信设置。

（3）唤醒状态：用于唤醒没有在通信的节点。在该状态下，节点向另一节点发送唤醒信号，唤醒并激活通信控制器、总线驱动器和总线监控器。

（4）启动状态：用于启动时钟同步，并为通信做准备。

（5）正常状态（主动/被动）：可以进行通信的状态。

（6）中断状态：表明通信中断。

3. FlexRay 总线传输介质

FlexRay 总线系统支持电气和光纤物理接口。FlexRay 系统的联网传输一般采用双芯双绞电缆线，最大数据传输速率为每通道 10Mb/s，与 LIN、CAN 总线相比较，FlexRay 总线在传输速率、实时、确定性传输、冗余方面具有明显优势，如图 6-8 所示。

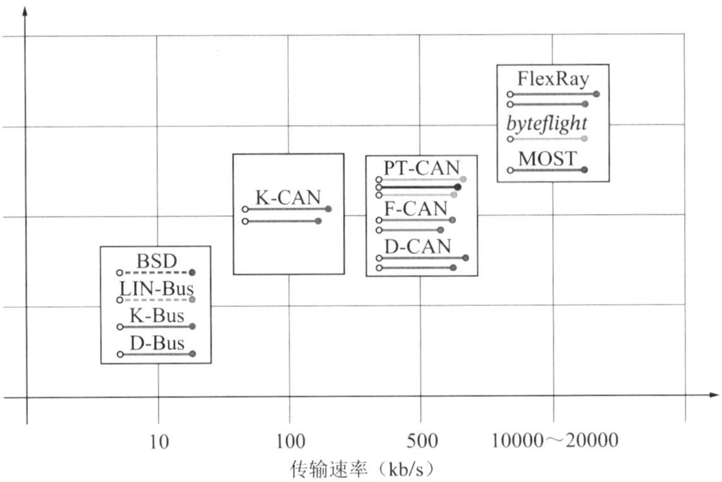

图 6-8　车载网络总线数据传输速率

1-实时、确定性（严格规定）和冗余（重复出现）；2-有条件实时（对于控制系统来说已足够）；3-非实时

4. FlexRay 总线拓扑结构

（1）总线型拓扑结构。

总线型拓扑结构如图 6-9、图 6-10 所示。图 6-9 所示所有节点（Node A、Node B、Node C、Node D、Node E、Node F、Node G）都通过一个双线与总线连接。图 6-10 所示所有控制单元（SG1…SG3）都通过一个双线与总线连接。该总线采用铜芯双绞线，在 CAN 总线中也使用这种连接方式。相同的信息在两根导线上传输，但是其电压电平不同，所传输的差动信号对干扰不敏感。线性拓扑结构仅适用于电气数据传输。

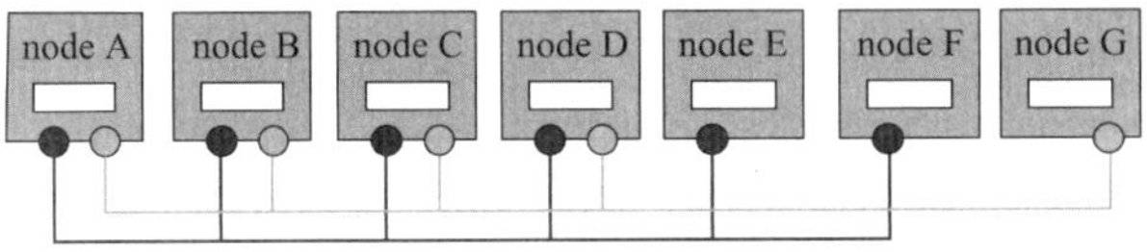

图 6-9　总线型拓扑（可选择冗余信道；可延用当前的物理层）

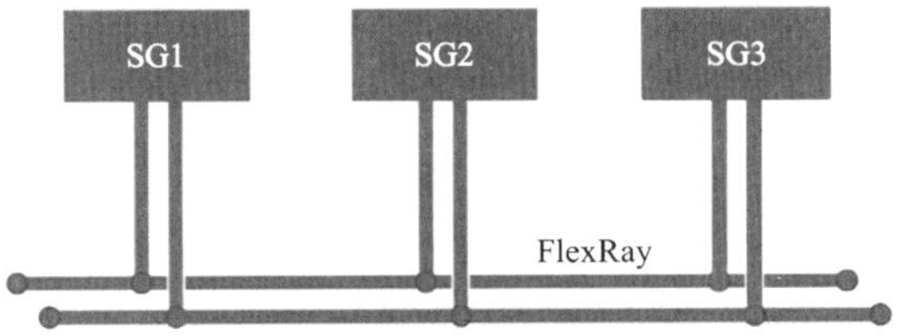

图 6-10　总线型拓扑结构

（2）星型拓扑结构。

星型拓扑结构如图 6-11、图 6-12 所示。图 6-11 所示是一个双通道单星的结构，每个通道由一个星节点连接，一个节点可以连接到 1 个或 2 个通道上（星节点上）。网络星节点（Active Star）是指只具有网络功能的通道连接节点。

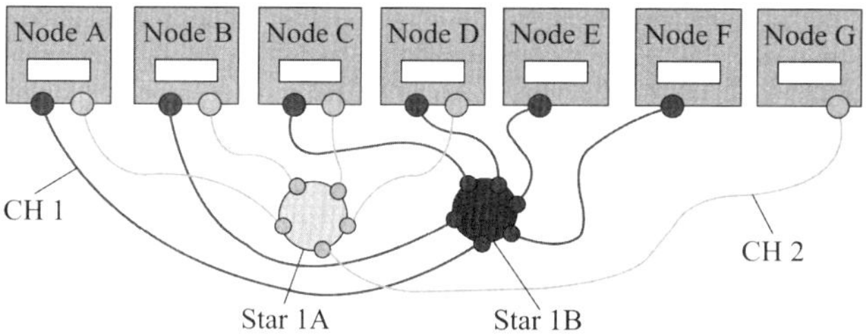

图 6-11　星型双通道拓扑结构（可选择冗余信道；点对点形式的物理连接）

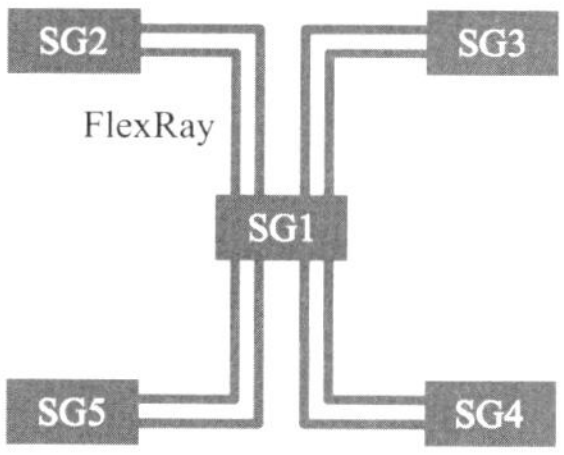

图 6-12　FlexRay 总线星型拓扑结构

图 6-12 所示为卫星式控制单元（控制单元 SG1、SG 2、SG 3、SG 4、SG5），分别通过一个独立的导线与中央主控控制单元（SG1）连接。星型拓扑结构既适合于电气数据传输，也适合于光学数据传输。

使用星型拓扑可解决容错问题，因为如果出现意外情况，星型的支路可以有选择的切断。如果无源总线线缆长度超过规定限制，星型拓扑还可以用作复制器。

（3）混合型拓扑结构。

混合型拓扑结构如图 6-13、图 6-14 所示。一个总线系统内使用不同的拓扑结构，总线系统的一部分采用总线型结构，另一部分为星型结构，只要级联的每一个子网不超过节点数等限制，可以使用两种结构混合的网络拓扑结构。

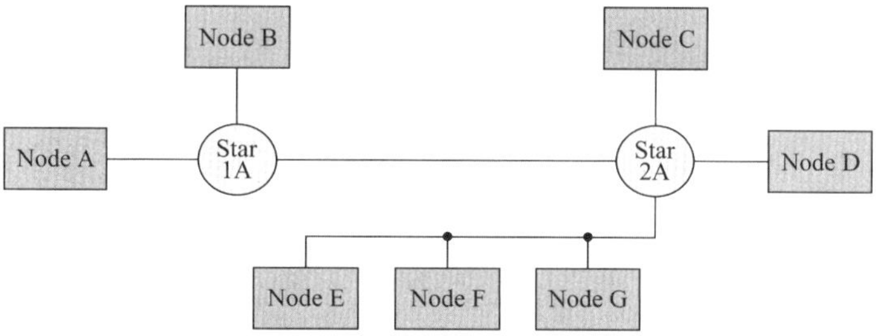

图 6-13　FlexRay 总线混合型拓扑结构

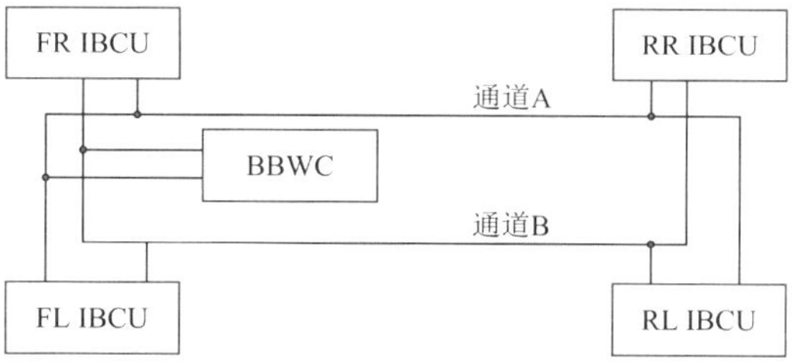

图 6-14　具有两个通信信道的 EMB（电子机械制动）系统拓扑结构

图 6-13 所示是一个星节点（2A）直接连接节点（Node C、Node D）并连接到一个总线上，总线上又连接了一些其他节点（Node E、Node F、Node G）；然后又与另外一个星节点（1A）相连，星节点（1A）也直接连接了一些节点（Node A、Node B），也可以再连接总线。

图 6-14 所示，利用 FlexRay 两个通信信道（A 和 B）设计冗余的 EMB（电子机械制

动）系统拓扑结构，EMB 系统包括 5 个节点，包括 BBWC（智能制动系统控制模块）、FR IBCU（右前电控制动模块）、FL IBCU（左前电控制动模块）、RR IBCU（右后电控制动模块）、RL IBCU（左后电控制动模块）。

图 6-15 所示为宝马 F01/F02 汽车 FlexRay 总线混合型拓扑结构。根据车辆配置情况，中央网关模块 ZGM 带有 1 个或 2 个星型连接器，每个星型连接器都有四个总线驱动器，总线驱动器将控制单元数据通过控制器传输给 ZGM。根据 FlexRay 总线控制单元的终端形式，总线驱动器通过两种方式与这些控制单元相连。

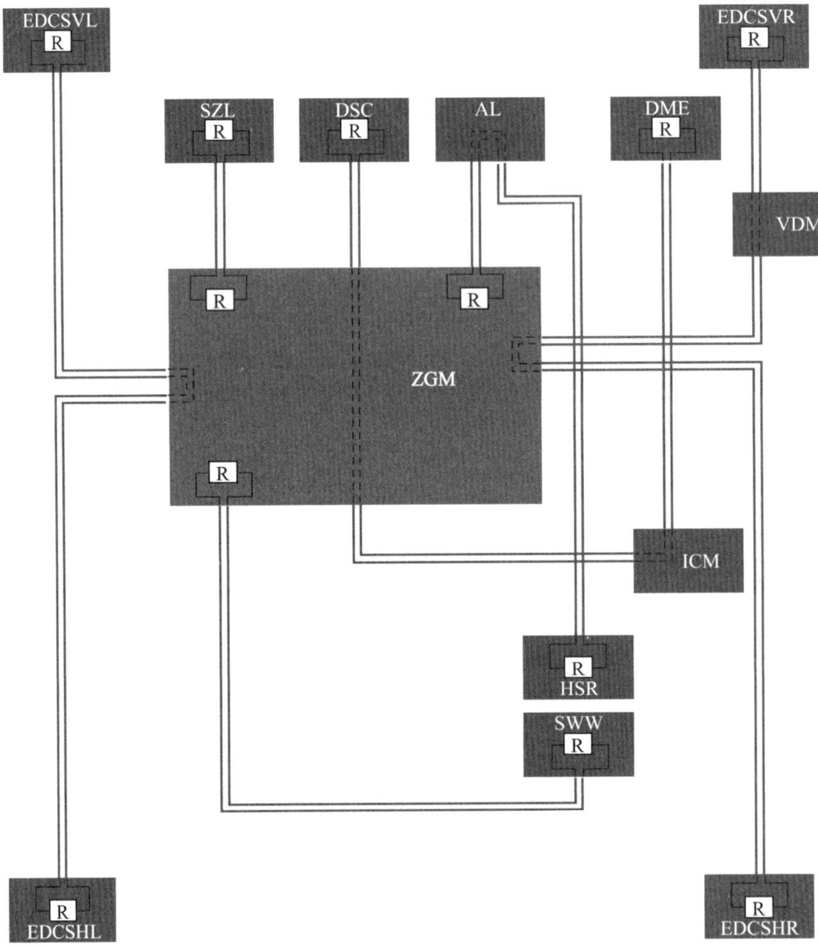

图 6-15 宝马 F01/F02 FlexRay 总线混合型拓扑结构

AL-主动转向系统；SWW-变道警告系统；DME-数字式发动机电子系统；DSC-动态稳定控制系统；ZGM-中央网关模块；EDCSHL-左后电子减振器控制系统卫星式控制单元；EDCSHR-右后电子减振器控制系统卫星式控制单元；EDCSVL-左前电子减振器控制系统卫星式控制单元；EDCSVR-右前电子减振器控制系统卫星式控制单元；HSR-后桥侧偏角控制系统；ICM-集成式底盘管理系统；SZL-转向柱开关中心；VDM-垂直动态管理系统

二、FlexRay 总线通信机制

1. FlexRay 总线通信周期

FlexRay 总线网络按周期循环组织信息的传送，通信周期（Communication Cycle）是

FlexRay 一个信息传送的周期（Cycle）。在传送信息时，一个通信周期有静态和动态两个部分。动态段和静态段又由一些时间片构成，每个时间片传输一个 FlexRay 帧，FlexRay 帧是一个有格式的位流。

时间片（Slot）：FlexRay 对通信过程划分的时间段，在这些时间段上，控制器按一定要求或条件访问通信媒体。时间片编号（Slot Number）是指在一个通信周期中各个时间片的编号，用于识别时间片。关键时间片（Key Slot）是用于传输同步帧和启动帧的时间片。微时间片（Mini Slot）是指一个通信周期的动态段中的一个时间片，用于同步传输部分媒体访问优先级仲裁。

周期数（Cycle Number）：用于识别一个通信周期的正整数，系统启动后第一个周期的周期数设为零，以后随着通信周期递增，到最大数后回零，以此往复。

周期时间（Cycle Time）：一个通信周期持续的时间，单位为宏时钟节拍（Macroticks）。

由于 FlexRay 是基于时间触发的总线，FlexRay 通信周期的静态和动态两个部分任何一个都可以是空的。类似于上山下山的缆车，不论每个缆车是否坐人，所有缆车都处于运行状态，都按预先固定好的位置按顺序有序运行。FlexRay 一个通信周期可以有三种形式：纯静态（动态部分为空）、静态动态混合（既有静态部分又有动态部分）和纯动态（静态部分为空）。通信控制器配置数据决定了通信周期的长度，可以由应用程序设置，只有总线处于允许状态下，通信控制器才可以启动一个通信周期。

2. FlexRay 总线通信帧

作为实时型总线系统，FlexRay 可以实现为报文定义持续时间和所处位置固定的时间段，这些时间段就是通信循环静态段部分的“时隙时间”，简称“时隙”，如图 6-16 所示。

帧标识符（Frame Identifier）是标识一个帧的值，在通信周期的静态段，定义了这个帧的时间片位置；在动态段定义了这个帧的优先级，数值越小优先级越高。

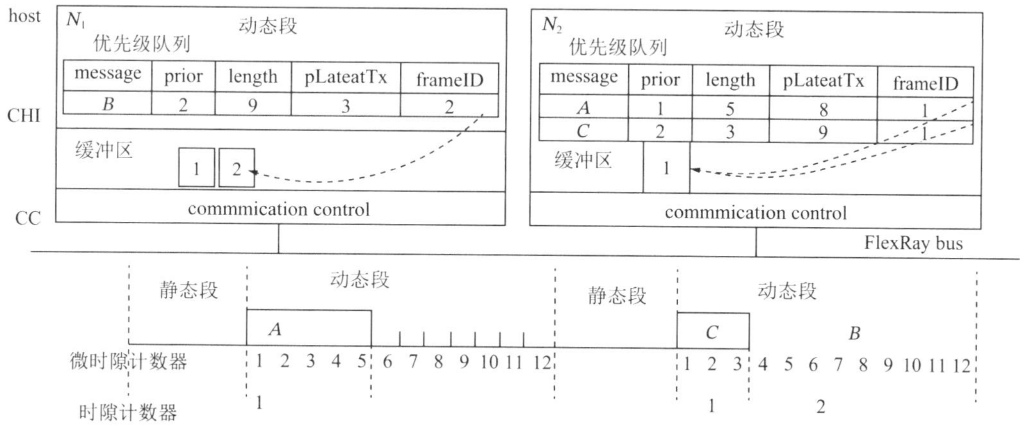

图 6-16　总线通信帧时隙及微时隙

帧（Frame）是通信过程中交换信息的一个时间窗结构。FlexRay 总线通信帧分为静态通信帧（简称静态帧）和动态通信帧（简称动态帧），静态帧在静态时隙中传输，占用静态段的时隙；动态帧在动态时隙中传输，占用动态段的微时隙。在汽车信息系统中，自发事件可能发生在任意时刻，如此这样，便有了动态帧的微时隙概念。

1）帧格式

静态帧和动态帧的帧格式包括帧头段（Header Segment）、有效载荷段（Payload Segment）及帧尾段（Trailer Segment），如图 6-17 所示。节点在网络上传输数据时，首先传输的是帧头段，其次是有效载荷段（数据），最后传输的是帧尾段。

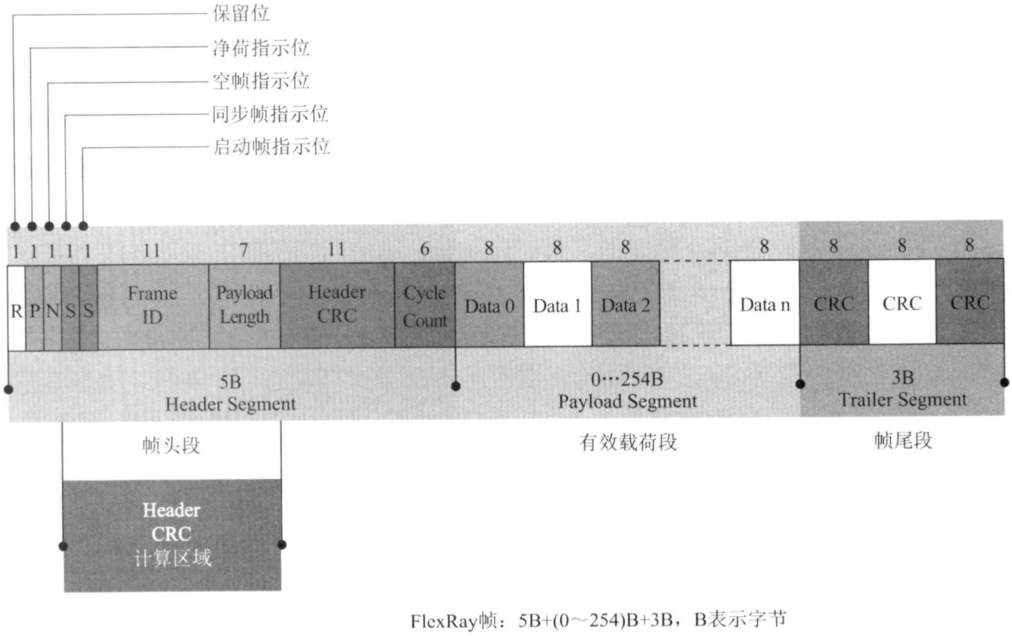

图 6-17　FlexRay 帧的格式

（1）帧头段。

FlexRay 帧头段由 5 个字节（40b）组成。包括保留位（1b）、净荷指示位（1b）、空帧指示位（1b）、同步帧指示位（1b）、启动帧指示位（1b）、帧 ID 位（11b）、有效数据长度（7b）、头部 CRC（11b）、周期（6b）。

① 保留位（Reserved Bit，1b）。保留位不能被应用功能使用，为日后的扩展做准备。发送时这一位置定义为逻辑“0”，接收时忽略这一位。

② 净荷指示位（有效载荷前导指示位，Payload Preamble Indicator，1b）。指明帧的负载段的向量信息，用于描述数据部分的一些特征。在静态帧中，该位指明的是网络管理矢量（Network Management Vector），其值为 1；在动态帧中，该位指明的是信息 ID，其值为 0，表示数据部分没有这些特殊信息。

③ 空帧指示位（Null Frame Indicator，1b）。指明负载段的数据帧是否为零，空帧指示位为 1 时，表示本帧有效数据部分有数据；空帧指示位为 0 时，表示本帧为空帧，有效数据部分没有数据。换而言之，没有传输有效数据的帧，其数据部分都置为 0。

④ 同步帧指示位（Sync Frame Indicator，1b）。指明这是一个同步帧，帧头含有一个标识部分，其中，有帧实际到达时间和预计到达时间的偏差，可用于时钟同步算法。

⑤ 启动帧指示位（Startup Frame Indicator，1b）。指明发送帧的节点是否为启始帧，帧

头含有一个标识部分，帧中的时间信息可以在启动过程用来初始化系统。

⑥ 帧 ID（Frame ID，11b）。指明在系统设计过程中分配到每个节点的 ID（有效范围：1 至 2047）；长度：说明负载段的数据长度。

⑦ 有效载荷段长度（有效数据长度，Payload Length，7b）。指示有效数据的长度，以字节为单位。

⑧ 头部 CRC（帧头 CRC，Header CRC，11b）。表明同步帧指示器和起始帧指示器的 CRC 计算值，以及由主机计算的帧 ID 和帧长度。

⑨ 周期计数（Cycle Count，6b）。指明在帧传输时间内传输帧的节点的周期计数。

（2）有效载荷段。

FlexRay 有效载荷段有 0～254 字节，在图 6-17 中分别以 Data 0、Data 1…Data n 表示。该信息 ID 使用负载段的前两个字节进行定义，可以在接收方作为可过滤数据使用。

① 数据。可以是 0～254 字节或者说 0～127 个字，在图 6-17 中分别以 Data 0、Data 1…表示。

② 信息 ID。使用负载段的前两个字节进行定义，可以在接收方作为可过滤数据使用。

③ 网络管理向量（Network Management Vector）。该向量长度必须为 0～10 个字节，并和所有节点相同。该帧的尾段包括硬件规定的 CRC 值，这些 CRC 值会在连接的信道上面改变种子值，以防不正确的校正。网络管理向量仅用于静态帧，发送节点的主机将网络管理向量作为应用数据写入通信控制器。

（3）帧尾段。

FlexRay 帧尾只含有 3 个字节（24 位）的校验域，这个域包含了由帧头段与有效载荷段计算得出的 CRC 校验码。只含有单个的数据域，即 CRC 部分，包括帧头 CRC 和数据帧的 CRC。

2）帧编码与解码

一个信息帧在物理层传输要进行编码。把一帧本身要传输的信息加上位置标识以及同步等需要的信息编码成一个二进制位流，每一帧以一组位流在物理层由发送节点发出；接收端接收到这些位流进行解码，分解出一帧的信息，提供给链路层。

在物理层，FlexRay 总线采用 NRZ（非归零）编码，如图 6-18 所示。节点处理来自物理层的位流，分离出帧和符号信息，并将这些信息传递给相关的 FlexRay 处理机制。在节点的两个通信信道中，各有一套独立的编码和解码处理程序，一个给通信信道 A，一个给通信信道 B。

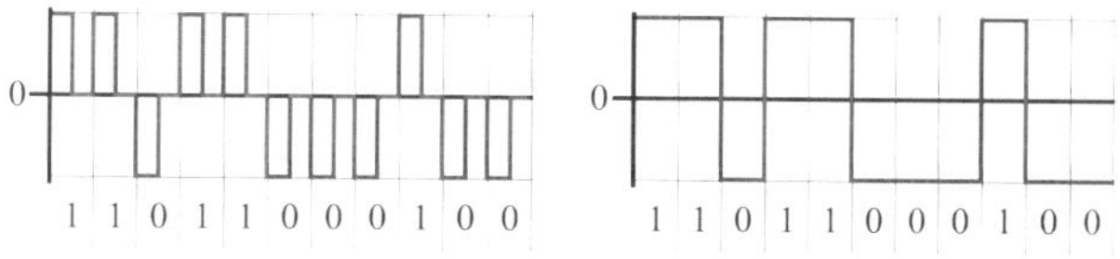

图 6-18　FlexRay 总线编码

NRZ 编码能确保报文紧凑，从而相同带宽下信息量更大。NRZ 编码不能保证有足够的跳变沿用于同步，容易带来节点间计时器误差的累计。

编码的过程实际上就是对要发送的数据进行相应的处理“打包”的过程，如加上各种校验位、ID 符等。解码的过程就是对收到的数据帧进行“解包”的过程。编码与解码主要发生在通信控制器与总线驱动器之间，如图 6-19 所示。编码插入序列是对一帧进行编码时加到帧中的二进制序列。

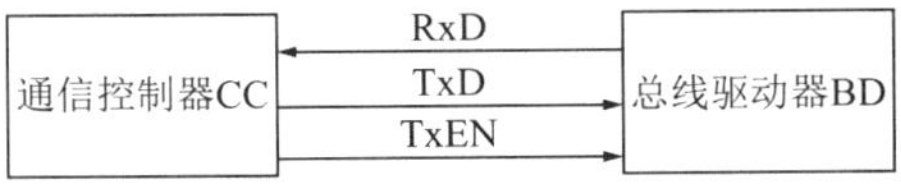

图 6-19　FlexRay 帧编码与解码

其中，RxD 为接收信号，TxD 为发送信号，TxEN 为通信控制器请求数据信号。对于双通道的节点，每个通道上的编码与解码的过程是同时完成的。编码与解码的过程主要由 3 个过程组成：主编码与解码过程（CODEC）、位过滤（Bit Strobing）过程和唤醒模式解码过程（WUPDEC），以主编码与解码过程为主要过程。

（1）帧编码。

传输一个帧的时候，节点按照一定的要求把要发送的信息和插入序列组成一个位流，依次发送到物理层上。这个装配过程就是所谓的编码，基本步骤如下。

① 把一帧的所有信息分成字节。

② 在位流的最前面加入一个传输起始序列 TSS（Transmission Start Sequence）。发送节点在开始发送时，首先输出的一个连续低位序列，长度可以通过配置设置，表示一个传输开始并建立发送与接收端的路径，接收端节点检测到这个状态，就判定总线由空闲进入忙状态，一个帧的传输过程开始。

③ 在 TSS 后面加入帧起始序列 FSS（Frame Start Sequence），在 TSS 之后加入的一个高位，以补偿 TSS 部分同步的量化误差。

④ 在帧数据的每一个字节前面插入字节起始序列 BSS（Byte Start Sequence）以扩展字节。BSS 包含连续的一个高位和一个低位。发送节点在一帧每一个字节信息（每 8 位数据）前面都加上 BSS，为接收端提供时间同步信息。

⑤ 按照原来帧信息的数据顺序排列所有扩展字节。

⑥ 计算帧的 CRC 校验码，并把校验码各个字节加 BSS 进行字节扩展。

⑦ 在如上形成的位流后面加上一个帧结束序列 FES（Frame End Sequence）。一帧所有的信息发出之后，发送节点紧接着发送的连续一个低位一个高位，表示一帧结束。

⑧ 如果是动态段的帧，再在后面加上一个动态段帧尾序列 DTS（Dynamic Trailing Sequence）。DTS 用于动态段的帧尾，指示发送端微时间片工作点的准确时间。DTS 包括先低后高两部分，低的部分可变长，至少保持一个位时间，在下一个微时间片的工作点变高，高的部分固定为一个位时间。发送节点在发送动态段的帧时，紧接 FES 之后发送 DTS。

静态段帧和动态段帧的编码如图 6-20 和图 6-21 所示。

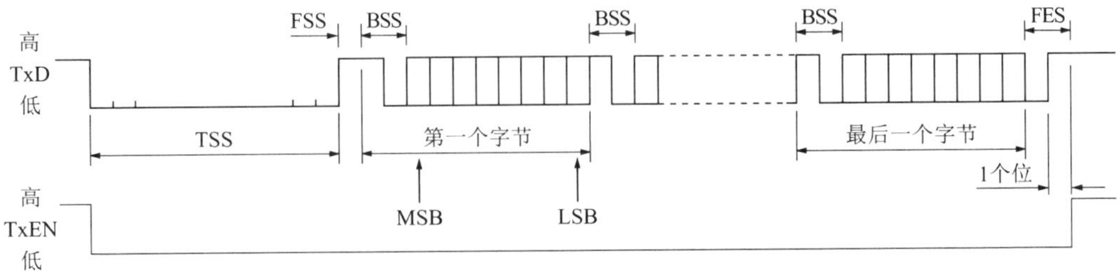

图 6-20　FlexRay 静态段帧编码

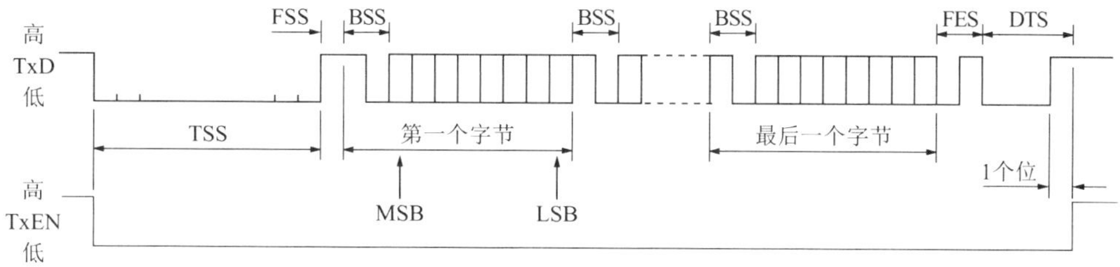

图 6-21　FlexRay 动态段帧编码

（2）帧解码。

对于接收端，在总线空闲时监测到总线上传输起始序列 TSS，表示有帧将要启动传输，这时启动帧接收过程，按照同步机制定时，开始接收后续位流，并按照编码规则进行解码处理。当接收端节点检测到错误时，终止通信位流的解码过程，并一直等待总线回到空闲状态。

3. 时钟同步

为了能够在联网控制单元内同步执行各项功能，需要一个共同的时基。因为所有控制单元利用其自身的时钟脉冲发生器工作，所以，必须通过总线进行时间匹配。

控制单元测量某些同步位的持续时间，据此计算平均值，并根据这个数值调整总线时钟脉冲。同步位在总线信息的静态部分中发送。

系统启动后，只要 CAS（Car Access System，便捷进入及起动系统）控制单元发送一个唤醒脉冲，FlexRay 上的两个授权唤醒控制单元之间就会开始进行同步化。该过程结束时，其余控制单元相继自动在 FlexRay 上注册，计算出各自的差值并进行校正。此外，在运行期间还会对同步化进行计算校正。这样可以确保最小的时间差，从而在较长时间内不会导致传输错误。

时钟同步包含两个主要的过程：一个是宏时钟产生过程（MTG），其能控制宏时钟计数器和周期计数器，并进行频率和相位偏移的校正；另一个是时钟同步过程（CSP），其可完成周期开始时的初始化、检测并存储偏差值以及计算速率和偏移的校正值。这两个过程的定时关系以及与媒体访问的关系如图 6-22 所示。

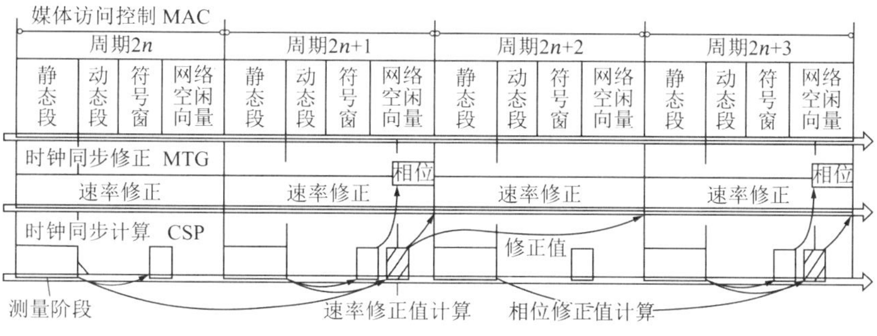

图 6-22　MTG、CSP 与 MAC 的时间关系表

FlexRay 的通信是在周期循环中进行的，如图 6-23 所示。一个通信循环始终包括静态段（ST）和网络闲置时间（NIT），还可能包括动态段（DYN）、符号窗口（SW）。ST 和 DYN 由时槽（Slot）构成，通过时槽传输帧信息，时槽经固定的周期而重复。协议内部流程需要网络闲置时间，在这个时段内，集群的节点之间不进行任何通信。所谓集群（Clique）是指一组具有一定相同系统属性的通信控制器。

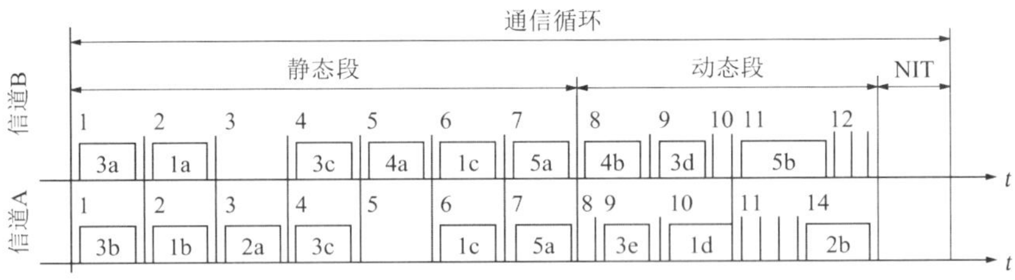

图 6-23　带静态和动态段的通信循环

在静态段中，采用时分多址(Time Division Multiple Access，TDMA)技术实现时间触发。将多个时槽固定分配给每个节点，这些时槽内，只允许该节点传输数据。所有时槽的大小相同，并且是从 1 开始向上编号，在运行期间，该时槽的分配不能修改，静态部分传送的信息在通信开始时就应该组合好，传输数据的最大量不能超过固定长度。这种访问方法，保证在静态段中传输的特定消息，在周期循环中拥有固定的位置，接收器可提前知晓消息到达的时间，并且到达时间的临时偏差幅度会非常小。因此，即便行车环境恶劣多变，干扰了系统传输，FlexRay 协议可以确保将信息延迟和抖动降至最低，从而尽可能保持了传输的同步与可测试。这对需要持续的高速性能的应用（如线控制动、线控转向等）来说，非常重要。

动态段采用更灵活的时分多址技术 FTDMA，使用小时槽 Mini-Slot 作为访问动态部分的通信媒介。各个节点利用信息 ID（报文 ID）中定义好的优先级竞争带宽。如果在小时槽中出现了总线访问，时槽就会按照需要的时间来扩展，因而总线的带宽是动态可变动。

4. FlexRay 总线数据传输

1）冗余数据传输

FlexRay 总线数据传输过程

FlexRay 总线节点能够同时支持两个完全独立的物理通道：通道 A 和通道 B，两个通道传输的信息相同，可通过冗余备份来实现容错。双通道保证了网络正常运行期间通信速度更快，同时确保某个传输通道出现故障时提供数据传输冗余，增强系统容错能力。在 FlexRay 容错性系统中，为确保数据能持续可靠传输，即使总线系统某一传输通道发生故障，另一通道也能支持冗余数据的并发传输，并且知道进行故障处理的位置，如图 6-24 所示。

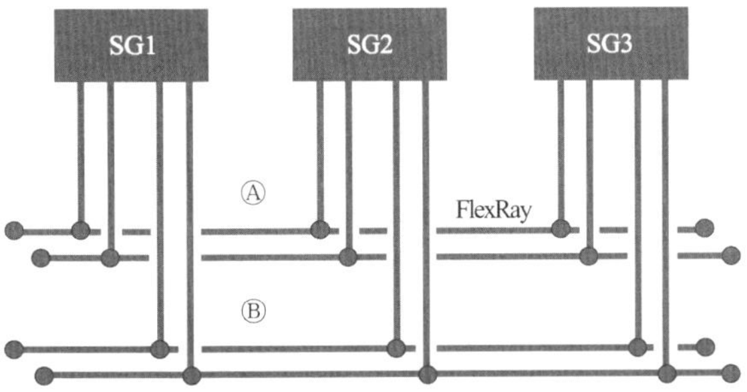

图 6-24　冗余数据传输

例如，线控制动（Brake-by-Wire）通过与制动卡钳安装在一起的精密电机和电子设备来控制蜗杆，不再使用任意泄露的主缸、轮缸、各类管道和专用液体等。为了确保制动操作的可靠运行，采用一定的冗余是十分必要的。

具有冗余数据传输能力的总线系统使用两个彼此无关的通道，每个通道都由一个双绞线连接组成。一个通道失灵时，故障通道应传输的信息放到非故障通道上一起传输。即使带有冗余数据传输，也可以利用 FlexRay 总线使用混合拓扑结构。

2）确定性数据传输（时间控制型）

FlexRay 总线系统是一种时间控制型总线系统，该系统也可以用于以事件控制方式传输数据的部分区域，如图 6-25 所示。

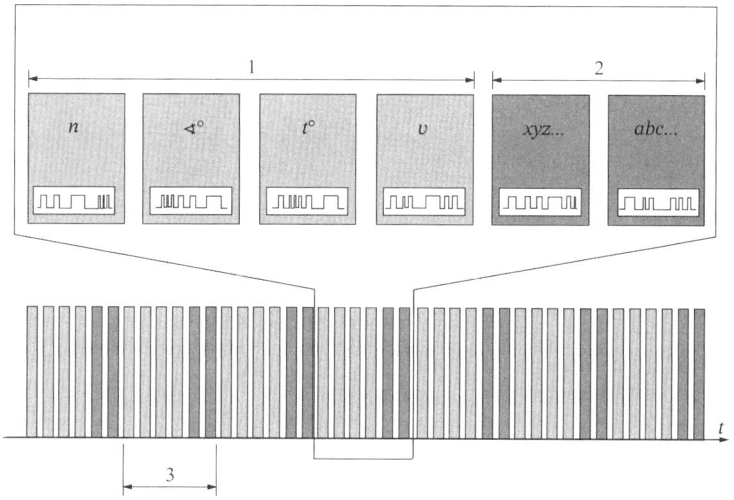

图 6-25　FlexRay 总线系统内确定性数据的传输过程

1-循环数据传输的时间触发区域；2-循环数据传输的事件触发区域；3-循环［总循环时间 5ms，其中 3ms 为静态（时间触发），2ms 为动态（事件触发）］；*n*-转速；∢°-角度；*t*°-温度；*v*-车速；*xyz*…，*abc*…-事件触发的信息；*t*-时间

CAN 总线系统是一种事件触发（控制）型总线系统，存在一个事件时就会传输数据，事件触发不可避免产生报文不确定、总线负载率接近极限、没有带宽储备及对应容错设计。如果许多事件汇集在一起，则可能在另一条信息能够发送前出现延迟现象。如果无法成功且无错误地传输一条信息，则该信息将一直发送到通信设备作出确认。如果总线系统内出现故障，则可能导致这些事件控制的信息汇集在一起并造成这些系统过载，就是说各信号的传输要延迟很长时间，这种情况可能导致各系统的控制特性变差。

FlexRay 总线系统在时间控制的区域内时隙分配给确定信息。一个时隙是指一个规定的时间段，该时间段对某一信息开放。这样，在 FlexRay 总线系统内重要的周期性信息以固定的时间间隔传输，因此不会造成 FlexRay 总线过载。对时间要求不高的其他信息则在事件控制的区域内传输。

FlexRay 为时间控制型总线，确定性数据传输用于确保时间控制区域内的每条信息都实时传输，即每条信息都在规定时间内进行传输。因此不会由于总线系统过载而导致重要总线信息发送过迟。如果由于暂时性故障（如 EMC 故障）而造成一条信息丢失，则这条信息不会再次发送。

由于 FlexRay 总线通信是基于时间触发的总线系统，因此，在时间控制区域内，时隙会分配给确定的消息，即会将规定好的时间段分配给特定的消息，时隙是经固定周期重复，也就是说信息在总线上的时间可以被预测出来，保证了确定性数据传输。

3）FlexRay 数据通信过程

（1）初始化流程。

由于 FlexRay 通信主要基于时间触发的周期性通信循环，时间同步是 FlexRay 网络的通信基础；FlexRay 网络将启动节点的时钟作为参考，通过启动建立整个网络的同步时间，且在通信的过程中，其他节点不断地以此为基准进行自我校正。FlexRay 的初始化主要是实现 FlexRay 网络通信之间的的唤醒、启动、时间同步，是现实 FlexRay 网络正常通信的基础，FlexRay 网络的具体启动配置流程如图 6-26 所示。

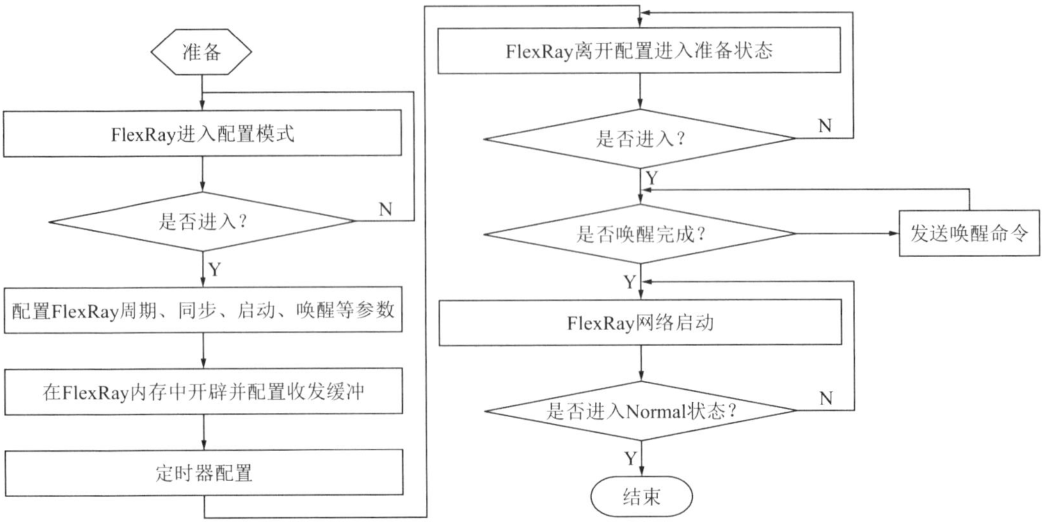

图 6-26 FlexRay 初始化流程

（2）数据发送流程。

当 FlexRay 网络正常启动后，才可以进行 FlexRay 数据通信。在静态段中，它是基于 TDMA（时分多址）技术的时间触发，是通过事先安排好的时分表赢得总线。所谓时分多址（TDMA）是指把时间分割成周期性的帧（Frame），每一个帧再分割成若干个时隙向基站发送信号，在满足定时和同步的条件下，基站可以分别在各时隙中接收到各终端的信号而不混扰。同时，基站发向各终端的信号都按顺序安排在预定的时隙中传输，各终端只要在指定的时隙内接收。

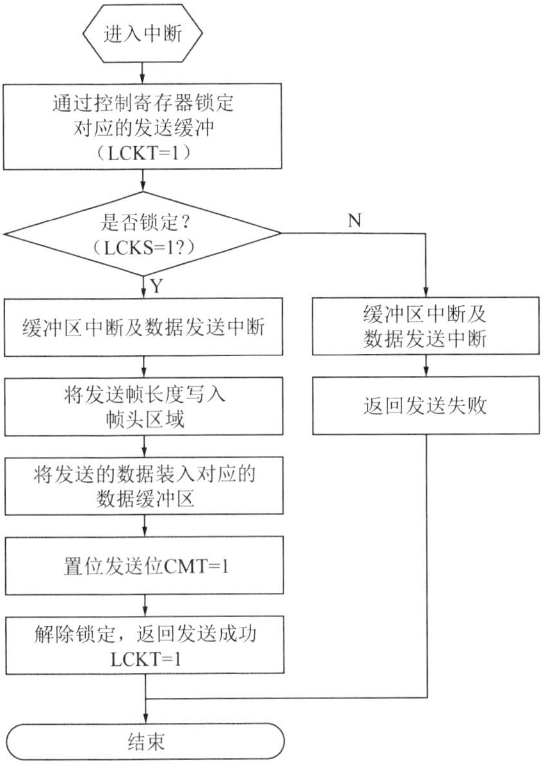

图 6-27 FlexRay 总线数据发送中断流程

FlexRay 消息发送的中断产生过程：TDMA 时分表中的每个时槽都会对应一个中断，且这些中断按时分表在时间轴上分布开来，只有在其对应的时槽时刻，才会由 FlexRay 模块自动置位中断，且每个时槽的发送中断产生与标志置位都是在该时槽数据发送完毕之后，由 FlexRay 模块自动产生相应的置位与中断；当进入 FlexRay 对应时槽的中断服务程序后，调用发送函数，锁定发送时槽对应的发送缓存，对发送缓存赋值并置位发送，最后解锁发送缓存，等待下一个周期该时槽的发送刻到来后发送。FlexRay 总线数据发送中断流程如图 6-27 所示。

（3）数据接收流程。

FlexRay 数据接收流程如图 6-28 所示。FlexRay 数据接收也是采用中断方式，FlexRay 协议控制器采用“提前搜索算法”来保证数据准时接收。在 FlexRay 中，每一个接收时槽的接收中断产生都是在时槽接收数据完毕并确认有效后，由 FlexRay 模块自动产生相应的接收中断。当进入 FlexRay 对应时槽中断服务程序后，程序调用接收函数，锁定接收时槽对应的接收缓存，确认为数据帧后，读取接收缓存中的数据与帧长度，最后解锁接收缓存，等待下一个周期该时槽的接收时刻到来。

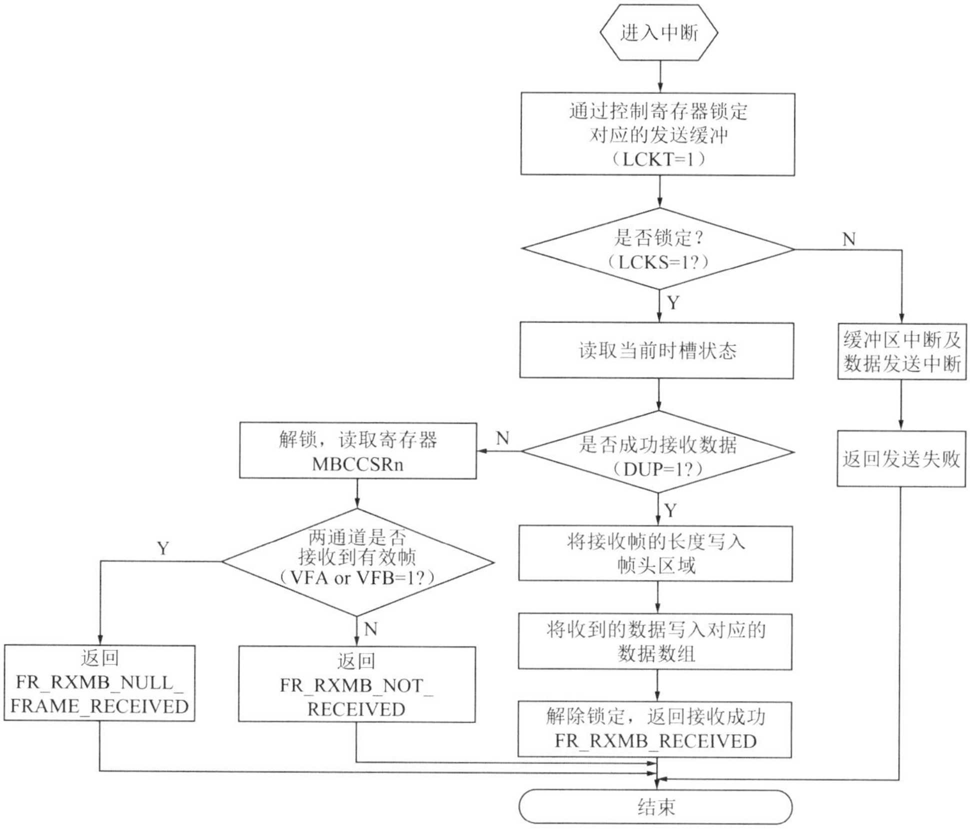

图 6-28　FlexRay 数据接收流程

5. FlexRay 总线唤醒与启动

当 FlexRay 总线节点处于睡眠模式时，除了驱动器一直与电压源相连外，其他元件的供电电源都被切断，而驱动器能够唤醒或激活这种模式的节点。当节点接收到唤醒特征符（Wakeup Symbol）后，主机处理器和通信控制器才进行上电。唤醒特征符如图 6-29 所示，一个节点只能唤醒一条总线，多个节点可以同时唤醒同一总线。

在唤醒阶段，簇中的每个节点有两个方面的操作：①从“断电（Power Off）状态”进入“上电（Power On）状态”；②进入“就绪（Ready）状态”。

在通信启动执行之前，整个簇需要被唤醒。启动节点工作时，需要在所有通道上同步执行。初始一个启动过程的行为被称为冷启动（Coldstart），能启动一个起始帧的节点是有限的，它们称作冷启动节点（Coldstart Node）。在至少由 3 个节点组成的簇中，至少要有 3 个节点被配置为冷启动节点。组成簇的节点少于 3 个时，每个节点都应配置为冷启动节点。每个起始帧同样应为同步帧，因此，每个冷启动节点同样应为同步节点。在冷启动节点中，主动启动簇中消息的节点称之为主冷启动节点（Leading Coldstart Node），其余的冷启动节点则称之为从冷启动节点（Following Coldstart Node），被配置传输同步帧的节点称之为同步节点（Sync Node）。

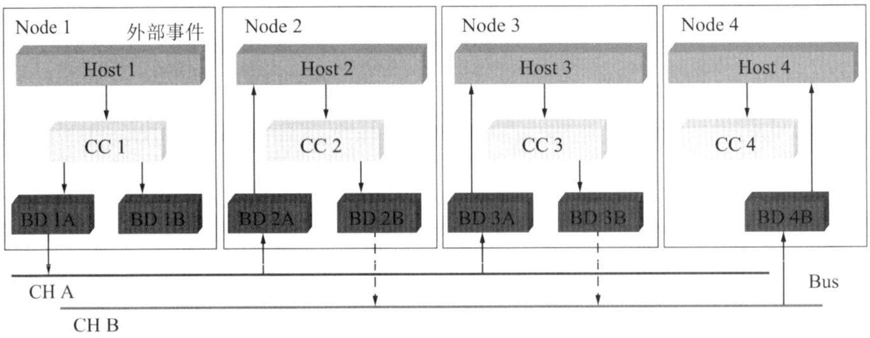

图 6-29　FlexRay 唤醒特征符

当节点被唤醒并完成初始化后，它就可以在相应的主机控制命令发出之后进入启动程序。在非冷启动节点接收并识别至少两个相互通信的冷启动节点前，非冷启动节点一直等待。同时，冷启动节点监控两个通信通道，确定是否有其他的节点正在进行传输。当检测到通信信道没有进行传输时，该节点就成为主冷启动节点。如图 6-30 所示为启动的过程。其中，A 是主冷启动节点，B 是从冷启动节点，C 是非冷启动节点。

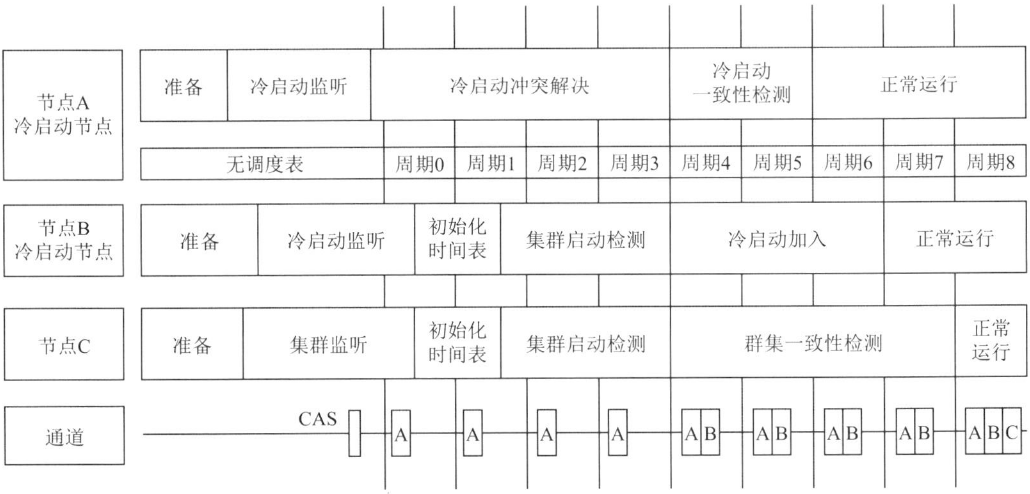

图 6-30　FlexRay 启动过程

FlexRay 具有在没有外部同步时钟信号的情况下同步网络上的节点的独特能力。因此，它使用两种特殊类型的帧：启动框架和同步框架。要启动 FlexRay 集群，至少需要两个不同的节点来发送启动帧。启动 FlexRay 总线的动作称为冷启动，发送启动帧的节点通常称为冷启动节点。启动帧类似于启动触发器，负责告诉网络上的所有节点启动。

一旦网络启动，所有节点必须将其内部振荡器与网络的宏标记同步。这可以使用另外两个同步节点来完成。这些可以是网络上预先指定在第一次打开时广播特殊同步帧的任何两个独立节点。网络上的其他节点等待同步帧被广播，并测量连续广播之间的时间，以便将其内部时钟校准到 FlexRay 时间。

一旦网络被同步和在线，就测量网络空闲时间，并用于从一个周期到另一个周期调整时钟，以保持紧密的同步，如图 6-31 所示。

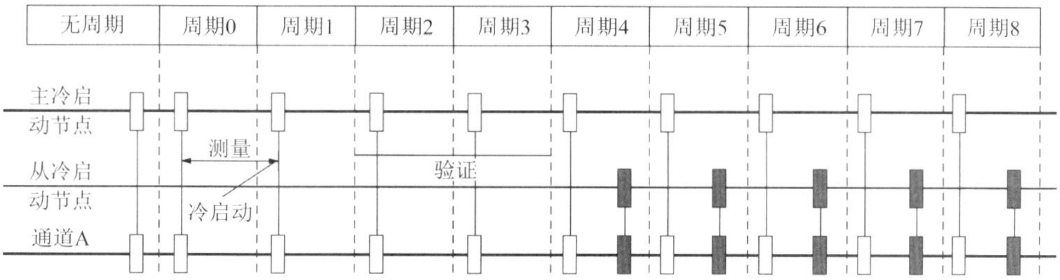

图 6-31　FlexRay 总线启动

任务二　FlexRay 总线检测

一、检测 FlexRay 总线终端电阻

FlexRay 总线终端电阻的测量

1. FlexRay 总线终端电阻的设置

与大多数总线系统一样，为了避免在总线上产生信号反射，FlexRay 总线的数据导线两端也使用了终端电阻，这些终端电阻的阻值由数据传输速率和导线长度决定，终端电阻位于控制单元内部。只有在个别情况下才会直接安装在导线束内，如 D-CAN。如果一个总线驱动器上仅连接一个控制单元（如 SZL 与总线驱动器 BD0 相连），则总线驱动器和控制单元的接口各有一个终端电阻。中央网关模块的这种连接方式称为“终止节点终端”（图 6-32、图 6-33）。

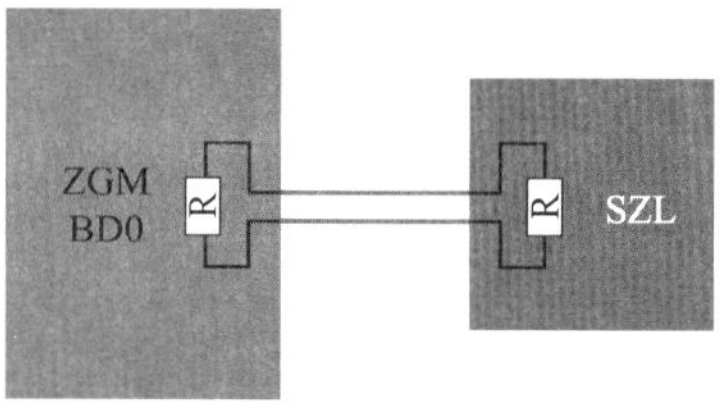

图 6-32　终止节点终端内部的终端电阻

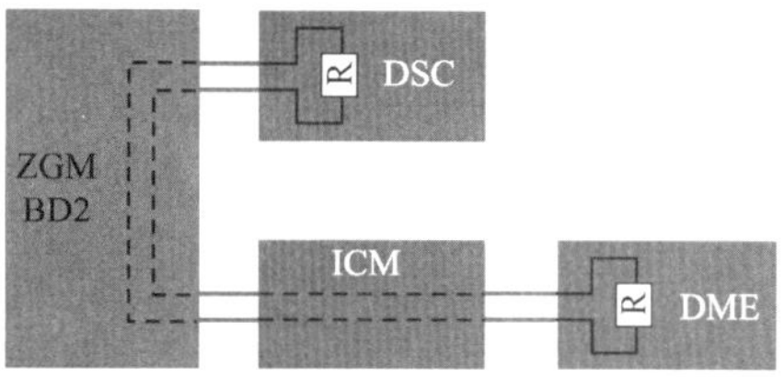

图 6-33　形成环路的 FlexRay 终端电阻的设置

如果控制单元上的接口不是物理终止节点（如总线驱动器 BD2 上的 DSC、ICM 和 DME），则称为 FlexRay 传输和继续传输导线。在这种情况下，每个总线路径两端的组件都必须以终端电阻终止。这种连接方式既用于中央网关模块，也用于一些控制单元。但带有传输和继续传输导线的控制单元使用一个“非终止节点终端”获取数据。

为了有效地防止网络中的电磁干扰，可在 BP 和 BM 之间使用共模抑制线圈，如图 6-34 所示。对共模抑制线圈的要求包括引线电阻（< 1W）、电感（> 50mH）以及杂散电感（< 1mH）。为避免信号的反射和回波，在 FlexRay 通信网络中，物理上最远的两个节点间分别加上终端电阻。为了获得更好的 EMC 性能，将在 BP 和 BM 两根线之间的终端电阻分成R_{TA}和R_{TB}，总线上的共模信号通过 RC 电路连接到地。

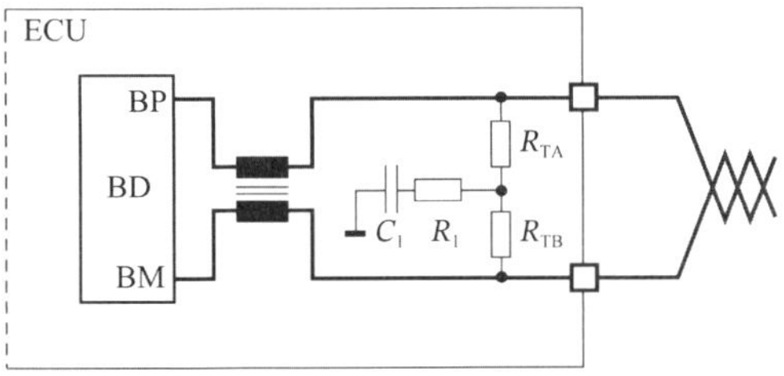

图 6-34　具有共模抑制线圈和终端电阻的节点 ECU

宝马 E70 车型 FlexRay 总线所有卫星式控制单元 EDC（Electronic Damping Control）都分别通过插接连接件连接在 VDM 控制单元上。终端电阻位于 EDC 卫星式控制单元内，每个卫星式控制单元都带有一个终端电阻。由于导线的波涌阻抗（高频导线阻抗）取决于外部影响因素，所以，针对所要求的电阻值精确匹配了终端电阻，如图 6-35 所示。

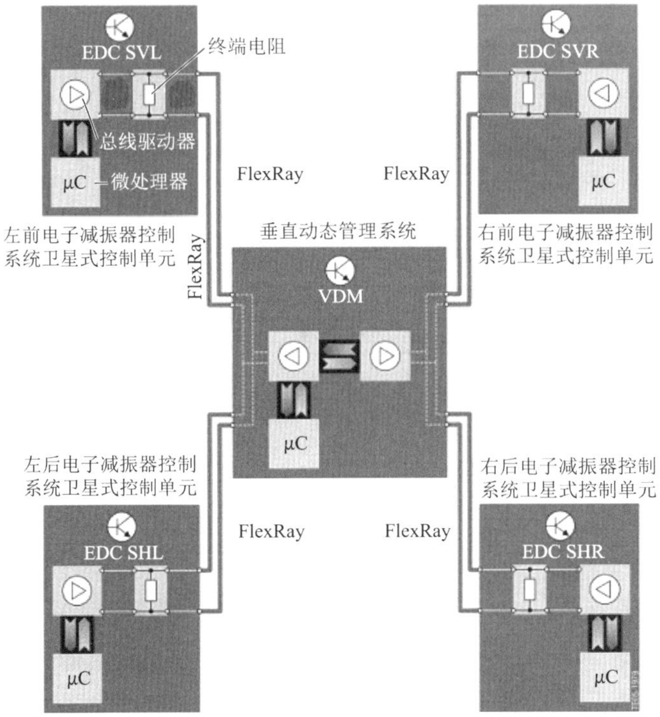

图 6-35　E70 车型 FlexRay 总线拓扑结构

在内部左侧和右侧 EDC 卫星式控制单元则连接为一个线性拓扑结构，两个线性结构通过一个由两个总线驱动器组成的双星型结构连接在一起。由某一个 EDC 卫星式控制单元或由中央 VDM 控制单元发出的每一条信息都会到达所连接的所有控制单元处。如图 6-36、图 6-37 所示为奥迪 A6L FlexRay 总线终端电阻网络图，中间控制单元有四个总线接口，有两个 1.3kΩ 的串联电阻，末端控制单元有两个总线接口，有两个 47Ω 的串联电阻，中间控制单元不会阻碍信号的传送。

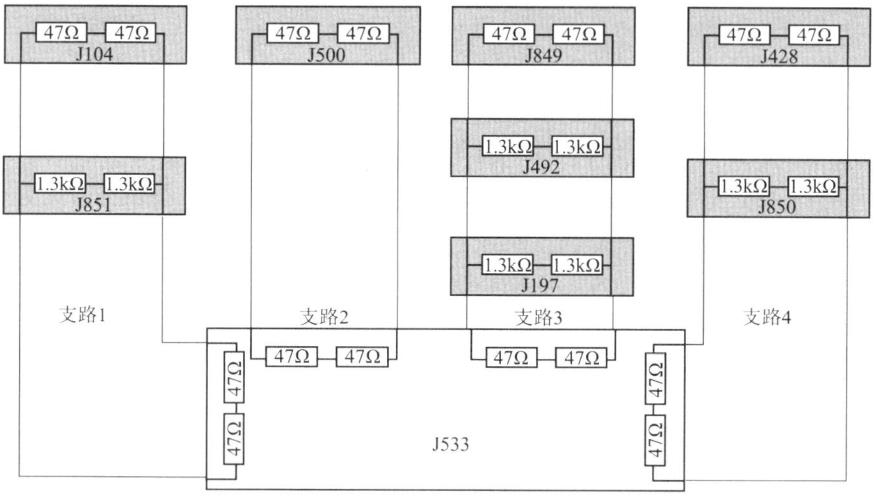

图 6-36　奥迪 A6 FlexRay 总线拓扑结构及终端电阻

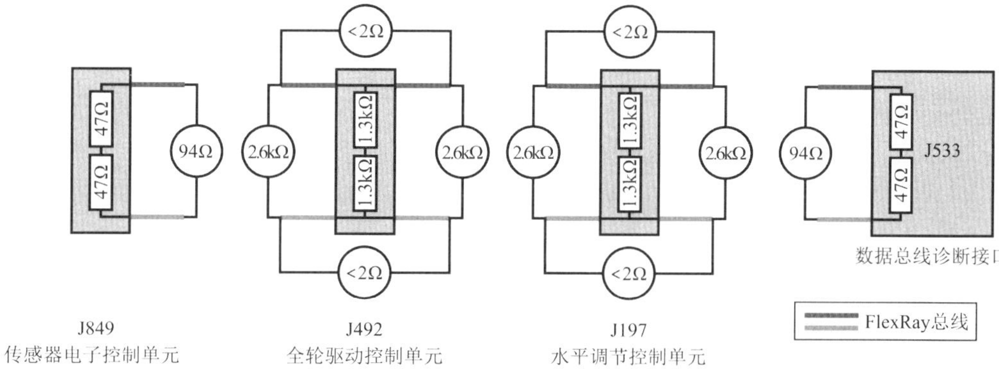

图 6-37　奥迪 A6 FlexRay 总线终端电阻

2. FlexRay 总线终端电阻的检测

（1）终端电阻测量：使用电阻测量仪（欧姆表，万用表）检测卫星式控制单元的四部分导线，对于宝马 E70 车型，可从 VDM 控制单元处进行测量终端电阻，通过测量终端电阻来初步判断总线故障。

（2）测量结果分析：

$R_{BP-BM}=10\Omega$，这部分导线短路；

$R_{BP-BM}=10\sim90\Omega$，这部分导线损坏，如插头潮湿、导线挤压变形；

$R_{BP-BM}=90\sim110\Omega$，这部分导线正常且卫星控制单元 EDC 已连接；

$R_{BP-BM}>110\Omega$，这部分导线断路、卫星控制单元 EDC 未连接或者至卫星控制单元 EDC 的连接断开。

二、检测 FlexRay 总线电压

1. FlexRay 总线信号电压

FlexRay 总线被传输的电信号是由 CC 创建的二进制码元，如位、帧等。CC 可以是位

于微控制器之外的专用集成电路，也可以直接集成到微控制器中。在传输速率为 10Mb/s 时，它的作用是产生标称持续时间为 100ns 的一系列二进制位。传输媒体所携带的信号是符合二进制逻辑的电气信号，这类信号应具有三个特征：编码、速度和物理表示。

FlexRay 总线被传输的数据由“0”和“1”组成，位编码方法使用了不归零（NRZ）编码，它用正电压表示一种二进制值，负电压表示另一种二进制值，物理信号一旦确定下来，在整个二进制位持续时间内不会改变。

当位编码确定后，就要定义位编码的物理表示。位的物理表示形式多种多样，现有的 FlexRay 物理层规范只针对差分对型有线媒体给出了物理表示形式。在这种情况下，电气信号以“差分模式”进行传输。如图 6-38 所示，BP 和 BM 表示 FlexRay 总线的两条总线电缆，两条线缆之间的差分电压定义为：$u_{Bus}=u_{BP}-u_{BM}$，正线 BP（Bus Plus），负线 BM（Bus Minus）。根据u_{BP}和u_{BM}的不同电压，使用不同的信号 BP（Bus Plus）和 BM（Bus Minus）进行通信。

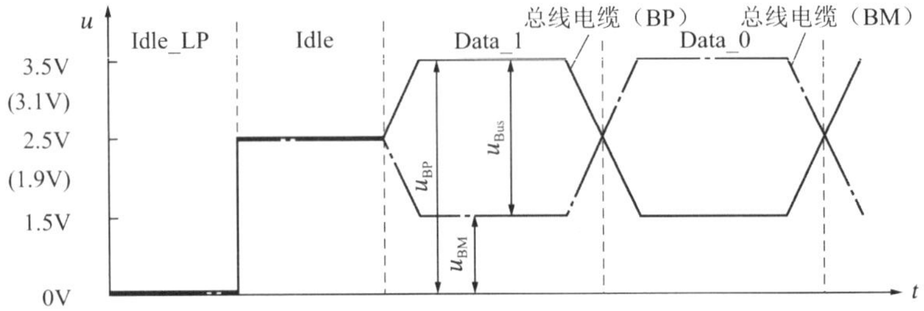

图 6-38　FlexRay 总线信号状态

四个信号代表了 FlexRay 总线的四种状态：低功耗、空闲、数值 1、数值 0，各个总线状态的意义如下（注意在 Data_1 和 Data_0 之间不允许有冲突）。

Idle_L 状态：低功耗模式，如休眠（Sleep）、安息（Go to Sleep）、待机（Standby）等。导线 BP 和 BM 都通过下拉电阻接地，差分电压信号为 0V。

Idle 状态：无通信状态（总线空闲模式），网络上没有数据，但簇内至少有一个节点不处于低功耗模式。BP 和 BM 都处于空闲电压电平（Idle Voltage Level），两个总线导线的电平为 2.5V，差分电压信号为 0V。

Data_1：逻辑高，$u_{Bus}=u_{BP}-u_{BM}$为正。总线正极导线具有高电平，总线负极导线具有低电平。总线驱动器 BD 在 BP 和 BM 之间建立正差分电压，差分电压信号为 +600～2000mV。

Data_0：逻辑低，$u_{Bus}=u_{BP}-u_{BM}$为负。总线正极导线具有低电平，总线负极导线具有高电平。总线驱动器 BD 在 BP 和 BM 之间建立负差分电压，差分电压信号为 −600～2000mV。

需要说明的是，$u_{BP}-u_{BM}$这个差值的数量级为 700mV，因此，FlexRay 网络信号产生的电磁辐射很小。FlexRay 总线在三种状态下的电平如图 6-39 所示。

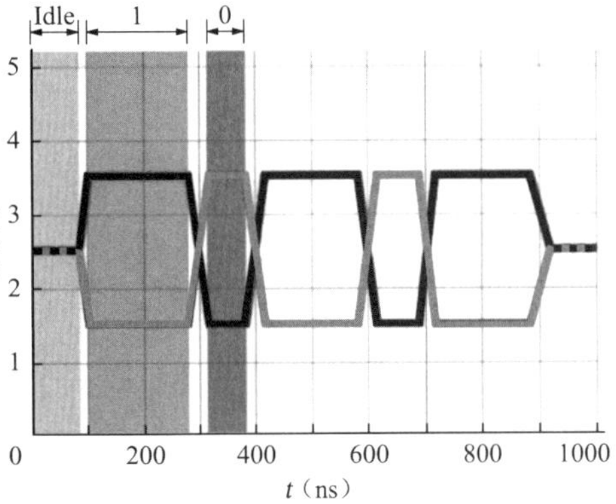

图 6-39　FlexRay 总线在三种状态下的电平

2. FlexRay 总线电压测量

FlexRay 总线的两条导线分别是“Busplus”和“Busminus”。两条导线上的电平在最低值 1.5V 和最高值 3.5V 之间变换。FlexRay 的信号状态有三种：

（1）“空闲”：两导线的电平都为 2.5V。

（2）“Data 0”：Busplus 上低电平，Busminus 上高电平。

（3）“Data 1”：Busplus 上高电平，Busminus 上低电平。

1bit 占 100ns 带宽。传输时间与导线长度以及总线驱动器的传输用时有关。信号差别传输需要两条导线。接收器通过两个信号的差别确定本来的比特状态。典型的数值是 1.8～2.0V 的压差。发送器附近必须至少有 1200V 的压差；接收器处的直接最小压差为 800mV。如果在 640～2660us 之内总线上没有变化，FlexRay 总线自动进入休眠模式（空闲）。

FlexRay 总线系统的电压范围电压值（对地测量方式）：

（1）系统接通，FlexRay 总线不通信时，电压为 2.5V。

FlexRay 总线通信时，高电平信号，高电平电压为 3.1V（电压信号上升 0.6V）；

（2）低电平信号，低电平电压为 1.9V（电压信号下降 0.6V）。

三、FlexRay 总线波形分析

FlexRay 总线信号必须在规定界限内。总线信号的正常图形和非正常图形如图 6-40 和图 6-41 所示。所示的图形只能用速度很快的示波器才能显示出来，BMW 诊断系统中的示波器不适合显示这种图形。无论在时间轴还是电压轴上，电气信号都不得进入内部区域内。FlexRay 总线系统是数据传输率较高且电压电平变化较快的一种总线系统。

FlexRay 数据总线的标准波形测量

电压高低（电平）以及电压上升沿和下降沿斜率有严格规定，必须位于指定数值内，不得进入所标记的“区域”（绿色或红色六边形）。因电缆安装不正确、接触电阻等产生的电气故障可能引起数据传输率问题。

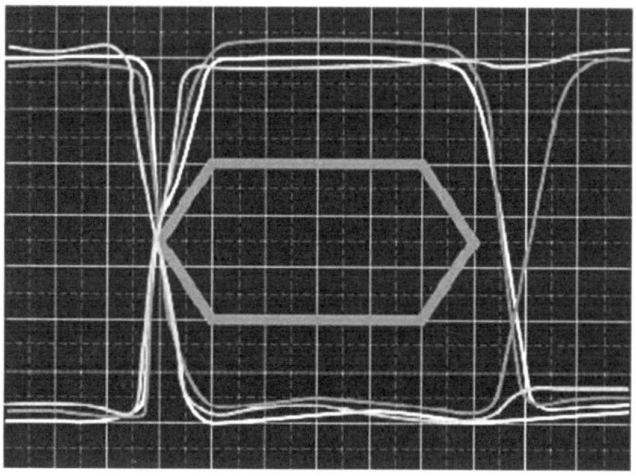

图 6-40　FlexRay 总线波形（正常）

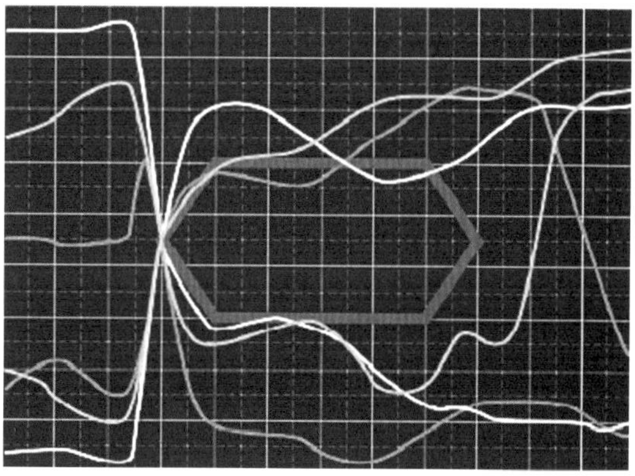

图 6-41　FlexRay 总线波形（不正常）

FlexRay 总线信号波形如图 6-42 所示。

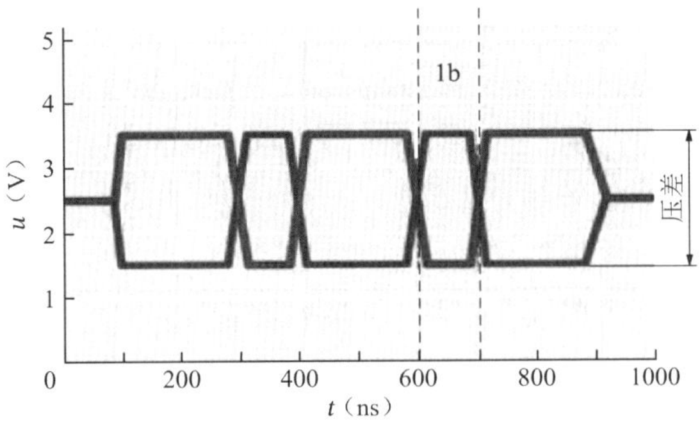

图 6-42　FlexRay 总线信号波形

任务三　FlexRay 总线的故障诊断

一、宝马 FlexRay 总线系统故障诊断

1. 故障诊断思路

对于宝马车系的 FlexRay 总线系统故障，可使用车载诊断系统（OBD）通用扫描工具、宝马专用检测仪 Modic 或 ISID 对宝马汽车局域网络系统所有电脑故障进行诊断。诊断总线 D-BUS 的所有诊断操作必须通过中央网关模块 ZGM 才能实现与其他控制单元的连通。通过分析各个电脑与网关电脑的相互逻辑关系和诊断连接通路，可以推算出系统内具体某个电脑不良及由此给整个系统带来的影响。例如，如果安全信息电脑（SIM）不良，则整个安全气囊系统无法进行故障自诊断；但如果转向柱开关总成（SZL）电脑不良，则只是 SZL 电脑无法诊断，其他电脑可以正常进行故障诊断。

需要更换动态稳定性控制系统（Dynamic Stability Control，DSC）单元时，必须首先拆下车辆地板饰板。DSC 单元安装在车辆地板内，紧靠左前车轮罩后边缘。

2. 故障处理

宝马车系 FlexRay 总线导线出现链路故障或模块故障，可能会切断控制单元或整个支路与总线之间的通信，但带有四个授权唤醒 FlexRay 控制单元（ZGM、DME、DSC、ICM）除外。如果这些控制单元之间的通信中断，则发动机无法起动。控制单元内的这种总线监控功能，还能防止在非授权时间发送信息，从而防止覆盖其他信息。

3. 终端电阻及导线的测量

FlexRay 总线采用带电缆套的双芯双绞电缆线，终端电阻位于中央网关模块和终端设备内，各终端电阻都进行了精确调节，为避免影响，应从中央网关模块处测量终端电阻。

4. 测量 FlexRay 导线电阻

检测 FlexRay 导线必须参阅车型的电路图，否则会对测量结果作出错误判断。

（1）检测 FlexRay 导线电阻时必须使用车辆电路图。

（2）FlexRay 导线电阻的检测结果无法 100%地判断出系统功能是否正常。在静态模式和动态模式下，电气性能差别很大。

对于宝马 E70FlexRay 的导线，借助电阻测量仪（欧姆表、万用表）可以相对简单地检测至卫星式控制单元的四部分导线，应从 VDM 控制单元处进行测量。

FlexRay 导线电阻的测量结果无法 100%体现出系统线路的功能。出现挤压变形或插头腐蚀等损坏情况时，在静态模式下电阻值可能位于公差范围内。但是，在动态模式下，电气影响因素可能引起波涌阻抗提高，从而出现数据传输问题。

二、奥迪 A8L FlexRay 总线系统故障诊断

1. FlexRay 总线诊断

数据总线诊断接口 J533 识别到网络中的故障，并使没有故障的区域可以继续工作。故障可能仅出现在某一部分网络内，但是也有可能涉及整个网络。

下例 FlexRay 总线故障可以用车辆诊断测试仪诊断（地址码 19-数据总线诊断接口）：

（1）控制单元无通信。

（2）FlexRay 数据总线损坏。

（3）FlexRay 数据总线初始化失败。

（4）FlexRay 数据总线信号出错。

出现故障时 FlexRay 总线的表现如下：

（1）一条导线对地短路。数据总线诊断接口 J533 识别到一个持续不变的压差。相关的总线支路关闭，直到再次“空闲”，即识别到休眠模式的电平。

（2）两条导线相互短路。数据总线诊断接口 J533 识别到“空闲”电压持久不变。该总线支路上再也无法发送和接收数据。

（3）控制单元持续发送“空闲”。数据总线诊断接口 J533 识别到总线支路“空闲”，并关闭总线支路。

2. FlexRay 导线维修

FlexRay 导线和 CAN 导线一样绞扭，还包裹一层外衣。但这层外衣不是为了屏蔽电磁干扰作用，而是为了将湿度和温度等外部因素对导线特性阻抗的影响减至最低。原则上，在维修中，FlexRay 总线的导线可以分段更换。维修时，要注意绞线松开的长度①和剥去外层的长度②，如图 6-43 所示。

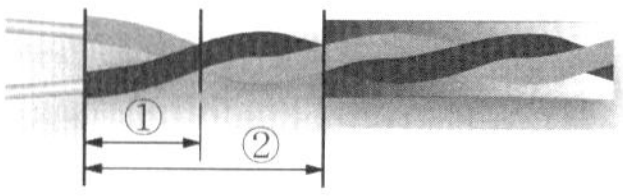

图 6-43　FlexRay 导线的维修

FlexRay 是一种用于汽车的高速、可确定性的，具备故障容错能力的总线技术，它将事件触发和时间触发两种方式相结合，具有高效的网络利用率和系统灵活性特点，可以作为新一代汽车内部网络的主干网络。

FlexRay 总线作为汽车网络系统，具有数据传输速率高（可达 10Mb/s，而 CAN 总线一般为 0.5～1.0Mb/s）、确定性（实时）数据传输、数据通信可靠、支持系统集成等特点。

对于 FlexRay 总线系统的故障，可使用车辆专用诊断仪读取故障代码、查看数据流、读取总线波形进行综合分析和判断。通过分析各个控制模块与网关模块的相互逻辑关系和诊断连接通路，可以推算出系统内具体某个控制模块不良及由此给整个系统带来的影响。

FlexRay 总线故障类型一般包括三个方面：

（1）汽车电源系统引起的故障。如果汽车电源系统提供的工作电压低于电控单元的正常工作电压，则电控单元可能短暂地停止工作，从而造成整个汽车局域网络暂时无法通信。此时，可以利用示波器等仪器检查发电机、蓄电池等电源系统部件的工作是否正常。

（2）汽车局域网络系统的通信线路故障。当汽车局域网络系统的通信线路出现故障（如通信线路短路、断路等）时，会引起多个电控单元无法工作或电控系统动作错误。可以利用示波器或专用汽车故障诊断仪观察通信数据信号是否与标准通信数据信号相符来判断此类故障。

（3）汽车局域网络系统中的电控单元故障。包括软件故障和硬件故障两类，软件故障是指传输协议或软件程序有缺陷或冲突，从而导致局域网络系统通信出现混乱或无法工作。硬件故障一般是由于通信芯片或集成电路故障造成汽车局域网络系统无法正常工作。软件故障一般成批出现，且无法维修；硬件故障可以通过替换法排除。

FlexRay 总线可以维修，FlexRay 总线电缆损坏时可以用普通电缆连接器连接在一起，但是安装时必须遵守其特殊要求。FlexRay 的线路是一个双绞线导线，必须尽可能保持这种双绞线布置方式，剥掉绝缘层的维修部位必须冷缩配合软管密封住，进水后可能影响波涌阻抗，从而影响总线系统的效率。

总之，FlexRay 是一种新型通信系统，目标是在电气与机械电子组件之间实现可靠、实时、高效的数据传输，以确保满足现在和未来创新功能联网的需要。目前，FlexRay 总线已经成为汽车网络系统的标准，将在未来引领汽车网络系统的发展方向。

项目小结

（1）FlexRay 总线主要用于行驶动态管理系统和发动机管理系统的联网，是行驶管理系统的综合性主总线系统。FlexRay 的访问方法基于同步时基，该时基通过协议自动建立和同步。

（2）FlexRay 总线节点由供电（Power Supply）、制部分和驱动部分组成。Flexay 总线有四种状态低功耗，空闲、数值 1、数值 0。

（3）FlexRay 总线的数据导线两端也使用了终端电阻，这些终端电阻的阻值由数据传输速率和导线长度决定，终端电阻位于控制单元内部。

（4）FlexRay 总线的两条导线，分别是“Busplus”和“Busminus”。两条导线上的电平在最低值 1.5V 和最高值 3.5V 之间变换。FlexRay 的信号状态有三种：“空闲”：导线的电平都为 2.5V；“Data 0”：Busplus 上低电平，Busminus 上高电平；“Data 1”：Busplus 上高电平，Busminus 上低电平。

（5）FlexRay 总线故障包括：控制单元无通信；FlexRay 数据总线损坏；FlexRay 数据总线初始化失败和 FlexRay 数据总线信号出错。

素质延伸

FlexRay 总线具有传输速率高、采用时间触发、安全有保障，双冗余、容错性强等特点，是线控驱动、线控转向、线控制动、线控悬架系统常用总线之一，是促进汽车通信技术创新发展的又一张王牌。目前，我国在汽车领域的创新发展不断取得新的突破，车载通信技术也进入了快速发展阶段，我们有信心、有决心，通过科技创新，一定能在包括 FlexRay 总线在内的车载通信技术方面取得突破和发展，实现通信技术的弯道超车，建设信息技术强国。

自力更生是中华民族自立于世界民族之林的奋斗基点，自主创新是我们攀登世界科技高峰的必由之路，科技自立自强是国家强盛之基、安全之要，坚持走中国特色自主创新道路是科技创新领域的“道路自信”。“自主创新、重点跨越、支撑发展、引领未来”的“十六字”方针是现代化强国建设的客观要求。应充分发挥中国特色社会主义的制度优势，运用新型举国体制推进体系化科研攻关，统筹各类创新资源，集中力量办大事，强化关键环节、关键领域、关键产品保障能力。

路虽远，行则将至；事虽难，做则必成。天下之事，非新无以为进。面对信息技术的快速发展，只有创新才能发展，只有抢占制高点，才能赢得发展先机。

思考与练习

一、填空题

1. FlexRay 是同时具备________触发和________触发的新型数据总线。

2. FlexRay 总线节点（Node or Nodus）是指汽车总线中能完成________、________及________的电子控制单元（控制模块），是车载网络系统中的________或________。

3. 数据帧由________、________、________三部分组成。

4. 时钟偏差的调整，通过单次增加或减少每个周期中网络空闲时间（Network Idle Time，NIT）内的微节拍数量来消除________偏差，通过长期调整 NIT 微节拍数量来消除偏差。

5. FlexRay 总线的故障类型一般包括________、________、________三个方面。

二、判断题

1. FlexRay 总线和 CAN 总线不同，一般不设置终端电阻。（　）

2. FlexRay 总线传输速率为 10Mb/s。（　）

3. FlexRay 总线一般应用在导航和多媒体系统。（　）

4. FlexRay 总线不通信时，电压为 2.5V。（　）

5. FlexRay 总线终端电阻测量结果为 RBP − BM = 10～90Ω，说明测量的这部分导线损坏。（　）

三、名词解释

1. 时间片

2. 集群

3. 簇
4. 帧
5. 帧标识符
6. TDMA
7. 微时钟节拍
8. 空帧
9. 同步节点

四、简答题

1. 请画图说明宝马 F70 FlexRay 总线拓扑结构。

2. 请画图分析 FlexRay 总线帧结构。

3. FlexRay 总线有哪些?

4. FlexRay 总线应用在哪些领域?

5. FlexRay 总线常见故障有哪些?

考核工单（表6-1）

FlexRay 总线检测考核工单　　表 6-1

序号	考核项目	得分（分）	评价标准（每项累计扣分不超过配分）
1	安全文明否决		造成人身、设备重大事故，或恶意顶撞考官、严重扰乱考场秩序，立即终止考试，此题计 0 分
2	工量具的选择及正确使用（15 分）		（1）不能正确选择工量具，每次扣 3 分; （2）不能正确使用工量具，每次扣 3 分
3	FlexRay 总线终端电阻检测（15 分）		（1）不能正确检测 FlexRay 总线终端电阻，每项扣 5 分; （2）不能判断检测结果，每次扣 3 分
4	FlexRay 总线电压检测（20 分）		（1）不能正确检测“Busplus”线显性与隐性电压，每项扣 5 分; （2）不能正确检测“Busminus”线显性与隐性电压，每项扣 5 分; （3）不能判断检测结果，每次扣 3 分
5	FlexRay 总线波形检测（30 分）		（1）不能正确检测“Busplus”线波形，扣 15 分; （2）不能正确检测“Busminus”波形，扣 15 分; （3）不能判断检测结果，每项扣 5 分

续上表

序号	考核项目	得分（分）	评价标准（每项累计扣分不超过配分）
6	安全文明生产（20 分）		（1）不穿工作服扣 1 分、不穿工作鞋扣 1 分、不戴工作帽扣 1 分； （2）不安装车漆表面防护布（罩）扣 1 分、不安装车内座椅防护套、转向盘套、变速杆套、地板衬垫每项扣 0.5 分； （3）工量具与零件混放、或摆放凌乱，每次每处扣 1 分； （4）发动车辆不接尾气排放管，每次扣 1 分； （5）不放置三角木，扣 1 分； （6）工量具或零件随意摆放在地上，每次扣 1 分； （7）垃圾未分类回收，每次扣 1 分； （8）竣工后未清理工量具，每件扣 1 分； （9）竣工后未清理操作过程中手接触过的车漆表面，每处扣 1 分； （10）竣工后未清理考核场地，扣 2 分； （11）不服从考官、出言不逊，每次扣 3 分
合计			—

教师签名：________　　________年____月____日

项目七

车载以太网的检测与修复

学习目标

知识目标

- 掌握车载以太网的主要特点；
- 理解车载以太网的信息传输原理；
- 掌握车载以太网的故障诊断方法。

技能目标

- 能用万用表对车载以太网总线进行测量并进行分析；
- 能排除车载以太网总线的故障。

素养目标

- 能够与团队成员沟通、交流、协作完成任务；
- 能够总结汇报任务成果；
- 能够细心、耐心地完成任务操作，培养工匠精神。

项目任务描述

客户反映其奔驰 S400L 车辆在行驶过程中，仪表报多个故障警告信息，如“主动制动辅助系统功能范围当前受限，参见用户手册”“主动制动辅助系统功能范围当前受限，参见用户手册”等，要求给予维修。要完成这个工作任务，首先我们得知道奔驰 S400L 车辆总线的结构与原理、检修总线的各种方法。

任务一 车载以太网的认知

一、车载以太网的结构认知

1. 宝马 7 系车载以太网总线

如图 7-1 所示为宝马车辆上应用的车载以太网系统。

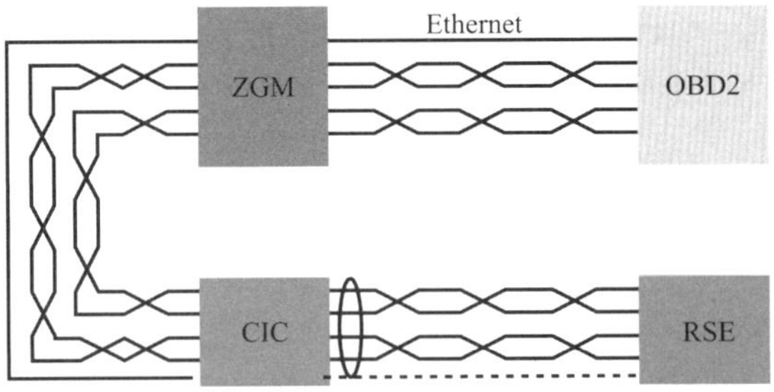

图 7-1 宝马 7 系（底盘代号 F01/F02）以太网连接图

CIC-车辆信息计算机；OBD-断插座；RSE-后座区娱乐系统；ZGM-中央网关模块。

车载以太网总线连接 3 个模块，分别是车辆信息计算机（CIC）、后座区娱乐系统（RSE）、中央网关模块（ZGM），通过诊断插座（OBD）进行读取。

2. 大众 ID.4X 车载以太网总线

如图 7-2 所示为大众 ID.4X 车辆应用的车载以太网总线。

车载以太网总线连接 6 个模块，分别是数据总线诊断接口 J533、信息电子控制单元 J794、紧急呼叫模块和通信控制单元 J949、车距调节控制单元 J428、驾驶辅助系统正面摄像头 R242、车周摄像头控制单元 J928。

3. 奔驰 S 级车载以太网总线

如图 7-3 所示为奔驰 S 级（车型代号 W223）车辆应用的车载以太网总线。

车载以太网总线连接 11 个模块，分别是主机 A26/17、多功能摄像头 A40/13、远程雷达传感器 A89、前部信号采集及促动控制模组控制单元 N10/6、驻车系统控制单元 N62/3、驾驶员辅助系统控制单元 N62/4、电子点火开关控制单元 N73/3、车载智能信息服务通信模块 N112/2、传动系统控制单元 N127、仪表盘控制单元 N133/1、主动式环境氛围照明系统控制单元 N162/1。

二、车载以太网的原理认知

1. 车载以太网总线概述

以太网作为一种局域网（Local Area Network，LAN）技术，最早由 Xerox（施乐）公司于 1973 年创建，1980 年，由 DEC（美国数字设备公司）、Intel（英特尔公司）和 Xerox 三家公司联合开发成为局域网标准。

在 IEEE 组织、OPEN Aliance SIG 组织、AVNU 组织、AUTOSAR 组织的共同发展与合作下，推出了车载以太网的整体架构，如图 7-4 所示。

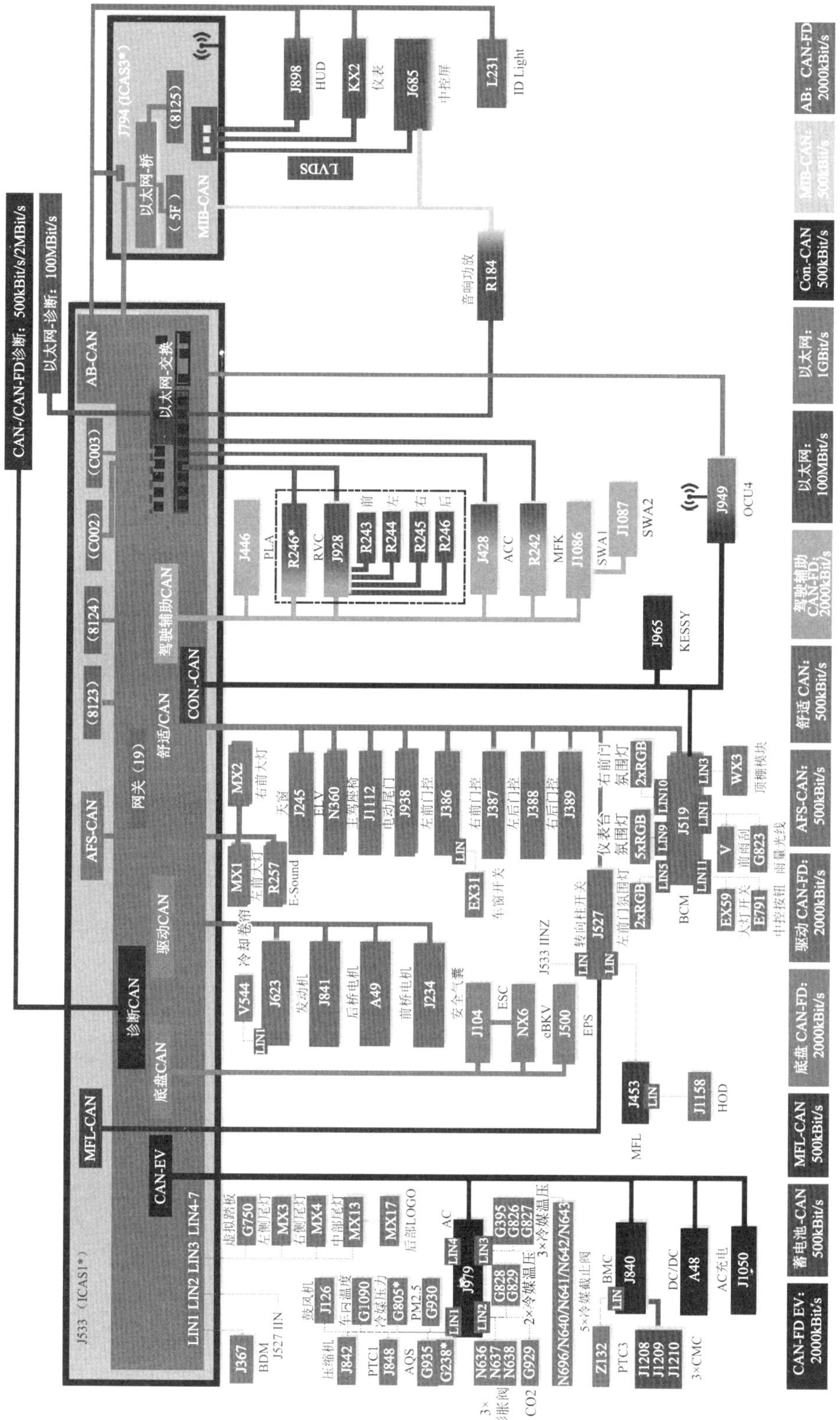

图 7-2 大众 ID.4X 以太网连接图

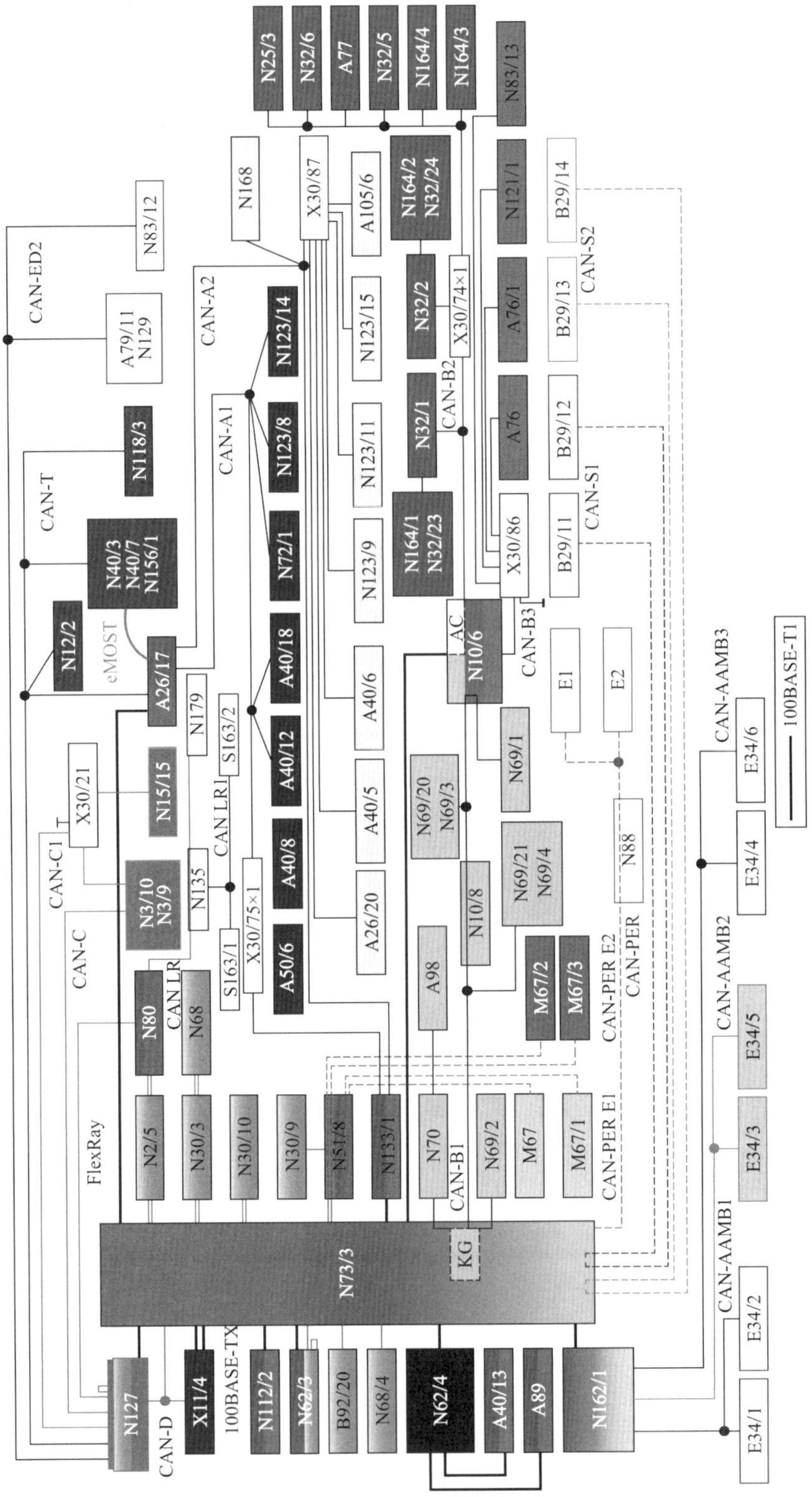

图 7-3　奔驰 S 级（车型代号 W223）以太网连接图

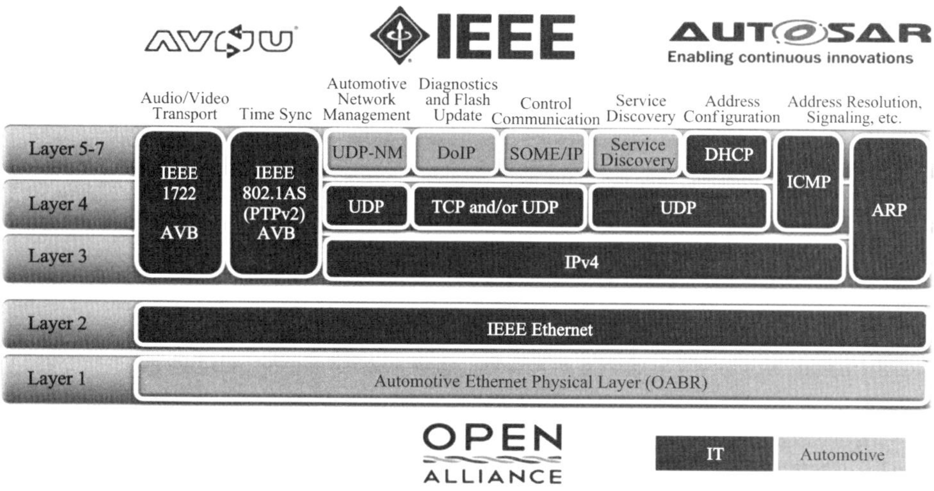

10BASE-T1 100BAE-T1 1000BASE-T1

图 7-4　车载以太网协议架构

图 7-4 中标记为“IT”的为传统以太网技术协议规范，而标记为“Automotive”的则为车载以太网技术协议规范。除了物理层、UDP-NM、DOIP、SOME/IP、SD 这五个模块为车载以太网技术协议规范之外，其余均为传统以太网技术。

车载以太网在传统以太网协议的基础上，通过改变物理接口的电气特性，显著提升了电磁兼容性能，可以满足车内环境对电磁兼容性能的严苛要求。

2. 车载以太网总线物理特性

以太网接口电路主要由介质访问控制（Media Access Control，MAC）控制器、物理层接口收发器（Physical Layer，PHY）、接口 MII、接口 SMI、电缆线束构成，如图 7-5 所示。

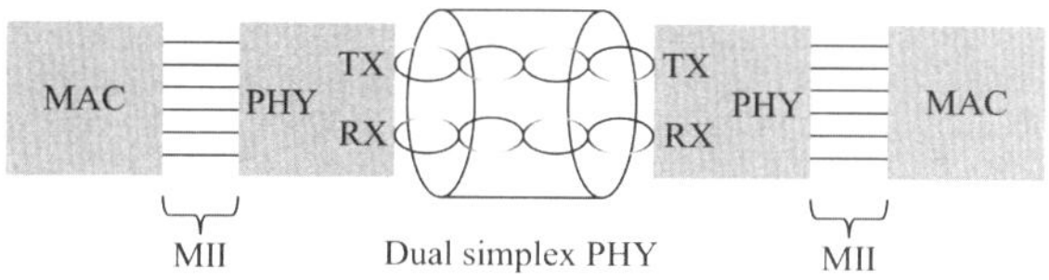

图 7-5　车载以太网的组成

采用车载以太网相连的控制单元通过 PHY 物理层接口与双绞线相连。PHY 负责电平信号与数字信号的转换，连接的每个控制单元通过唯一的 MAC 地址进行识别，能够同时发送和接收数据，双绞线实现全双工车载以太网连接。

在网络传输中，数据在线路上的传送方式可以分为单工通信、半双工通信和全双工通信 3种。

（1）单工：如图 7-6a）所示，通信双方中，一方固定为发送端，一方则固定为接收端。信息只能沿一个方向传输，使用一根传输线。

（2）半双工：如图 7-6b）所示，通信系统每一端的发送器和接收器通过收/发开关转接到通信线上，进行方向的切换，会产生时间延迟。

（3）全双工：如图 7-6c）所示，本身有类似 PC 机 CPU 的数据交换处理器，能够识别连接到交换机各端口上的网络设备的 MAC 地址，实现点到点的专用连接。

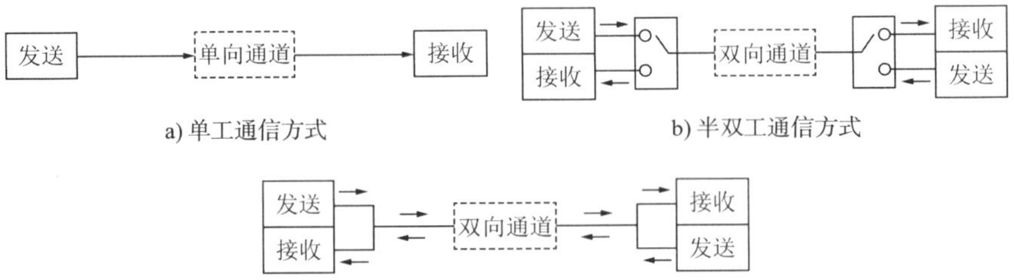

a) 单工通信方式　b) 半双工通信方式

c) 全双工通信方式

图 7-6　网络数据传送方式示意图

1 条车载以太网只能连接 2 个控制单元。这是由于一条线上两端的 PHY 会同时以相同频率发出信号，因此，接收到的信号中，会混合对方发来的信号和自身发出的信号。一端的控制单元接收数据时，只需将自己发送的数据删除，余下的数据就是另一个控制单元发送给他的数据。但一条车载以太网上如果有 3 个控制单元，即使删除自己发送的信号，余下的数据中也包含两个控制单元发送过来的数据。此时，控制单元就无法分辨是哪个控制单元发送过来的数据。这个技术称为回声消除技术，如图 7-7 所示，即从混合信号中去除自身发出的信号。

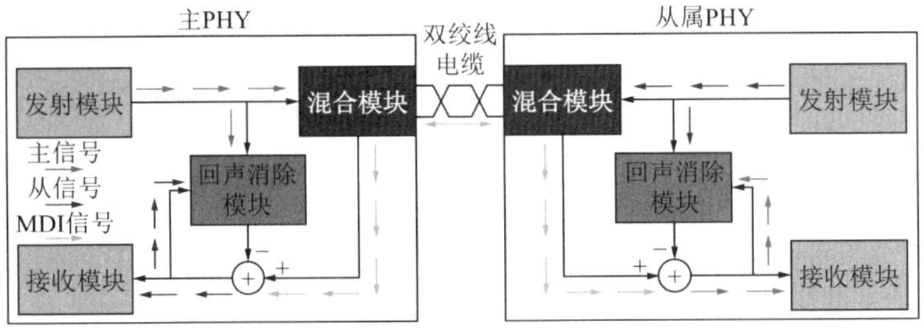

图 7-7　车载以太网回音消除技术原理

PHY 内部有 4 个模块，包括信号发射模块、信号接收模块、信号混合模块、回声消除模块。主 PHY 内的信号发射模块发出信号后，同时传递给回声消除模块和信号混合模块。在回声消除器内部，信号发射模块发出的信号被取反。此时，主 PHY 发出的信号和收到的从属 PHY 的信号在信号混合模块内混合在一起，和取反后的发出信号混合，发出的信号和取反后的发出信号互相抵消，就得到了从属 PHY 发出的信号。

3. 车载以太网的连接类型

车载以太网的连接类型中如图 7-8 所示，车载以太网的连接导线分为三种：100BASE-T1（2 线）、100BASE-T1（3 线）、100BASE-TX（4 线）。

（1）100BASE-T1 是第一个满足车辆网络需求的汽车专用以太网标准，它是基于以太网 100BASE-TX 和 1000BASE-T 而开发的车载以太网标准。100BASE-T1 通过使用叠加、特定编码和加扰方案等基本原理，降低电磁干扰，以满足严格的汽车排放要求、布线质量、成本和占地面积。

（2）100BASE-TX：100 表示传输速率为 100Mb/s；BASE 表示采用基带传输；T 表示传输介质为双绞线，TX 表示传输介质。100BASE-TX 有 2 对高质量的双绞线，1 对用于发送数据，1 对用于接收数据。部分车辆上使用 100BASE-TX（4 线）作为车载诊断（OBD）扫描工具。

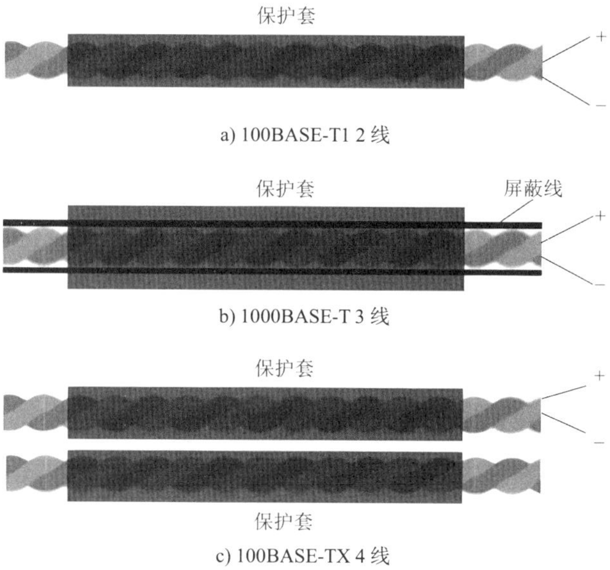

图 7-8　以太网连接类型

4. 车载以太网的网络拓扑结构

与 CAN 总线的线性拓扑结构不同，车载以太网的拓扑结构有星型、菊花链型、树型，这些结构在交换式以太网中支持 IEEE 802.3 和 IEEE 802.1Q 标准。

车载以太网与传统的以太网类似，使用星型拓扑结构，如图 7-9 所示，所有的控制单元都通过 2 线插头与车载以太网交换机相连。管理方便，易扩展，维护成本低，但由于要专用的网络设备（如交换机）作其核心节点，对核心设备的负担较重，可靠性要求高，各分站点的分布处理能力较低。

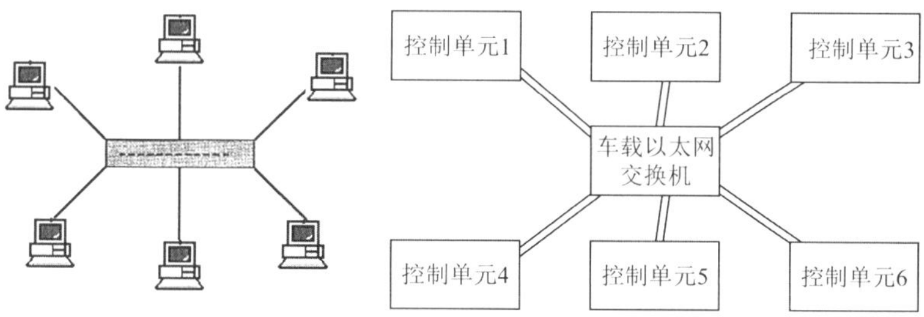

图 7-9　以太网星型拓扑结构

菊花链型拓扑结构（图 7-10）由星型结构的基础网络构成，通过菊花链或串行的方式增加下一个节点。菊花链型拓扑结构容易扩展，各站点可以分布处理，网络设备的负担相对较轻，但节点之间的通信相对较复杂，安装维护成本较高。

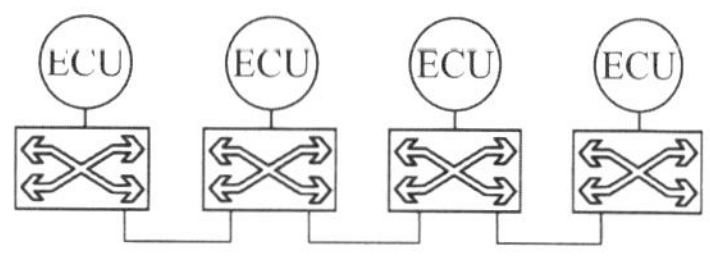

图 7-10　以太网菊花链型拓扑结构

树型拓扑结构（图 7-11）结合以上两种拓扑结构，在汽车网络中权衡了良好的分布处理性能和安装维护成本。

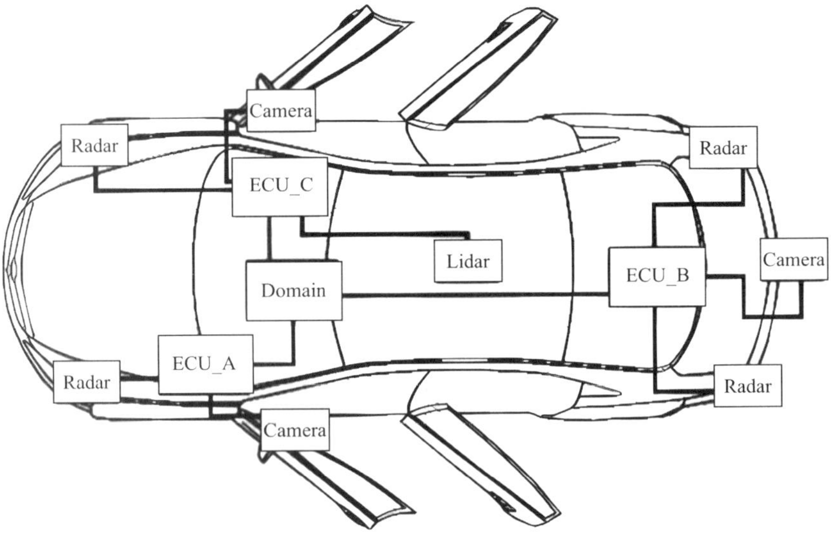

图 7-11 以太网树型拓扑结构

任务二 车载以太网总线的检测

一、车载以太网总线电压的检测

车载以太网的波形是在 0V 上下波动的高频波形，如图 7-12 所示，如果使用万用表进行测量，测出的电压是 0V。判断车载以太网信号是否正常，只能使用示波器进行波形测量，无法使用万用表进行电压测量。用万用表测得线路电压为 0V，无法说明是否通信。

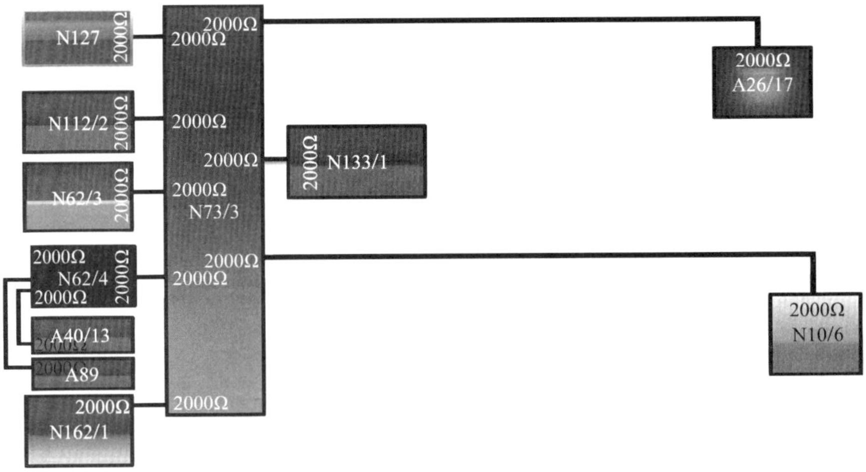

图 7-12 车载以太网框图

二、车载以太网总线电阻的检测

每条车载以太网连接方式为星型连接，每条车载以太网都有两个控制单元，每个控制单元内部均有一个 2000Ω 的终端电阻（图 7-13），两个终端电阻并联，整条车载以太网的终端电阻为 1000Ω。在总线正常时的终端电阻约为 1000Ω，在总线断路时的终端电阻为 2000Ω。

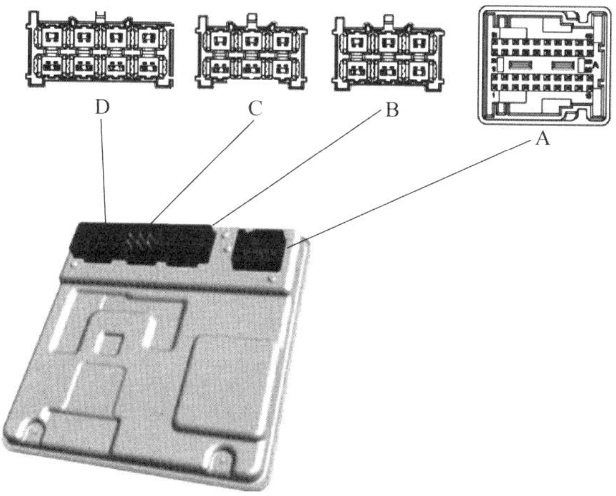

A针脚

PIN	Bezeichnung	PIN	Bezeichnung
1	CAN_L_1	21	CAN_L_13
2	CAN_H_1	22	CAN_L_11
3	CAN_L_2	23	CAN_H_11
4	CAN_H_2	24	CAN_L_10
5	CAN_L_3	25	CAN_H_10
6	CAN_H_3	26	CAN_L_12
7	CAN_L_4	27	CAN_H_12
8	CAN_H_4	28	ETH_14_OBD_ACTIVATION
9	CAN_L_5	29	ETH_14_TX_N_OBD
10	CAN_H_5	30	ETH_14_TX_P_OBD
11	UB-KL.30	31	GND-KL31
12	CAN_H_13	32	LIN_1
13	CAN_L_6	33	LIN_2
14	CAN_H_6	34	LIN_3
15	CAN_L_7	35	LIN_4
16	CAN_H_7	36	LIN_5
17	CAN_L_8	37	LIN_6
18	CAN_H_8	38	LIN_7
19	CAN_L_9	39	ETH_14_RX_P_OBD
20	CAN_H_9	40	ETH_14_RX_N_OBD

图 7-13 大众 ID.4X 车型数据总线诊断接口 J533 以太网连接件示意图

三、车载以太网总线波形的检测

车载以太网总线的速率分为 100Mb/s 和 1GB/s 两类，如图 7-13 所示。

车载以太网总线连接的控制单元通过一个名为 MII（与介质无关的接口）的接口与 PHY 通信。MII 的信号频率是 25MHz，每个周期发送 4b 的数据，传输速度为 25MHz × 4b = 100Mb/s。在 PHY 内部，会将这个 25MHz/4b 的数据，转化为 33.3MHz/3b 的数据，这样就得到了 3b 一组的数据。3b 数据一共有 8 种可能性，PHY 将这 8 种可能性用 1V、0V、−1V 的电压来代表（表 7-1），通过双绞线传输给另一个 PHY。接收方的 PHY 在经过回声消除之后，再用相反的方法将电压变化转化为 bit 数据，正常波形为以 0V 为基准，在 −1V 和 +1V 之间上下波动，如图 7-14 所示。

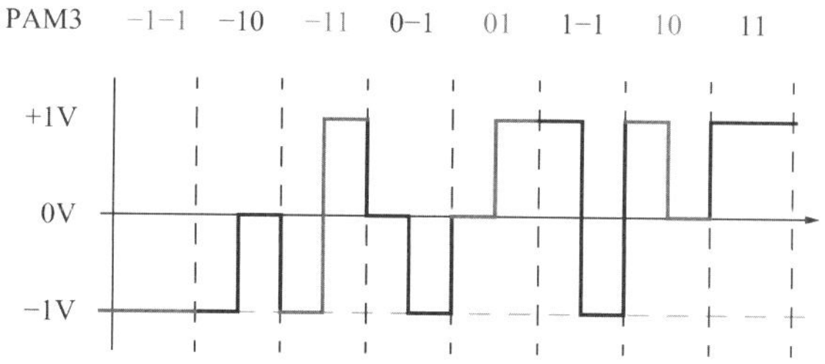

图 7-14 车载以太网差分电压信号

4b 信号到电压的转化过程　　表 7-1

4b 数据	0000		0101			0011			1001		0111			0111		
3b 数据	000		001		010		011		100		101		110		111	
电压（V）	–1	–1	–1	0	–1	1	0	–1	0	1	1	–1	1	0	1	1

任务三　车载以太网总线的故障诊断

一、故障现象

客户反映其奔驰 S400L 车辆在行驶中仪表突然出现多个故障报警信息。仪表提示“智能泊车和驻车定位系统停止运作，参见用户手册”“主动制动辅助系统功能范围当前受限，参见用户手册”“智能领航限距功能停止运作”“驻车制动器故障，参见用户手册”“ESP 停止运作，参见用户手册”“悬架系统故障，最高车速 80km/h”“限速功能停止运作”等。

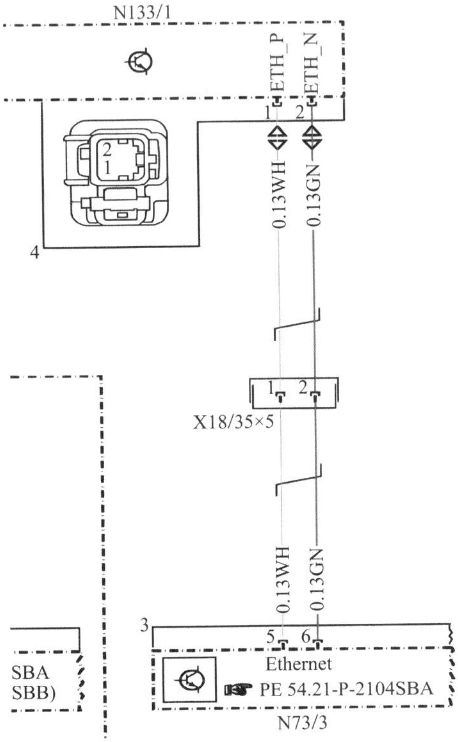

图 7-15　仪表控制单元 N133/1 车载以太网电路图

二、故障分析

该轿车车载以太网总线系统采用双绞线的线性网络拓扑结构，主要有 ACC 自适应巡航功能、驻车雷达功能、主动制动功能、驾驶辅助功能、电子驻车制动功能等。在以上控制功能实现过程中，车载以太网总线起到控制单元激活功能和相关信息传递的功能。车载以太网总线通过 2 根相互绞合的信号线同时传递数据，一根为绿色，一根为白色。车载以太网总线上所有的控制单元通过连接在网关上进行数据交换和信号传递，如图 7-15 所示。

根据电路图可知仪表控制单元 N133/1 通过车载以太网与中央网关 N73/3 连接，还通过车载智能信息系统控制器区域网络 CAN 与其他控制单元通信，仪表控制单元 N133/1 的网络架构图如图 7-16 所示。

连接诊断仪进行快速测试发现多个控制单元都出现与仪表控制单元 N133/1 的通信存在故障，故障码为：U015587 与仪表的通信存在故障，信息缺失或 U015500 与仪表的通信存在故障。根据故障现象、故障码和仪表工作原理分析，可能的故障原因如下。

（1）N133/1 供电、搭铁故障。

（2）N133/1 车载以太网总线、CAN 总线故障。

（3）N133/1 模块内部电气故障。

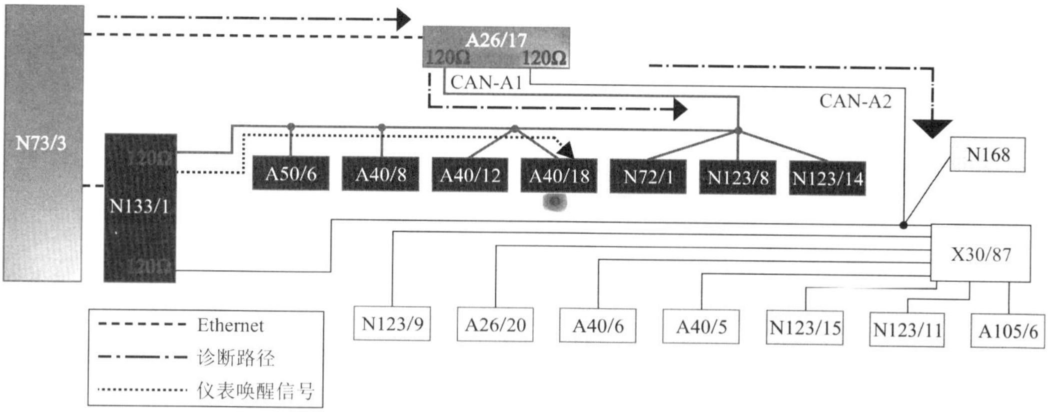

图 7-16　仪表控制单元 N133/1 的网络拓扑

三、故障诊断

（1）用万用表测量仪表控制单元 N133/1 的供电与搭铁，测得供电对搭铁电压 12V，测得供电搭铁对地电阻小于 1Ω，仪表控制单元 N133/1 供电搭铁线路无异常。

（2）用数字示波器以及高频检测探针测量波形，注意采集车载以太网波形时需采用车载以太网专用探针，以防止车载以太网线束插头松动。测量中央网关 N73/3 的车载以太网插头（5 号）波形，结果无信号，波形为恒定的 0V。测量仪表控制单元 N133/1 的车载以太网插头（1 号）波形，测量到以 0V 为基准，上下波动的正常车载以太网波形。对比车载以太网两端波形，发现两端存在故障。将车辆断电后，测量中央网关 N73/3（5 号）至仪表控制单元 N133/1（1 号）的终端电阻，电阻值为 2000Ω。故障可能为 N73/3（5 号）至 N133/1（1 号）车载以太网线路断路或某个模块内部电气故障。

（3）查看电路图发现，这条以太网中间存在连接器，连接器 X18/35 × 5 电路图如图 7-15 所示。分别测量插接器 X18/35 × 5 至中央网关 N73/3（5 号）、仪表控制单元 N133/1（1 号）导线电阻值。插接器 X18/35 × 5 至中央网关 N73/3（5 号）的电阻为∞，说明这一侧存在断路。检查发现位于前排乘客脚坑的车载以太网线路过度弯折导致内部导线断路，因此，仪表控制单元 N133/1 无法通过车载以太网与中央网关通信，出现上述故障现象。

四、故障排除

故障原因可能由于此车在装配线束时，线束过度扭动，使线路受到弯折，最终导致线束断开。更换车载以太网线束后车辆功能恢复正常，且仪表故障码消失。

技能实训

一、车载以太网总线电压和波形测量

1. 项目目标

能够测量并应用车载以太网总线的电阻和波形测量。

2. 项目内容

（1）测量大众 ID.4X 车型的车载以太网总线的终端电阻（表 7-2）。

终端电阻检测结果记录表 表 7-2

检测对象	检测值	检测条件
J533 T2zd/1 与 T2zd/2		—
J794 T2zc/1 与 T2zc/2		—
ETH + 与 ETH −		拔下一个含终端电阻控制单元插头
ETH + 与 ETH −		（1）接上前面拔下的控制单元插头； （2）拔下另一个含终端电阻控制单元插头
ETH + 与搭铁		—
ETH − 与搭铁		—
ETH + 与正极		—
ETH − 与正极		—

（2）画出车载以太网总线的理论波形，标明差分信号波形的电压值。

（3）将专用工具连接在车辆上，打开点火开关，测量车载以太网总线的波形并绘制在适当位置。标明波形的电压。

二、车载以太网总线诊断仪操作和车载以太网总线综合故障诊断（大众 ID.4X）

1. 项目目标

能够通过诊断仪进行车载以太网数据总线的诊断、维修和车载以太网总线综合故障诊断。

2. 项目内容

（1）通过引导型故障查询和自诊断，分别在 J533 中读取打开点火开关时，车载以太网总线上控制单元的数据状态和关闭点火开关时，各车载以太网总线上控制单元的数据状态。

（2）查询维修手册找出并写下大众 ID.4X 车型车载以太网总线的维修注意事项。运用专用工具 VAS 1978B，修复一小段车载以太网数据线。

（3）以小组为单位讨论当网络拓扑图上指定的控制单元或总线出现故障时，车辆会出现的故障现象，将讨论结果填写在表 7-3 中。

对应网络拓扑图的故障点，拔除相应车载以太网通信模块插接器模拟故障，观察故障现象是否与讨论结果一致。

故障现象记录表　　表 7-3

故障	现象	大众 ID.4X
J533 车载以太网断路	打开车门	
J533 车载以太网断路	打开点火开关	
	起动发动机	
	组合仪表亮	
	MMI 正常使用	
J794 车载以太网断路	组合仪表亮	
	MMI 正常使用	
J949 车载以太网断路	组合仪表亮	
	MMI 正常使用	

（4）车载以太网总线故障查找，使用 2 种方法解决当前车辆的总线故障。

① 不使用示波器，只用万用表和诊断仪来找到总线故障。

② 使用示波器和诊断仪来找到总线故障。

项目小结

（1）由于 1 条车载以太网只能连接 2 个控制单元，每条车载以太网连接在中央网关上，所有，车载以太网模块以星型连接方式连接在中央网关。

（2）每个车载以太网控制单元内部均有一个 2000Ω 的终端电阻，两个终端电阻并联，整条车载以太网的终端电阻为 1000Ω。

（3）车载以太网的正常波形为以 0V 为基准，波形在 −1V 和 +1V 之间上下波动。由于车载以太网波形特征，使用万用表进行测量，测出的电压是0V。

素质延伸

在讲解车载以太网总线以太网发展时，可以引导学生认识到车载网络系统的高速发展与科技变更。了解车载以太网在速率与传输方式上发展的同时，在量产车载以太网中遇到的困难和先进科技与整车生产的均衡考虑。培养学生的自我学习意识与追求科技发展的意识。

思考与练习

一、填空题

1. 车载以太网在汽车上有两种应用，包括________Mb/s、________Mb/s两种。

2. 车载以太网采用________技术来进行数据读取，该技术导致同1条车载网络总线上只能连接________个控制单元。

3. 车载以太网的发展演进可以从三个阶段描述：________→________→________的过程。

二、简答题

车载以太网与传统汽车内部通信方式相比有何优势？

考核工单（表7-4）

车载以太网总线检测考核工单　　表7-4

序号	考核项目	得分（分）	评价标准（每项累计扣分不超过配分）
1	安全文明否决		造成人身、设备重大事故，或恶意顶撞考官、严重扰乱考场秩序，立即终止考试，此题计0分
2	工量具的选择及正确使用（15分）		（1）不能正确选择工量具，每次扣3分； （2）不能正确使用工量具，每次扣3分
3	车载以太网波形检测（35分）		（1）不能正确检测车载以太网-TX波形，扣15分； （2）不能正确检测车载以太网-RX波形，扣15分； （3）不能判断检测结果，每项扣5分
4	车载以太网电阻检测（30分）		（1）不能正确检测车载以太网终端电阻值，每项扣10分； （2）不能正确检测车载以太网导线电阻，每项扣10分； （3）不能判断检测结果，每次扣3分

续上表

序号	考核项目	得分（分）	评价标准（每项累计扣分不超过配分）
5	安全文明生产 （20分）		（1）不穿工作服扣1分、不穿工作鞋扣1分、不戴工作帽扣1分； （2）不安装车漆表面防护布（罩）扣1分、不安装车内座椅防护套、转向盘套、变速杆套、地板衬垫每项扣0.5分； （3）工量具与零件混放、或摆放凌乱，每次每处扣1分； （4）发动车辆不接尾气排放管，每次扣1分； （5）不放置三角木，扣1分； （6）工量具或零件随意摆放在地上，每次扣1分； （7）垃圾未分类回收，每次扣1分； （8）竣工后未清理工量具，每件扣1分； （9）竣工后未清理操作过程中手接触过的车漆表面，每处扣1分； （10）竣工后未清理考核场地，扣2分； （11）不服从考官、出言不逊，每次扣3分
合计			—

附录—常见车型车载网络电路图

常见车型车载网络电路图

参 考 文 献

[1] 邢海波. 汽车车载网络及总线技术[M]. 北京: 机械工业出版社, 2023.

[2] 楚晓婧, 李振兴. 汽车车载网络系统检修[M]. 北京: 机械工业出版社, 2023.

[3] 张风登, 付敬奇. 实时传输网络 FlexRay 原理与范例[M]. 北京: 电子工业出版社, 2017.

[4] 景忠玉. 汽车网络系统故障诊断与检修[M]. 北京: 清华大学出版社, 2015.

[5] 秦贵和, 张洪坤. 车载网络及信息技术[M]. 北京: 机械工业出版社, 2017.

[6] 景忠玉. FlexRay 汽车总线浅析（上）[J]. 汽车维修与保养, 2018,(4): 69-71.

[7] 廖向阳. 车载网络系统检修[M]. 北京: 人民交通出版社, 2013.

[8] 凌永成. 车载网络技术[M]. 2 版. 北京: 机械工业出版社, 2013.

[9] 于万海. 车载网络系统原理与检修[M]. 3 版. 北京: 电子工业出版社, 2018.